Kommunale Mobilfunkkonzepte im Spannungsfeld zwischen Vorsorge und Versorgung

ERLANGER SCHRIFTEN ZUM ÖFFENTLICHEN RECHT

Herausgegeben von Andreas Funke, Max-Emanuel Geis,
Heinrich de Wall, Markus Krajewski , Jan-Reinard Sieckmann
und Bernhard W. Wegener

Band 12

PETER LANG

Anja Brückner

Kommunale Mobilfunkkonzepte im Spannungsfeld zwischen Vorsorge und Versorgung

PETER LANG

Bibliografische Information der Deutschen Nationalbibliothek
Die Deutsche Nationalbibliothek verzeichnet diese Publikation
in der Deutschen Nationalbibliografie; detaillierte bibliografische
Daten sind im Internet über http://dnb.d-nb.de abrufbar.

Zugl.: Erlangen-Nürnberg, Univ., Diss., 2022

D 29 (n 2)
ISSN 2192-8460
ISBN 978-3-631-87681-7 (Print)
E-ISBN 978-3-631-87843-9 (E-PDF)
E-ISBN 978-3-631-87844-6 (EPUB)
DOI 10.3726/b19685

© Peter Lang GmbH
Internationaler Verlag der Wissenschaften
Berlin 2022
Alle Rechte vorbehalten.

Peter Lang – Berlin · Bern · Bruxelles · New York ·
Oxford · Warszawa · Wien

Diese Publikation wurde begutachtet.

www.peterlang.com

Danksagung

An dieser Stelle möchte ich meinen besonderen Dank nachstehenden Personen entgegenbringen, ohne deren Mithilfe die Anfertigung dieser Promotionsschrift niemals zustande gekommen wäre:

Mein Dank gilt zunächst Herrn Prof. Dr. Funke, für die wundervolle Betreuung dieser Arbeit. Seine hilfreichen und anregenden Ideen eröffneten mir einen kritischen Zugang zu der Thematik meiner Dissertation. Er gewährte mir viel Forschungsfreiraum, was maßgeblich zum Gelingen dieser Arbeit beitrug. Jede Phase wurde von ihm fachkundig, wertschätzend und kompetent begleitet; er motivierte und ermutigte mich immerzu und hierfür bin ich ihm sehr dankbar.

Ich danke weiterhin Herrn Prof. Dr. Geis und Herrn Prof. Dr. Wegener für die spannende und lehrreiche Zeit, die ich als Wissenschaftliche Mitarbeitern ihrer Lehrstühle genießen durfte und für ihre Tätigkeit als Zweitgutachter und Drittprüfer meiner Arbeit.

Tief verbunden und dankbar bin ich zudem meiner Familie: meinen Eltern Elisabeth und Peter Nestler, die mich mit ihrer Liebe und ihrem Stolz seit Beginn meines Studiums tatkräftig unterstützten; meiner Schwester Emilia Nestler, mit der ich nicht nur juristische Weisheiten austauschen kann, meinem Ehemann Christoph Brückner, der mich mit seiner Kreativität und seinem Einfallsreichtum täglich inspiriert und zum Lachen bringt und meinem wundervollen Sohn Benjamin, der mich jeden Tag aufs Neue verzaubert und mich daran erinnert, dass es im Leben mehr gibt als Artikel und Paragrafen. Ihnen allen widme ich in Liebe und Verbundenheit diese Arbeit.

Inhaltsverzeichnis

Einführung und Gang der Bearbeitung

Die sogenannten „Digital Natives"[1] verbringen in Deutschland laut einer Studie der Postbank im Durchschnitt 55 Stunden wöchentlich im Internet.[2] Sowohl die Internettelefonie als auch die Videobildübertragung per Smartphone scheinen das Festnetz in Zeiten der zunehmenden Digitalisierung obsolet werden zu lassen. Nichtsdestotrotz steht fest: egal ob per Smartphone oder Festnetztelefon – Kommunikation gehört zu den menschlichen Grundbedürfnissen und bedarf besonderer Berücksichtigung.

Seit 1992 ist die Anzahl der Mobilfunkanschlüsse von knapp einer Million auf über 140 Millionen gestiegen.[3] Die Relevanz einer flächendeckenden Mobilversorgung der Bevölkerung wird umso größer, je weiter die Digitalisierung unserer Gesellschaft voranschreitet. Jedoch wird mit der stetig steigenden Anzahl der errichteten Basisstationen – der „Mobilfunkmasten" – auch die Sorge über die Schädlichkeit dieser und die negativen gesundheitlichen Auswirkungen, die möglicherweise mit einer nicht-ionisierenden Strahlung einhergehen, in der Bevölkerung größer. Vor allem der 5G-Mobilfunkstandard, der in den kommenden Jahren immer flächendeckender eingeführt werden soll, erlangt aufgrund bisher fehlender Forschungen Tag für Tag größere mediale Aufmerksamkeit. Mithilfe von Bürger[4]- und Volksbegehren[5] versuchen sich Bürgerinnen und Bürger vor elektromagnetischer Strahlung zu schützen, die im Zusammenhang

---

1 „Digital Natives" sind Menschen aktuell unter 35 Jahren, während Menschen über 35 Jahren als „Digital Immigrants" bezeichnet werden.

2 *Postbank*, Der digitale Deutsche und das Geld, 2017, abrufbar unter: https://www. postbank.de/postbank/docs/Postbank-Digitalstudie-2017.pdf. Alle in den Fußnoten angegebenen Internetquellen wurden zuletzt am 3.9.2019 abgerufen.

3 *Bundesnetzagentur*, Teilnehmerentwicklung im Mobilfunk, 2020, abrufbar unter: https://www.bundesnetzagentur.de/DE/Sachgebiete/Telekommunikation/ Unternehmen_Institutionen/Marktbeobachtung/Deutschland/Mobilfunkteilnehmer/ Mobilfunkteilnehmer_node.html.

4 In den letzten Jahren gab es zahlreiche Bürgerbegehren gegen Mobilfunkanlagen in ganz Deutschland. Siehe einige Bespiele in der Datenbank des „Mehr Demokratie e.V." im Themenbereich „Wirtschaftsprojekte (Mobilfunk)" abrufbar unter: https://www. mehr-demokratie.de/nc/datenbank-buergerbegehren/.

5 So das Volksbegehren „Für Gesundheitsvorsorge beim Mobilfunk" aus dem Jahre 2005 in Bayern, das jedoch an der 10%-Hürde gemäß Art. 74 Abs. 1 BV, Art. 71 Abs. 2 LWG scheiterte.

mit Erkrankungen wie Kopfschmerzen und Schlafstörungen zu stehen, sowie negative Auswirkungen auf Herz- und Blutfunktionen zu haben scheint.[6] Die Grenzwerte für *elektromagnetische Felder (EMF)* der 26. BImSchV seien zu niedrig und würden der Strahlungsintensität nicht gerecht. Vor allem Kinder und Jugendliche stellen aufgrund ihrer hohen Internetnutzung die Hauptzielgruppe der Mobilfunkbetreiber hinsichtlich neuester Smartphonetechnologien dar.

Dem Druck ihrer Bürger ausgesetzt, versuchen Gemeinden daher auf regionaler Ebene durch eigene Maßnahmen die scheinbar unzureichenden zentralstaatlichen Maßnahmen zu kompensieren, um einer „strahlenden Zukunft" entgegenzuwirken. Hierbei bedienen sie sich den Instrumenten der Bauplanung und versuchen, die Gesamtstrahlung in ihrem Gemeindegebiet durch Anlagenausschlüsse und andere planerische Möglichkeiten zu reduzieren. Offene und ungeklärte Fragen betreffend Aufgaben und Kompetenzen der zentralstaatlichen Ebene einerseits und der kommunalen Ebene andererseits im Hinblick auf rechtliche Aspekte, die im Zusammenhang mit Mobilfunkstrahlung stehen, häufen sich.

Gerade Gemeinden, deren Gemeindegebiete Erholungs- und Kurorte[7] aufweisen, sehen sich in einem Spannungsfeld zwischen Vorsorge und Versorgung: einerseits versucht die Gemeinde den Bedenken der Gemeindebürger Sorge zu tragen und die Strahlungsintensität im Gebiet so gering wie möglich zu halten, um eine Gesundheitsvorsorge gewährleisten zu können, andererseits stellte bereits das BVerwG fest, dass „ein hohes öffentliches Interesse an einer flächendeckenden Versorgung mit Mobilfunk" bestehe und sich mithin die Frage stellt, wie intensiv die Gemeinden sich für den Ausbau von Mobilfunktechnik in ihrem Gemeindegebiet einsetzen müssen.[8]

Dieses Spannungsfeld wird im bauplanerischen Prozess deutlich, da die Gemeinde den Konflikt zwischen Vorsorge und Versorgung vor allem in der bauplanerischen Abwägung nach § 1 Abs. 7 BauGB austragen muss. Durch sogenannte „kommunale Mobilfunkkonzepte"[9] versucht sie in den letzten Jahren

---

6   Siehe beispielsweise *Hensinger/Wilke*, umwelt-medizin-gesellschaft 3 (2016), S. 15 (17).

7   Allein in Bayern finden sich 358 Gemeinden mit staatlich anerkannten Kurorten, Luftkurorten und Erholungsorten (Stand November 2018), abrufbar unter: https://www.stmi.bayern.de/assets/stmi/kub/verzeichnis_kur_erholungsorte_stand_29_11_2018_ _2_.pdf.

8   BVerwGE 144, 82 (88).

9   Siehe als Beispiele: Mobilfunkkonzept der Gemeinde Birkenau, abrufbar unter: https://www.birkenau.de/_obj/A6736F4E-242F-4891-9165-8169E8C1BB67/inline/Mobilfunkkonzept.pdf; Mobilfunkkonzept der Stadt Gräfelfing, abrufbar unter: http://www.graefelfing.de/mobilfunk.html; Mobilfunkkonzept der Hansestadt Attendorn, abrufbar

diesem Konflikt Abhilfe zu verschaffen. Hierbei handelt es sich um externe Gutachten, die konkrete Standortvorschläge für Mobilfunkanlagen bestimmen und aufzeigen, an welchen Standorten im Gemeindegebiet die EMF-Belastung am geringsten wäre und dennoch eine ausreichende Mobilfunkverbindung gewährleistet werden könnte. So hat die Gemeinde die Möglichkeit anhand eines Mobilfunkkonzepts den Standortvorschlägen der Mobilfunkbetreiber mit Alternativvorschlägen entgegenzusteuern und dadurch Teile des Gemeindegebiets von Mobilfunkanlagen qua Bebauungsplan gänzlich freizuhalten. Die zunehmende Aktivität der Gemeinden in diesem Bereich führt oft zu Interessenskonflikten, die nicht selten vor Gericht enden – zwischen der planenden Kommune, die von ihrer Planungshoheit aus Art. 28 Abs. 2 GG Gebrauch macht und den Mobilfunkbetreibern, die sich durch Standortverweisungen und Ausschlüsse aufgrund der wirtschaftlichen Einbußen in ihren Interessen verletzt sehen. Das BVerwG billigt zwar die Existenz und Anwendung eines kommunalen Mobilfunkkonzepts[10], lässt jedoch die praktisch relevanten Fragen der Reichweite, der Voraussetzungen und der Realisierungsmöglichkeiten offen.

Für ein verbessertes Verständnis der rechtlichen Problematik sollen zunächst anhand eines technischen Aufrisses die unterschiedlichen Mobilfunkstandards und die Funktionsweise des Mobilfunks aufgezeigt werden. Anschließend erläutert die Arbeit die verschiedenen Effekte, die durch elektromagnetische Felder erzeugt werden und eruiert ihre, teils umstrittene, Schädlichkeit.

Der zweite Teil der Arbeit setzt sich mit der rechtlichen Einordnung der Mobilfunkanlage auseinander. Diese Einordnung ist für die Gestaltung bauplanerischer Anlagenausschlüsse und die weiteren Möglichkeiten der Gemeinde hinsichtlich einer geplanten Strahlungsminimierung relevant.

Um eine umfassende Bewertungsgrundlage in der späteren bauplanerischen Abwägung treffen zu können, setzt sich der zweite Teil der Bearbeitung zunächst mit den Kompetenzen einer Gemeinde im Bereich der Vorsorge auseinander. Hier stellt sich vor allem die Frage, ob und inwiefern ein Vorsorgeauftrag seitens der Gemeinde im Hinblick auf Gesundheitsvorsorge bei Mobilfunkstrahlung besteht und wie sich dieser potentielle Schutzauftrag zur zentralstaatlichen Vorsorge verhält. Ein unzureichender zentralstaatlicher Schutz im Bereich der

---

unter: https://www.attendorn.de/htdoc/mobilfunk/index.html; Mobilfunkkonzept der Gemeinde Bisingen, abrufbar unter: https://www.gemeinde-bisingen.de/uploads/tx_wescityhall/Mobilfunkbroschuere.pdf; Mobilfunkkonzept der Stadt Füssen, abrufbar unter: https://www.stadt-fuessen.de/5740.html.

10 BVerwGE 144, 82 (86).

Gesundheitsvorsorge könnte einen weitergehenden Schutz auf kommunaler Ebene rechtfertigen. Das kommunale Selbstverwaltungsrecht einer Gemeinde nach Art. 28 Abs. 2 GG und die Grundrechtsbindung der Exekutive spielen hierbei eine entscheidende Rolle.

Im Anschluss daran werden die Kompetenzen und Aufgaben einer Gemeinde im Bereich der Versorgung mit Telekommunikationsdienstleistungen detailliert beleuchtet. Hierzu wird der zentralstaatliche Verfassungsauftrag des Bundes nach Art. 87f GG untersucht und die Einordnung des Mobilfunks als Universaldienstleistung analysiert. In Abgrenzung hierzu wird die Frage nach der Rolle der Gemeinde als eigener Versorgungsträger, oder lediglich in einer partizipatorischen Funktion untersucht und aufgezeigt.

Der dritte Abschnitt der Arbeit beschäftigt sich konkret mit dem Begriff des kommunalen Mobilfunkkonzepts. Zunächst sollen anhand eines kurzen geschichtlichen Aufrisses die Kooperationsversuche von Gemeinden und Mobilfunkbetreiber am Beispiel Bayerns illustriert werden. Anschließend werden Definition und Rechtscharakter eines kommunalen Mobilfunkkonzepts erläutert. Hauptaugenmerk eines Mobilfunkkonzepts stellen die in ihm vorgeschlagenen Alternativstandorte dar. Alternativstandorte müssen bedingt durch bereits bestehende Bauanfragen und das planerische Konzept einer Gemeinde unterschiedlich ausgestaltet sein.

Die Aufstellung eines kommunalen Mobilfunkkonzepts und die Festsetzung alternativer Standorte, die eine geringere Strahlungsintensität im Gemeindegebiet bewirken, gehen mit dem Ausschluss von Mobilfunkanlagen in bestimmten Baugebieten der Gemeinde einher. Die Arbeit widmet sich daher zuletzt den baurechtlichen Aspekten. Der primäre Fokus liegt hierbei auf dem bayerischen Baurecht, wobei die Arbeit anhand kurzer Exkurse zu anderen Bundesländern gewisse rechtliche Differenzen zu verdeutlichen versucht. Anhand der typischen bauplanerischen Voraussetzungen sollen die komplexen Anforderungen der Mobilfunkthematik erklärt und verdeutlicht werden. Gerichtliche Streitpunkte stellen hierbei vor allem das Vorliegen einer bauplanerischen Erforderlichkeit nach § 1 Abs. 3 BauGB dar, die konkreten Ausschlussmöglichkeiten im System der BauNVO, als auch das richtige und vollständige Verfahren bei der Abwägung nach § 1 Abs. 7 BauGB.

Die Arbeit endet mit einem Fazit und einer thesenartigen Zusammenfassung der erzielten Ergebnisse.

Erster Teil Technische Einleitung und Stand der Wissenschaft

„Was wir wissen, ist ein Tropfen; was wir nicht wissen, ein Ozean."
Isaac Newton (1642-1727), englischer Physiker

A. Technischer Aufriss und Begriffsbestimmung

Der politische, als auch juristische Diskurs hinsichtlich Mobilfunkstrahlung und Mobilfunkversorgung betrifft vor allem öffentliche Mobilfunknetze. Diese werden von privaten Mobilfunkbetreibern wie der Telekom Deutschland GmbH, der Vodafone GmbH, der E-Plus Mobilfunk GmbH und der Telefónica Germany (O$_2$) zur Verfügung gestellt, welche den Mobilfunkmarkt dominieren. Für ein besseres juristisches Verständnis erfolgt vorab ein kurzer Einblick in die technische Welt des Mobilfunks und seiner Funktionsweisen.

I. Mobilfunkendgeräte und Mobilfunkbasisstationen

Mobilfunkendgeräte sind „Geräte, mit denen Telekommunikationsleistungen in Form von Sprachübertragung über drahtlose Mobilfunk-Netzwerke in Anspruch genommen werden können", sowie „mobile Datenerfassungsgeräte mit der Möglichkeit zur Verwendung in beliebigen drahtlosen Mobilfunk-Netzwerken."[11] Dazu zählen sowohl Smartphones und klassische Mobiltelefone als auch Smartwatches und Tablet-Computer, sofern sie besagte Mobilfunkverbindungen aufbauen können.

Mobilfunkbasisstationen sind die im Volksmund als „Mobilfunkmasten" bezeichneten ortsfesten Funkanlagen i.S.d. § 1 der *Verordnung über das Nachweisverfahren zur Begrenzung elektromagnetischer Felder (BEMFV)*. Ähnlich einer Honigwabe sind Mobilfunknetze anhand nebeneinander liegender Funkzellen unterschiedlicher Durchmesser zellular strukturiert.[12] Die Basisstation stellt als Sende- und Empfangsstation für den Funkverkehr innerhalb einer Funkzelle den Mittelpunkt dieser dar. Verlässt ein Mobilfunkendgerätnutzer den Umkreis seiner genutzten Funkzelle, findet eine automatische Überleitung des Gesprächs zur nächstliegenden Mobilfunkbasisstation der neuen Funkzelle statt

---

11 Siehe Abschnitt 13b.7. des Umsatzsteuer-Anwendungserlasses (UStAE), Abs. 1 S. 2.
12 *Sjurts*, Mobilfunknetz, in: Gabler Kompakt-Lexikon: Medien, 2006, S. 141.

(Handover-Methode).[13] Mobilfunk funktioniert aufgrund eines Zusammenspiels magnetischer und elektrischer Felder. Diese beiden Felder werden beim Mobilfunk abwechselnd ineinander transformiert. Es entsteht dadurch ein hochfrequentes elektromagnetisches Wechselfeld, welches Funkwellen abstrahlt.[14]

Die Unterscheidung zwischen mobilen Endgeräten und Basisstationen ist nicht nur aus technischer Sicht notwendig – ihr kommt vor allem bei der Ermittlung und Erforschung biologischer Auswirkungen auf den menschlichen Körper eine entscheidende Rolle zu.

Je lückenloser das Mobilfunknetz ist, je mehr Funkzellen versorgt werden, je geringer die Entfernung des Einzelnen zur nächsten Mobilfunkanlage ist, desto besser ist die ortsunabhängige Versorgung und schneller die Datenübertragung. Hierbei spielen vor allem die Arten der Mobilfunkstandards eine entscheidende Rolle, da sich die Frequenzen dieser Standards unterscheiden. Wellenlänge und Frequenz sind umgekehrt proportional – je höher die Frequenz, desto kürzer ist die Wellenlänge.[15] Je kürzer diese Wellenlänge jedoch ist, desto dichter muss das Mobilfunknetz strukturiert sein, um dem Nutzer ortsunabhängig eine konstante Sprach- und Datenübertragung zur Verfügung zu stellen.[16]

II. Die wichtigsten Mobilfunkstandards – GSM, UMTS und LTE

Seit dem Ende der 50er Jahre wurden die Kommunikationsnetze dem stetig wachsenden technischen Fortschritt angepasst. So stellte das analoge A-Netz der Deutschen Bundespost im Jahre 1958 das erste öffentliche Mobilfunknetz in Deutschland mit manueller Handvermittlung dar.[17] Einige Jahre später wurde dieses durch das ebenfalls analoge B-Netz und C-Netz ersetzt, bis schließlich 1992 das erste digitale D-Netz der zweiten Generation (2G) in den Vordergrund rückte.[18]

---

13 *Sjurts*, Mobilfunknetz, in: Gabler Kompakt-Lexikon: Medien, 2006, S. 141.

14 *Virnich*, Einflussfaktoren auf die Ausbreitung von Mobilfunkwellen, 2003, S. 108.

15 *Meyer/Neumann*, Physikalische und Technische Akustik, 2. Aufl. 1974, S. 158.

16 Dies wird sich zukünftig vor allem für den 5G-Mobilfunkstandard als problematisch darstellen, da seine Netze sehr kleinzellig sind. Hierzu jedoch mehr unter *Erster Teil, A., III.*

17 Zur Geschichte des Mobilfunks vertieft *Gerum et al.*, Der Mobilfunkmarkt im Umbruch, 2003, S. 10.

18 *Hans Lobensommer*, in: Jung/Warnecke, Handbuch für die Telekommunikation, 2. Aufl. 2002, Kapitel 5, S. 135.

Der *Global System for Mobile Communications (GSM)*-Standard stellte bis vor zwei Jahren noch den weltweit meistverbreiteten Mobilfunkstandard dar.[19] Aufgrund des stetig steigenden Datenverbrauchs und der Nachfrage nach höheren Übertragungsraten wurde er jedoch vom LTE-Standard verdrängt und machte 2020 lediglich 2 Milliarden Anschlüsse weltweit aus, während LTE 5,7 Milliarden Anschlüsse aufwies.[20] In Deutschland dominiert der GSM-Standard derzeit noch die Netzabdeckung.[21] Hauptanwendungszweck des GSM-Standards ist die Mobilfunktelefonie und Versendung von Kurznachrichten anhand einer anfänglichen Sprach- und Datenübertragungsrate von bis zu 9,6 kbit/s.[22] Der GSM-Standard wurde durch die Zusatzstandards *General Packet Radio Service (GPRS)* und *Enhanced Data Rates for GSM Evolution (EDGE)* erweitert, welche weiterentwickelte paketorientierte Internetleistungen mit höheren Datenübertragungsraten von bis zu 290,9 kbit/s darstellen.[23]

Im Vergleich dazu stellt der *Universal Mobile Telecommunications System (UMTS)*-Standard eine Übertragungsrate von bis zu 384 kbits/s zur Verfügung.[24] UMTS ermöglicht dadurch die zeitgleiche Nutzung verschiedener Dienste, wie die Übertragung von Audio und Video, das Senden von Grafiken und der Zugriff auf mobiles Internet. Im Vergleich zu GSM, welches leistungsvermittelnd operiert und dessen dadurch fehlende paketorientierte Datenübertragung die Nutzbarkeit standortbezogener Dienste und von Mobile Commerce erschwert, bietet UMTS unter Zuhilfenahme verbesserter Technologien dem Endgerätnutzer eine Vielzahl an Nutzungsmöglichkeiten des mobilen Internets, als auch eine Standortübertragung an.[25]

Die steigende Nachfrage in der Bevölkerung nach schnellem mobilem Internet führte zu einem fortwährenden Ausbau der Mobilfunknetze und einer

---

19 *Ovum*, Prognose zur Anzahl der Mobilfunkanschlüsse weltweit nach Standard in den Jahren 2016 bis 2023 (in Milliarden), 2019, abrufbar unter: https://de.statista.com/statistik/daten/studie/570271/umfrage/prognose-zur-anzahl-der-mobilfunkanschluesse-weltweit-nach-standard/.

20 Aktuelle Zahlen und Daten abrufbar unter: https://www.5gamericas.org/resources/charts-statistics/global/.

21 Siehe die Netzabdeckung der Vodafone GmbH und Telekom Deutschland GmbH, abrufbar unter: https://www.vodafone.de/hilfe/netzabdeckung.html und https://www.telekom.de/start/netzausbau.

22 *Virnich*, Einflussfaktoren auf die Ausbreitung von Mobilfunkwellen, 2003, S. 108.

23 *Gerum et al.*, Der Mobilfunkmarkt im Umbruch, 2003, S. 21.

24 *Dembowski*, Lokale Netze – Handbuch der kompletten Netzwerktechnik, 2007, S. 377.

25 *Turowski/Pousttchi*, Mobile Commerce – Grundlagen und Techniken, 2004, S. 46 ff.

Verbesserung der Antennentechnologie. In Deutschland besteht seit 2010 die Möglichkeit der Nutzung der *Long Term Evolution (LTE)-* und LTE Advanced-Mobilfunktechnik der vierten Generation. LTE bedient sich, wie ein herkömmlicher PC ebenfalls, des Internetprotokolls. Dank einer Datenübertragungsrate von bis zu 1000 Mbit/s kann ein Nutzer auf seinem Endgerät von den computerbekannten Leistungen Gebrauch machen – seien es Navigation, Instant Messenger Videotelefonie oder mobile TV. Da LTE sich mehrerer Funkfrequenzen bedient, können größere Datenmengen auf diese verteilt werden, sodass eine höhere Datenübertragungsrate ermöglicht wird.[26] Zudem werden unterschiedliche Längen von Funkwellen abgestrahlt. In ländlichen Gebieten werden derzeit die Mobilfunknetze anhand LTE ausgebaut.[27]

Weltweit sind ca. 5,7 Milliarden LTE-Anschlüsse messbar.[28] Bis 2022 soll sich diese Zahl auf 6 Milliarden erhöhen, während der GSM-Standard auf 1,2 Milliarden Anschlüsse zurückfallen soll.[29]

III. Der Mobilfunkstandard der Zukunft – 5G in Deutschland

Derzeit am stärksten umstritten ist der Nachfolger des LTE-Standards – der 5G Mobilfunkstandard. Mit einer Frequenz von bis zu 6 GHz soll die Datenübertragungsrate bis zu 10 Gigabit pro Sekunde erfassen und somit dem Zeitalter des schnellen Internets eine völlig neue Bedeutung geben. Die kurzen Latenzzeiten machen 5G zum Echtzeitinternet.

5G-Netze sind kleinzellige Netze. Dadurch bietet 5G eine zentrierte und vollumfänglich kontrollierbare Netzarchitektur, die individuelle kleinzellige Spezialnetze ermöglicht, welche auf die jeweiligen Anwendungen und Wünsche der Benutzer zugeschnitten sind.[30] Der geringe Energieverbrauch für den Empfang

---

26 *Brückner*, Das globale Netz. Wirkungsweise und Grenzen der Datenübertragung im globalen Netz, 2015, S. 46.

27 *Jörg Borm*, Telefónica Deutschland versorgt Millionen Menschen neu mit LTE, Telefónica Deutschland Blog v. 25.1.2019, abrufbar unter: https://blog.telefonica.de/2019/01/mehr-als-6-700-zusaetzliche-lte-stationen-im-jahr-2018-telefonica-deutschland-versorgt-millionen-menschen-neu-mit-lte/.

28 Aktuelle Zahlen und Daten abrufbar unter: https://www.5gamericas.org/resources/charts-statistics/global/.

29 Aktuelle Zahlen und Daten abrufbar unter: https://www.5gamericas.org/resources/charts-statistics/global/.

30 *Carsten Knop*, Alles, was Sie über 5G wissen müssen, Frankfurter Allgemeine Zeitung v. 28.9.2018, abrufbar unter: https://www.faz.net/aktuell/wirtschaft/diginomics/5g-fakten-alles-was-sie-ueber-5g-wissen-muessen-15811250.html.

von Daten und die sehr hohen Übertragungsgeschwindigkeiten machen 5G gerade für die Industrie und Unternehmen attraktiv. Ein „smarter" wirtschaftlicher Einsatz dieser Technologie wie etwa die „Machine-To-Machine"-Kommunikation[31] soll dadurch verstärkt ermöglicht werden.

Die kleinzellige Struktur von 5G führt jedoch dazu, dass mehr Mobilfunkantennen notwendig sind, um eine bestimmte Fläche mit Mobilfunk zu versorgen, sodass die Risiken und Folgen für die Gesundheit und das körperliche Wohlbefinden noch nicht absehbar sind. Heftig kritisiert wird die Tatsache, dass die Versteigerung von 5G-Lizenzen mit einer Summe von mehr als 6,5 Milliarden Euro bereits abgeschlossen ist, ohne jedoch eine ausreichende Technikfolgenabschätzung getätigt zu haben. Die hohen Frequenzen werden erstmals ohne vorangehende Forschung eingesetzt, sodass die Frage, ob sich in diesem hohen Frequenzbereich andere als die bisher bekannten Effekte der Mobilfunkstrahlung entwickeln können, unbeantwortet bleibt.[32]

Der Koalitionsvertrag der CSU/CDU und SPD selbst sieht einen flächendeckenden Ausbau vor, der Deutschland zum Leitmarkt für 5G-Netze machen wird.[33] Vodafone startete bereits 2019 als erster Provider mit dem Ausbau von 5G, kurze Zeit später gesellten sich die Telekom Deutschland und die Telefónica Germany dazu.[34]

---

31 Machine-To-Machine-Kommunikation bedeutet einen automatisierten Datenaustausch zwischen Endgeräten wie Maschinen oder Fahrzeugen. Für vertiefte technische Informationen siehe Glanz/Büsgen, Machine-to-Machine-Kommunikation, 2010, S. 15.

32 So auch Armin Grunwald, Leiter des Büros für Technikfolgen-Abschätzung beim Deutschen Bundestag (TAB), der diese „Realexperimente" kritisiert. Siehe hierzu „Wie gefährlich ist 5G für die Menschen?" Podcast „Sag's Pauly" der Schwäbischen Zeitung v. 14.7.2019, ab Minute 9:40, abrufbar unter: https://www.schwaebische.de/sueden/baden-wuerttemberg_artikel,-podcast-sags-pauly-wie-gef%C3%A4hrlich-ist-5g-f%C3%BCr-die-menschen-_arid,11078528.html. Siehe zudem Wilfried Kühling vom Bund für Umwelt und Naturschutz Deutschland (BUND) zum notwendigen Ausbaustopp von 5G beim Podcast „planet e." des Zweiten Deutschen Fernsehens v. 25.7.2019, abrufbar unter: https://www.zdf.de/dokumentation/planet-e/5g-interview-prof-kuehling-frage-1-100.html.

33 Koalitionsvertrag zwischen CDU, CSU und SPD, 19. Legislaturperiode, S. 38, abrufbar unter: https://www.bundesregierung.de/resource/blob/975226/847984/5b8bc23590d4cb2892b31c987ad672b7/2018-03-14-koalitionsvertrag-data.pdf?download=1.

34 Siehe bspw. die Netzkarte der Vodafone GmbH, abrufbar unter: https://www.vodafone.de/hilfe/netzabdeckung.html. Leider gibt es bis dato keine offiziellen Zahlen, um die Verfügbarkeit und Anschlüsse zu messen. Schätzungen zufolge, versorgt die Deutsche Telekom ca. 100 Städte in Deutschland mit 5G, Vodafone ca. 20 Städte und die Telefónica Germany ca. 15, siehe Übersichtskarte des Informationsportals 5G-Anbieter-Info,

B. Effekte der Mobilfunkstrahlung

Die Wetterabfrage des kommenden Wochenendes, arbeitsbedingte Emailbeant-wortung oder ein kurzer Blick in die online zur Verfügung gestellten Tagesnach-richten während der Zugfahrt – ein Alltag ohne Smartphone ist für die meisten Menschen gar nicht mehr denkbar. Jedoch beeinflusst die ständige Kommunika-tion und der Ausbau der Mobilfunktechnik die Lebensweise der Menschen in der modernen Gesellschaft nicht nur durchweg positiv – mit Goethes Worten para-phrasiert: „Wo viel Licht ist, ist auch viel Schatten."[35]

Sowohl Mobilfunkanlagen als auch Mobilfunkendgeräte erzeugen hochfre-quente elektromagnetische Felder mit nichtionisierender elektromagnetischer Strahlung. Diese befinden sich im Frequenzbereich zwischen 100 Kilohertz und 300 Gigahertz.[36] Unterschieden werden hierbei bisher zwei Arten von Wirkungen, die durch elektromagnetische Felder erzeugt werden und sich auf das menschliche Befinden auswirken: thermische und athermische Effekte.

I. Thermische Effekte

1. Definition

Kommt man mit einem elektromagnetischen Feld in Berührung, führt dies aufgrund einer Absorption dieses Feldes zur Gewebeerwärmung.[37] Dadurch entsteht der thermische Effekt der Mobilfunkstrahlung. Gemessen wird diese Ab-sorption und die daraus resultierende Erhöhung der Körpertemperatur anhand des SAR[38]-Werts. Die maximale Höhe der SAR-Werte wird in Deutschland

---

abrufbar unter: https://www.5g-anbieter.info/verfuegbarkeit/5g-verfuegbarkeit-testen.html.

35 *Johann Wolfgang von Goethe*, Götz von Berlichingen mit der eisernen Hand, Erster Akt, Jagsthausen, Götzens Burg, 1773, abrufbar unter: https://gutenberg.spiegel.de/buch/gotz-von-berlichingen-mit-der-eisernen-hand-3672/2.

36 Bundesministerium für Umwelt, Naturschutz, Bau- und Reaktorsicherheit, Hochfre-quente Felder (unter anderem Mobilfunk), abrufbar unter: http://www.bmub.bund.de/themen/atomenergie-strahlenschutz/strahlenschutz/nieder-und-hochfrequenz/hochfrequente-felder/.

37 Bundesamt für Strahlenschutz, Biologische Wirkungen hochfrequenter Felder durch Energieabsorption und Erwärmung, abrufbar unter: http://www.bfs.de/DE/themen/emf/hff/wirkung/hff-nachgewiesen/hff-nachgewiesen_node.html.

38 Die Abkürzung „SAR" steht für die spezifische Absorptionsrate und stellt ein Maß für die Absorption von elektromagnetischen Feldern in einem Material dar, welche stets zu seiner Erwärmung führt. Siehe die ausführliche Definition im Glossar der

durch die Bundesregierung in den Grenzwerten der 26. BImSchV[39] festgelegt. Diese wiederum orientieren sich an den Risikobewertungen der Basisgrenzwerte der *Internationalen Kommission zum Schutz vor nichtionisierender Strahlung (ICNIRP)*.[40] Das Telefonieren mit einem Mobilfunkendgerät führt zu einer Temperaturerhöhung des Kopfbereichs; hier liegt der Teilkörper-SAR-Wert bei 2 W/kg. Die Absorptionsrate bei einer Mobilfunkanlage hingegen beträgt als Ganzkörperwert nur 0,08 W/kg, da im Vergleich zum Telefonieren keine örtlich begrenzte Erwärmung an einem bestimmten Körperteil vorliegt, bei der grundsätzlich die Wärmeabführung durch das Blut reguliert wird.[41] Der SAR-Wert bezieht sich nur auf die Messung thermischer Effekte und die Umwandlung in Wärme durch Absorption.

Erzeugt nun eine Mobilfunkanlage ein elektromagnetisches Feld, so breiten sich die elektromagnetischen Wellen gleichmäßig kegelförmig in alle Richtungen aus.[42] Sowohl die Strahlungsdichte als auch die Feldstärke nehmen ab, je weiter man sich von der Anlage entfernt.[43] Umgekehrt bedeutet dies also, dass sich der Körper stärker erwärmt, je näher er einer Anlage steht. Steigt die Dichte von Mobilfunkbasisstationen, so steigt ebenfalls die Körpertemperatur schneller an.

In Hinblick auf die Erwärmung der Kopfgegend beim Telefonieren mit einem Mobiltelefon verhält es sich hingegen genau umkehrt: je weiter die Anlage vom Endgerät entfernt ist, desto höher ist die notwendige Sendeleistung des Geräts, desto intensiver ist das vom Endgerät ausgesendete Feld und desto schneller

---

Bundesnetzagentur unter „Spezifische Absorptionsrate (SAR)", abrufbar unter: https://www.bfs.de/DE/service/glossar/_functions/glossar.

39 Verordnung über elektromagnetische Felder in der Fassung der Bekanntmachung v. 14.8.2013, BGBl. I, S. 3266.

40 Siehe die ICNIRP-Richtlinie für die Begrenzung der Exposition durch zeitlich veränderliche elektrische, magnetische und elektromagnetische Felder (bis 300 GHz), abrufbar unter: http://www.icnirp.org/cms/upload/publications/ICNIRPemfgdlger.pdf.

41 Bundesministerium für Umwelt, Naturschutz und nukleare Sicherheit, Grenzwerte bei hochfrequenten EMF, abrufbar unter: https://www.bmu.de/themen/atomenergie-strahlenschutz/strahlenschutz/nieder-und-hochfrequenz/hochfrequente-felder/grenzwerte-bei-hochfrequenten-emf/; Bundesamt für Strahlenschutz, Elektromagnetische Felder, abrufbar unter: http://www.bfs.de/DE/themen/emf/hff/wirkung/hff-nachgewiesen/hff-nachgewiesen_node.html.

42 Siehe die Abbildung zur Strahlrichtung und dem sektorisierten Aufbau einer Basisstation, abrufbar unter: http://www.informationszentrum-mobilfunk.de/technik/funktionsweise/mobilfunksendeanlagen.

43 *Virnich*, Einflussfaktoren auf die Ausbreitung von Mobilfunkwellen, 2003, S. 108.

findet eine Erwärmung statt.[44] Mobiltelefone und Mobilanlagen verhalten sich
daher im Hinblick auf die Intensität der Strahlung gegensinnig. Dennoch ist
es sinnvoll einer Reduzierung der Mobilfunkstationen entgegenzustreben und
einen verstärkten Temperaturanstieg bei Handys hinzunehmen – die Benutzung
des Handys ist temporär und vom Nutzer selbst steuerbar, bezieht sich nur auf
die Kopfgegend und besteht nur bei Nähe zum Gerät, während die Präsenz (und
Strahlung) einer Mobilfunkbasisstation dauerhaft und aufgezwungen ist. Zudem
kann beim Mobiltelefon, wie oben bereits erwähnt, die örtlich begrenzte Kopf-
erwärmung durch das Blut abgeführt werden, bei der Ganzkörpererwärmung
durch die Mobilfunkanlage ist dies nicht möglich.

2. Schädlichkeit und Beweisbarkeit

Eine Temperaturerhöhung von bereits einem Grad Celsius kann die Wärme-
regulation des Körpers aus dem Gleichgewicht bringen.[45] Geschieht dies über
einen längeren Zeitraum hinweg, so ist wissenschaftlich erwiesen, dass sich die
Temperaturerhöhung sowohl negativ auf Stoffwechselvorgänge und die Emb-
ryonalentwicklung auswirkt als auch diverse Krankheiten und Verhaltensano-
malien hervorrufen kann.[46] Diese Auswirkungen sind unstrittig und werden als
Ausgangslage für Vorsorgewerte und Handlungsmöglichkeiten herangezogen.[47]

II. Athermische Effekte

1. Definition

Athermische Effekte sind biologische Effekte, die im Vergleich zu thermischen Effekten keine Wärmewirkung erzeugen. Dies sind beispielsweise

---

44 Bundesamt für Strahlenschutz, Empfehlungen des BfS zum Telefonieren mit dem
    Handy, abrufbar unter: https://www.bfs.de/DE/themen/emf/mobilfunk/schutz/vor-
    sorge/empfehlungen-handy.html.
45 Bundesamt für Strahlenschutz, Biologische Wirkungen hochfrequenter Felder durch
    Energieabsorption und Erwärmung, abrufbar unter: http://www.bfs.de/DE/themen/
    emf/hff/wirkung/hff-nachgewiesen/hff-nachgewiesen_node.html.
46 Bundesamt für Strahlenschutz, Biologische Wirkungen hochfrequenter Felder durch
    Energieabsorption und Erwärmung, abrufbar unter: http://www.bfs.de/DE/themen/
    emf/hff/wirkung/hff-nachgewiesen/hff-nachgewiesen_node.html.
47 Siehe bspw. den achten Bericht der Bundesregierung über die Forschungsergebnisse
    in Bezug auf die Emissionsminderungsmöglichkeiten der gesamten Mobilfunktech-
    nologie und in Bezug auf gesundheitliche Auswirkungen v. 30.11.2018, BT-Drs. 19/
    6270, S. 3.

Krafteinwirkungen auf Zellen.[48] Die festgesetzten Richtwerte des SAR-Werts können für athermische Effekte nicht herangezogen werden, da hierbei keine Aussagen über Auswirkungen auf Zellorganismen gemacht werden, sondern lediglich die Temperaturerhöhung im Vordergrund steht. Somit ist der SAR-Wert ungeeignet, Feststellungen über gebotene und weniger gebotene Basiswerte im Hinblick auf athermische Effekte zu treffen.

Hinsichtlich der Existenz dieser Wirkungen besteht wissenschaftliche Einigkeit. So ging bereits die Strahlenschutzkommission in ihren Empfehlungen zu Grenzwerten und Vorsorgemaßnahmen bei elektromagnetischen Feldern auf die Existenz athermischer Wirkungen ein.[49]

2. Schädlichkeit

Die Schädlichkeit athermischer Effekte ist höchst umstritten. Seit Jahren erforschen unterschiedliche staatliche und nichtstaatliche Umwelt- und Gesundheitsinstitute weltweit die Auswirkungen von Mobilfunkstrahlung auf Mensch und Natur.[50] Gerade die Feldstärken, die unterhalb der Grenzwerte der 26. BImSchV liegen, sind oft Mittelpunkt wissenschaftlicher und juristischer Streitigkeiten.

Die stetige Präsenz von EMF führt bei manchen Menschen zu einer verstärkten – möglicherweise nur, nicht jedoch erwiesenermaßen ausschließlich subjektiven – Wahrnehmung dieser Felder. Dies zeigt sich häufig durch Schlafstörungen, Unruhe und Kopfschmerzen sowie dermatologische Symptome wie Rötungen an empfindlichen Körperstellen. Dieses Phänomen wird als „Elektromagnetische Hypersensitivität" (auch Elektrosensibilität) [51] bezeichnet und beschäftigt die Forschung seit einiger Zeit stärker denn je. Eine Vielzahl

---

48 Bundesamt für Strahlenschutz, Biologische Wirkungen hochfrequenter Felder durch Energieabsorption und Erwärmung, abrufbar unter: http://www.bfs.de/DE/themen/emf/hff/wirkung/hff-nachgewiesen/hff-nachgewiesen_node.html.

49 Strahlenschutzkommission, Grenzwerte und Vorsorgemaßnahmen zum Schutz der Bevölkerung vor elektromagnetischen Feldern, Empfehlung v. 4.7.2001, abrufbar unter: http://www.ssk.de/SharedDocs/Beratungsergebnisse_PDF/2001/Grenzwerte_EMF.pdf?__blob=publicationFile.

50 So u.a. der BUND Naturschutz, siehe die Rubrik „Mobilfunk", abrufbar unter: https://www.bund-naturschutz.de/mobilfunk.html; die International Agency for Research on Cancer (IARC) der WHO, siehe Pressemitteilung der IARC v. 31.5.2011, abrufbar unter: http://www.iarc.fr/en/media-centre/pr/2011/pdfs/pr208_E.pdf; das Deutsche Mobilfunk Forschungsprogramm (DMF), siehe weitere Informationen auf der Homepage des DMF, abrufbar unter: http://www.emf-forschungsprogramm.de/.

51 *Leitgeb/Schröttner,* Bioelectromagnetics 2003, S. 387 f.

internationaler Studien und Testreihen findet sich in der „EMF-Leitlinie zur Vorsorge, Diagnostik und Behandlung von Gesundheitsproblemen verursacht durch Elektromagnetische Felder", veröffentlicht durch die Europäische Akademie für Umweltmedizin.[52] Die Leitlinie lässt eine Kausalität zwischen genannten Symptomen und der Exposition durch elektromagnetische Strahlung u.a. aufgrund der Bildung oxidativen Stresses in Zellen[53] erkennen und zeigt Handlungs- und Therapiemöglichkeiten auf.

Die *Internationale Krebsforschungsagentur der Weltgesundheitsorganisation (IARC)* stufte im Mai 2011 hochfrequente elektromagnetische Felder als Gruppe 2B der IARC-Skala – „möglicherweise karzinogen" – ein[54] und fand Unterstützung durch die *Europäische Umweltagentur (EUA)*, die mit ihrem Bericht „Späte Lehren aus frühen Warnungen" ebenfalls auf Hirntumorrisiken hinwies.[55] Die russische Strahlenschutzbehörde wies im Rahmen der *World Health Organization (WHO)* ebenfalls auf biologische Risiken athermischer Wirkungen hin und betonte die Notwendigkeit der Anpassung der internationalen Grenzwerte.[56]

Das ECOLOG-Institut kam bereits 2000 nach der im Auftrag der T-Mobil und DeTeMobil Deutsche Telekom MobilNet GmbH durchgeführten „Bewertung des wissenschaftlichen Erkenntnisstandes unter dem Gesichtspunkt des vorsorgenden Gesundheitsschutzes"[57] ebenfalls zu der Konklusion, dass gesundheitliche Risiken in Verbindung mit biologischen Effekten der Mobilfunkstrahlung bestehen. So seien aufgrund von Ergebnissen aus Experimenten an Tier- und

---

52 Eine Zusammenfassung dieser Leitlinie findet sich bei *Belyaev et al.*, Rev Environ Health 2016, S. 363 (371).

53 Siehe hierzu ebenfalls Erläuterungen zum Burn-Out-Syndrom in Zusammenhang mit Mobilfunkstrahlung, *Warnke/Hensinger*, umwelt-medizin-gesellschaft 26 (2013), S. 31 f.

54 Pressemitteilung der IARC v. 31.5.2011, abrufbar unter: http://www.iarc.fr/en/media-centre/pr/2011/pdfs/pr208_E.pdf.

55 *Hardell et al.*, EUA-Bericht 1 (2013), S. 32.

56 In Kooperation mit russischen Forschern replizierte sie sowjetische Studien aus den Jahren 1974-1986, siehe *Grigoriev et al.*, Bioelectromagnetics 2010, S. 589 f.; WHO, Russian National Committee of Non-Ionizing Radiation Protection – Report, 2008, abrufbar unter: https://www.who.int/peh-emf/project/mapnatreps/RUSSIA%20report%202008.pdf.

57 ECOLOG-Institut, Mobilfunk und Gesundheit, Bewertung des wissenschaftlichen Erkenntnisstandes unter dem Gesichtspunkt des vorsorgenden Gesundheitsschutzes, abrufbar unter: https://www.diagnose-funk.org/download.php?field=filename&id=218&class=DownloadItem.

Pflanzenzellen sowohl Krebserkrankungen und Erbgutschäden[58], als auch negative Auswirkungen auf das Immun – und Nervensystem[59] möglich.

Wissenschaftliche Studien bestätigen zudem, dass die Motilität und Lebensfähigkeit von Spermien mit erhöhter EMF-Exposition aufgrund verstärkter Bildung oxidativen Zellstresses[60], welcher durch athermische Wirkungen ausgelöst wird, sinkt und sich Mobilfunkstrahlung negativ auf die Reproduktionsfähigkeit auswirkt.[61]

Das deutsche *Bundesamt für Strahlenschutz (BfS)* und die Bundesregierung verneinen dennoch gesundheitliche Auswirkungen im Mobilfunkbereich niedriger Intensitäten mit der Begründung, es gäbe nicht genug wissenschaftliche Belegung hierfür.[62] Einziger Ausnahmebereich sei die mögliche höhere Empfindlichkeit von Kindern auf hochfrequente elektromagnetische Felder, sodass hier weiterer Forschungsbedarf bestehe und keine abschließenden Aussagen getroffen werden dürfen.[63] Beide Einrichtungen stützen ihre Auffassung auf die Forschungsergebnisse diverser Studien des *Deutschen Mobilfunk Forschungsprogramms (DMF)*[64] im Bereich der Biologie, der Dosimetrie, der Epidemiologie

---

58 So auch *Mokarram et al.*, J Biomed Phys Eng 2017, S. 79 (84).

59 ECOLOG-Institut, Mobilfunk und Gesundheit, Bewertung des wissenschaftlichen Erkenntnisstandes unter dem Gesichtspunkt des vorsorgenden Gesundheitsschutzes, 2000, S. 29 f., abrufbar unter: https://www.diagnose-funk.org/download.php?field=filename&id=218&class=DownloadItem. Problematisch hierbei ist, dass gerade im Hinblick auf geforschte Krebsleiden zusätzliche Risikofaktoren wie das Alter der betroffenen Person, die genetische Disposition oder Umwelteinflüsse unberücksichtigt bleiben und im Gegensatz zu thermischen Effekten langfristiger gemessen werden müssen, um konkrete Aussagen über gesundheitliche Folgen treffen zu können.

60 *Manta et al.*, Electromagn Biol Med 2014, S. 118 ff.; *Imai et al.*, Syst Biol Reprod Med. 2011, S. 204 ff.; *Kahya et al.*, Biol Trace Elem Res 2014, S. 285 ff.; *Özguner et al.*, Toxicology and Industrial Health 2005, S. 223 ff.; *Yan et al.*, Fertility and Sterility 2007, S. 957 ff.

61 *Houston et al.*, Reproduction 2016, S. 263 f.; *Yan et al.*, Fertility and Sterility 2007, S. 957 ff.

62 Bundesamt für Strahlenschutz, Biologische Wirkungen hochfrequenter Felder durch Energieabsorption und Erwärmung, abrufbar unter: http://www.bfs.de/DE/themen/emf/hff/wirkung/hff-nachgewiesen/hff-nachgewiesen_node.html.

63 Deutscher Bundestag, Achter Bericht der Bundesregierung über die Forschungsergebnisse in Bezug auf die Emissionsminderungsmöglichkeiten der gesamten Mobilfunktechnologie und in Bezug auf gesundheitliche Auswirkungen v. 30.11.2018, BT-Drs. 19/6270, S. 3.

64 Die Forschungsberichte der einzelnen Studien sind abrufbar unter: http://www.emf-forschungsprogramm.de.

und der Risikokommunikation, die 2002 bis 2008 durchgeführt worden waren. Hierbei fand eine EMF-Strahlenexposition und anschließende Untersuchung verschiedener Zelltypen statt, die im Ergebnis bestätigte, dass eine Aussetzung im Mobilfunkfrequenzbereich keine begünstigte Bildung von freien Radikalen bewirke.[65] Es bestehe dennoch weiterhin die Pflicht zur Erforschung langfristiger Folgen athermischer Wirkungen.

Einigkeit bei politischen und wissenschaftlichen Akteuren besteht im Hinblick auf die besondere Empfindlichkeit gegenüber EMF bei Kindern.[66] Aufgrund zahlreicher Hinweise und noch ungeklärter Fragen besteht weiterer Forschungsbedarf hinsichtlich Hyperaktivität und Verhaltensstörungen im frühkindlichen Alter bei längerer Exposition, aber auch einem gesteigerten Risiko der Kinderleukämie.[67] Kinder kommen heutzutage bereits im Kleinkindalter mit EMF in Berührung, sei es durch das Benutzen von Smartphones oder die Exposition durch Mobilfunkanlagen in der Nähe von Kindertagesstätten und

---

65 Institut für Zelltechnologie e.V. Rostock, Untersuchungen zu Wirkmechanismen an Zellen unter Exposition mit hochfrequenten elektromagnetischen Feldern der Mobilfunktechnologie, C Funktionen, S. 37 ff, abrufbar unter: http://www.emf-forschungsprogramm.de/forschung/biologie/biologie_abges/bio_030_AB.pdf.

66 So macht der Bund für Umwelt und Naturschutz Deutschland auf einen verantwortungsvollen Umgang mit Mobilfunk im Kinderzimmer aufmerksam, abrufbar unter: https://www.bund.net/service/publikationen/detail/publication/mobilfunk-im-kinderzimmer-eine-kritische-betrachtung/. Die ÖDP thematisiert in ihrer Zeitschrift „ÖkologiePolitik" die Gefahren für Kinder und Jugendliche, siehe *Scheler*, Ökologie-Politik 2014, S. 24 ff.

67 *Bunch et al.*, J Radiol Prot 2016, S. 437 (452); *Zhao et al.*, Leuk Res 2014, S. 269 f.; Deutscher Bundestag, Achter Bericht der Bundesregierung über die Forschungsergebnisse in Bezug auf die Emissionsminderungsmöglichkeiten der gesamten Mobilfunktechnologie und in Bezug auf gesundheitliche Auswirkungen v. 30.11.2018, BT-Drs. 19/6270, S. 3; ECOLOG-Institut, Mobilfunk und Gesundheit, Bewertung des wissenschaftlichen Erkenntnisstandes unter dem Gesichtspunkt des vorsorgenden Gesundheitsschutzes, 2000, S. 37, abrufbar unter: https://www.diagnose-funk.org/download.php?field=filename&id=218&class=DownloadItem; Bundesamt für Strahlenschutz, Ergebnisse des Deutschen Mobilfunk Forschungsprogramms v. 15.5.2008, abrufbar unter: http://www.emf-forschungsprogramm.de/abschlussphase/DMF_AB.pdf; Parlamentarische Versammlung des Europarats, The potential dangers of electromagnetic fields and their effect on the environment, Resolution 1815 (2011) v. 27.5.2011, abrufbar unter: http://assembly.coe.int/nw/xml/XRef/Xref-XML2HTML-en.asp?fileid=17994&lang=en; Europäisches Parlament, Entschließung zu der Gesundheitsproblematik in Zusammenhang mit elektromagnetischen Feldern (2008/2211(INI)) v. 2.4.2009, abrufbar unter: http://www.europarl.europa.eu/doceo/document/A-6-2009-0089_DE.html.

Wohngebäuden. Die Indikatoren, die für ein erhöhtes athermisches Gesundheitsrisiko im elektromagnetischen Umfeld sprechen mehren sich und entkräften die Auffassung, elektromagnetische Strahlung sei bloß ein Papiertiger.

Aus diesem Grund und unter Berücksichtigung der – auch von den deutschen Behörden anerkannten – weiteren Forschungssensibilität hinsichtlich Kindern und Jugendlichen, beschlossen die höchsten Verwaltungsgerichte athermische Effekte nicht lediglich den Immissionsbefürchtungen zuzuschreiben, sondern ein vorsorgerelevantes Risikoniveau festzustellen.[68] Allein der Befund des DMF, Kinder seien möglicherweise stärker exponiert und sensibler auf elektromagnetische Strahlung rechtfertige es, eine stärkere Vorsorge hinsichtlich athermischer Wirkungen zu betreiben. Das BVerwG lässt die Frage der Schädlichkeit athermischer Wirkungen zwar offen, bejaht jedoch aufgrund der potentiellen Gefahr eine Vorsorgerelevanz. Es betont sogar, dass kein Konsens in der Wissenschaft bestehe, Mobilfunkstrahlung athermischer Art sei unschädlich.[69] Komplexe Technologien bringen komplexe Probleme mit sich. Sie erfordert jedoch ebenfalls komplexe Lösungen und eine Betrachtung aller Forschungsergebnisse, um die Gesamtsituation messbar zu machen.

C. Internationale Grenzwerte im Vergleich

Zur Vervollständigung des technischen Resümees ist ein Blick über den nationalen Tellerrand hinaus interessant. Es existiert kein weltweit verbindlicher Sicherheitsstandard – jeder Staat ist in der Wahl seiner Grenzwerte grundsätzlich frei. In der Europäischen Union unterliegen die Mitgliedstaaten jedoch dem Sekundärrecht, namentlich im Bereich des Mobilfunks der EU-Empfehlung 1999/519/EC zur Begrenzung der Exposition der Allgemeinbevölkerung[70] und der EU-Richtlinie 2013/35/EU zur Begrenzung der Exposition am Arbeitsplatz.[71] Deutsche Grenzwerte der 26. BImSchV orientieren sich hinsichtlich der Exposition der Allgemeinbevölkerung vor allem an den Richtwerten der ICNIRP

---

68 BVerwGE 144, 82 (87); BayVGH, Urteil v. 23.11.2010, DVBl 2011, S. 299 (300).
69 BVerwGE 144, 82 (87).
70 Empfehlung 1999/519/EG des Rates zur Begrenzung der Exposition der Bevölkerung gegenüber elektromagnetischen Feldern v. 12.07.1999, ABl. Nr. L 199/59.
71 Richtlinie 2013/35/EU des Europäischen Parlaments und des Rates über Mindestvorschriften zum Schutz von Sicherheit und Gesundheit der Arbeitnehmer vor der Gefährdung durch physikalische Einwirkungen (elektromagnetische Felder) (20. Einzelrichtlinie im Sinne des Artikels 16 Absatz 1 der Richtlinie 89/391/EWG) und zur Aufhebung der Richtlinie 2004/40/EG v. 26.6.2013, ABl. Nr. L 179/1.

und der genannten Ratsempfehlung der Europäischen Union vom 12. Juli 1999. Gleiches gilt für u.a. finnische, griechische und französische Grenzwerte mit teils abweichenden Zusatzregelungen.[72] Einige wenige Staaten besitzen höhere Referenzwerte, wie z.b. Schweden und Großbritannien.[73] Der technische Fortschritt seit 1999 und die mithin verstärkte Erzeugung von EMF, als auch die Aufmerksamkeit der Öffentlichkeit hierzu veranlasste diverse andere Staaten der Europäischen Union strengere Richtlinien festzulegen, um der Besorgnis der Bevölkerung und dem Vorsorgeprinzip Rechnung zu tragen. So besitzen u.a. Belgien, Dänemark, Italien, Liechtenstein, Litauen, die Niederlande, Polen, die Schweiz und Slowenien abweichende niedrigere Grenzwerte verglichen zur EU-Ratsempfehlung. Deutschland vertritt im direkten EU-Vergleich daher relativ großzügige Grenzwerte mit hohem Potential zu mehr Vorsorge.

Außerhalb Europas orientieren sich die USA an den Grenzwerten des "IEEE Standard for Safety Levels with Respect to Human Exposure to Radio Frequency Electromagnetic Fields", welche mit den Grenzwerten der ICNIRP vergleichbar sind. Russland wiederum besitzt ähnlich seiner osteuropäischen Nachbarn vorsorgezentrierte Grenzwerte.[74]

D. Zwischenergebnis: Technische Einleitung und Stand der Wissenschaft

Die Erforschung potentieller gesundheitlich negativer Auswirkungen auf den menschlichen Körper kann mit der rasanten technischen Entwicklung nicht mithalten. Aus diesem Grund müssen Vorsorgegründe im Vordergrund staatlichen und behördlichen Handelns stehen. Die im europaweiten Vergleich generösen Vorsorgewerte der 26. BImSchV beziehen sich jedoch nur auf thermische Effekte, sodass sich Vorsorgefragen gerade im Hinblick auf die umstrittenen

---

72 Übersicht des BfS zu den verschiedenen Grenzwerten in Europa, abrufbar unter: http://www.bfs.de/DE/themen/emf/netzausbau/schutz/grenzwerte-europa/grenzwerte-europa_node.html.

73 Übersicht des BfS zu den verschiedenen Grenzwerten in Europa, abrufbar unter: http://www.bfs.de/DE/themen/emf/netzausbau/schutz/grenzwerte-europa/grenzwerte-europa_node.html.

74 Einen weltweiten Überblick über Grenzwerte im Bereich elektromagnetischer Wellen gibt *Grandolfo*, The Environmentalist 2009, S. 109 f. Siehe ebenfalls die Übersicht des BfS zu den verschiedenen Grenzwerten in Europa, abrufbar unter: http://www.bfs.de/DE/themen/emf/netzausbau/schutz/grenzwerte-europa/grenzwerte-europa_node.html.

athermischen Wirkungen stellen. Vor allem Kinder und Jugendliche sind von einer höheren Sensibilität betroffen und müssen stärker vor EMF-Exposition geschützt werden. Hinsichtlich athermischer Wirkungen besteht ein vorsorgerelevantes Risikoniveau, welches berücksichtigt werden muss.

Zweiter Teil Mobilfunkanlagen im Baurecht

A. Problemaufriss

Die Ungewissheit der Schädlichkeit elektromagnetischer Strahlung veranlasst viele Gemeinden dazu, aktiv die Dichte der Mobilfunkanlagen in ihrem Gemeindegebiet zu bestimmen und ein ausgeglichenes Verhältnis zwischen der Gesundheitsvorsorge einerseits und der Versorgung mit Mobilfunk andererseits zu schaffen. Hierbei steht ihnen die Möglichkeit offen, Mobilfunkanlagen bauplanerisch unter bestimmten Voraussetzungen auszuschließen. Wie sich solche Ausschlüsse gestalten lassen, hängt von der rechtlichen Einordnung der Mobilfunkanlage im Gefüge der Normen des Baurechts ab.

B. Mobilfunkanlagen im beplanten Innenbereich

Der Begriff der Mobilfunkanlage findet keine gesetzliche Kodifikation. Der Ausschluss von Mobilfunkbasisstationen durch Bebauungsplan richtet sich nach der Einordnung einer Mobilfunkstation im System der BauNVO. Erst dann kann die konkrete Art und Weise der Zulassung bzw. der Ausschluss bestimmt werden.

Im Kontext mit Mobilfunkanlagen schwirren die Begriffe der „Hauptanlage", der „Nebenanlage" und der „fernmeldetechnischen Nebenanlage" umher und sorgen für Unruhe bei Gerichten[75], in der Literatur[76] und im Verständnis der BauNVO. Aus diesem Grund ist eine sorgfältige Differenzierung erforderlich.

I. Zulässigkeit als Hauptanlage

Eine Mobilfunkanlage kommt selten allein. Sie ist wabenartig in ein gebietsübergreifendes Mobilfunknetz eingebunden und versorgt sowohl das Gemeindegebiet als auch in vielen Fällen umliegende Gemeinden.[77] Dieses Mobilfunknetz stellt als Ganzes eine gewerbliche Hauptanlage i.S.d. §§ 2 ff. BauNVO dar, mit der einzelnen Mobilfunkanlage als Teil dieser Hauptanlage.[78] Da sie wesentlicher Bestandteil dieses Netzes ist, ist sie ebenfalls als gewerbliche Nutzung zu

---

75 VGH Kassel, Urteil v. 6.12.2004, BauR 2005, S. 983 f.; BVerwG, Beschluss v. 3.1.2012, NVwZ 2012, S. 579 (580); BayVGH, Urteil v. 6.2.2014, BayVBl 2014, S. 499 (502).

76 *Jung*, ZfBR 2001, S. 24 (28); *Tysper* BauR 2008, S. 614 (622 f.).

77 BVerwG, Beschluss v. 1.11.1999, NVwZ 2000, S. 680 (681); *Jung*, ZfBR 2001, S. 24 (26).

78 BayVGH, Urteil v. 1.7.2005, NVwZ-RR 2006, S. 234 (235); BVerwG, Beschluss v. 3.1.2012, NVwZ 2012, S. 579 (580); BayVGH, Urteil v. 6.2.2014, BayVBl 2014, S. 499

qualifizieren und nach den §§ 2 ff. BauNVO zu bewerten.[79] Sendeanlagen eines Mobilfunkbetreibers stellen gewerbliche Nutzungen dar.[80] In den Baugebieten der §§ 2 und 4 BauNVO können Mobilfunkbasisanlagen daher grundsätzlich als nicht störende Gewerbebetriebe ausnahmsweise zugelassen werden[81], in den Baugebieten der §§ 4a-9 BauNVO allgemein als Gewerbebetriebe. Ein Betrieb stört allgemein, wenn das Maß der gebietsadäquaten Störungen überschritten und der Gebietscharakter hierdurch gefährdet wird.[82] Hierbei geht die Baunutzungsverordnung von einer typisierenden Betrachtungsweise aus, welche jedoch für die einzelnen Baugebiete der BauNVO separat gebietsbezogen festgelegt wird.[83] Es kommt darauf an, welche Auswirkungen ein Betrieb typischerweise hat. Da Mobilfunkanlagen keinen Zu- und Abfahrtsverkehr haben, welcher intensive gebietsunverträgliche Immissionen mit sich bringen könnte[84] und die Art der Betriebsvorgänge lediglich per Funk und digital stattfindet, und somit keinerlei sicht- und greifbare Störwirkungen erzeugt, sind sie grundsätzlich als nicht störende Gewerbebetriebe einzuordnen, unter der Voraussetzung, dass die Grenzwerte der 26. BImSchV eingehalten werden und keine negativen bodenrechtlichen Auswirkungen auf das Ortsbild zu befürchten sind.[85]

(502); *Spannowsky*, ZfBR 2008, S. 446 (448); *Jürgen Stock*, in: König et al., Baunutzungsverordnung, 4. Aufl. 2019, § 8, Rn. 17a.

79 BayVGH, Urteil v. 1.7.2005, NVwZ-RR 2006, S. 234 (235); BVerwG, Beschluss v. 3.1.2012, NVwZ 2012, S. 579 (580); BayVGH, Urteil v. 6.2.2014, BayVBl 2014, S. 499 (502); *Spannowsky*, ZfBR 2008, S. 446 (448); *Jürgen Stock*, in: König et al., Baunutzungsverordnung, § 8, Rn. 17a.

80 OVG Münster, Beschluss v. 2.7.2002, NVwZ-RR 2003, S. 482 (483); VGH Mannheim, Beschluss v. 8.2.2002, ZfBR 2003, S. 44 (45); OVG Lüneburg, Beschluss v. 31.1.2002, NVwZ-RR 2002, S. 822 (823); VGH Kassel, Beschluss v. 19.12.2000, NVwZ-RR 2001, S. 429 (429).

81 *Jürgen Stock*, in: König et al., Baunutzungsverordnung, 4. Aufl. 2019, § 4, Rn. 71; *Alfred Lechner/Alfons Busse*, in: Simon/Busse, Bayerische Bauordnung, Art. 57, Rn. 180.

82 BVerwG, Beschluss v. 7.9.1995, NVwZ-RR 1996, S. 251 (251).

83 BVerwG, Beschluss v. 28.2.2008, NVwZ 2008, S. 786 (787); BayVGH, Beschluss v. 13.12.2006, NVwZ-RR, S. 659 (660); *Jörg Berkemann*, in: Hoppenberg/ de Witt, Handbuch des öffentlichen Baurechts, 2019, A 7., Rn. 66; *Jürgen Stock*, in: Ernst et al., Baunutzungsverordnung, § 4, Rn. 119; *Wilhelm Söfker*, in: Ernst et al., Baunutzungsverordnung, § 6, Rn. 13.

84 Zu den generellen Anforderungen eines Vorhabens, siehe BVerwG, Beschluss v. 28.2.2008, NVwZ 2008, S. 786 (787); konkret, siehe VG Gießen, Beschluss v. 18.6.2002, NVwZ-RR 2002, S. 825 (828).

85 BayVGH, Urteil v. 1.7.2005, NVwZ-RR 2006, S. 234 (235); VGH Mannheim, Urteil v. 19.11.2003, ZfBR 2004, S. 284 (285); VGH Kassel, Urteil v. 29.7.1999, NVwZ 2000,

Individuelle gravierend abweichende Störungswirkungen von der Typisierung einer Betriebsart können nur im Rahmen des § 15 BauNVO berücksichtigt werden.[86] Hierunter fallen i. d. R. auch optische Wirkungen einer Mobilfunkanlage. Da der erste Abschnitt der BauNVO (§§ 2-14 BauNVO) lediglich die „Art der baulichen Nutzung" bestimmt, optische Wirkungen wie bspw. eine „erdrückende Wirkung" auf Nachbargrundstücke jedoch dem städtebaulichen Begriff des „Maßes der baulichen Nutzung" zuzuordnen sind, kann die Größe einer Mobilfunkanlage nur über § 15 I 1 BauNVO berücksichtigt werden.[87]

II. Zulässigkeit als Nebenanlage

Neben der Einordnung als Hauptanlage kann eine Mobilfunkbasisstation auch gleichzeitig als Nebenanlage zulässig sein.[88] Hierbei ist jedoch der Begriff der Nebenanlage i.S.d. § 14 BauNVO differenziert zu betrachten.

§ 14 BauNVO bietet eine zusätzliche Einordnung der Mobilfunkanlage in das Geflecht der BauNVO. Die Regelung des § 14 BauNVO stellt ähnlich zu § 12 BauNVO und § 13 BauNVO eine „Querschnittsvorschrift" dar und ergänzt dahingehend die Ausnahmetatbestände der einzelnen Baugebiete.[89] Die Mobilfunkbasisstation ist trotz der Einbindung in ein gesamtes Netz keine Nebenanlage i.S.d. § 14 Abs. 1 S. 1 BauNVO. Eine Nebenanlage im Sinne des § 14 Abs. 1 S. 1 BauNVO dient einer anderen Hauptanlage und bezieht ihre Funktion und Existenz aus jener.[90] Sinn und Zweck der Norm ist es, kleinere Anlagen, die lediglich eine ungeordnete Hilfsfunktion erfüllen, privilegiert zulassen zu können.[91] Eine Anlage kann daher nicht zugleich Haupt- und Nebenanlage

---

S. 694 (695); BayVGH, Urteil v. 2.8.2007, BauR 2008, S. 627 (631); *Holger Tobias Weiß*, in: Hoppenberg/ de Witt, Handbuch des öffentlichen Baurechts, 2019, Z VI., Rn. 40 f.

86 VGH Mannheim, Urteil v. 19.11.2003, ZfBR 2004, S. 284 (285); *Holger Tobias Weiß*, in: Hoppenberg/ de Witt, Handbuch des öffentlichen Baurechts, 2019, Z VI., Rn. 42.

87 Vertieft hierzu siehe OVG Münster, Beschluss v. 9.1.2004, ZfBR 2004, S. 469 (470).

88 BayVGH, Urteil v. 1.7.2005, NVwZ-RR 2006, S. 234 (235); OVG Lüneburg, Beschluss v. 6.12.2004, BauR 2005, S. 975 (980); VGH Kassel, Urteil v. 6.12.2004, BauR 2005, S. 983 (984); BayVGH, Urteil v. 2.8.2007, BauR 2008, S. 627 (631); a.A. *Jung*, ZfBR 2001, S. 24 (28), die bei der Unterscheidung zwischen Hauptanlage und Nebenanlage i.S.v. § 14 Abs. 2 S. 2 BauNVO eine Grenze bei 10 m Antennenhöhe zieht; *Spannowsky*, ZfBR 2008, S. 446 (448) sieht das gesamte Netz als Hauptanlage, nicht jedoch die einzelne Mobilfunkanlage.

89 BVerwGE 144, 82 (89); *Wilhelm Söfker*, in: Ernst et al., Baunutzungsverordnung, § 1, Rn. 64.

90 *Jürgen Ziegler*, in: Brügelmann, Baunutzungsverordnung, § 14, Rn. 16 f.

91 *Jürgen Stock*, in: König et al., Baunutzungsverordnung, 4. Aufl. 2019, § 14, Rn. 1.

i.S.d. § 14 Abs. 1 S. 1 BauNVO sein. Eine Nebenanlage verhilft nur dem Nutzungszweck des jeweiligen Baugebiets oder Baugrundstücks, in dessen sie sich befindet. Eine Mobilfunkbasisstation nimmt jedoch innerhalb eines Funknetzes meist eine weitreichende Versorgungsfunktion wahr und bezieht sich nicht nur auf ein Baugebiet oder Baugrundstück.[92]

Eine Mobilfunkanlage kann jedoch gleichzeitig Hauptanlage und fernmeldetechnische Nebenanlage i.S.d. § 14 Abs. 2 S. 2 BauNVO sein.[93] Der Begriff der fernmeldetechnischen Nebenanlage verwirrt im Lichte der Definition der Nebenanlage zu Abs. 1. Er unterscheide sich im Sinngehalt wesentlich – so BVerwG[94] und BayVGH[95] – zu seiner Schwesternorm. Während die Nebenanlage nach Abs. 1 sich auf das Merkmal der Unterordnung fokussiere, habe der Begriff der fernmeldetechnischen Nebenanlage einen instrumentell-rechtstechnischen Zweck, welcher mit der Novellierung 1990 eingeführt wurde, um die Versorgung mit weitreichenden Mobilfunknetzen in allen Baugebieten zu erleichtern.[96] Der Bezugspunkt sei zudem ein anderer: während eine Nebenanlage nach Abs. 1 sich auf ein konkretes Baugebiet oder Grundstück beziehe, läge der Bezugspunkt einer fernmeldetechnischen Nebenanlage auf der Infrastruktureinrichtung des Mobilfunknetzes, das gebietsübergreifend vorliege.[97] Die Rechtsprechung verleiht dem öffentlichen Interesse an flächendeckendem Mobilfunk durch eine solche Auslegung Ausdruck.

Aus dieser privilegierten Einordnung heraus ergibt sich ein unerwünschtes Konkurrenzverhältnis zwischen den betroffenen Normen. Dies lässt sich am besten an einem konkreten Beispiel verdeutlichen: in reinen Wohngebieten sind Mobilfunkanlagen als Gewerbebetriebe nach § 3 BauNVO weder regelhaft noch ausnahmsweise zulässig. Wendet man nun § 14 Abs. 2 S. 2 BauNVO an, sind sie dort als Ausnahme erlaubt. Im Vergleich hierzu sind in Mischgebieten Mobilfunkanlagen nach § 6 Abs. 2 Nr. 4 BauNVO allgemein zulässig, während § 14

---

92 *OVG Münster*, Beschluss v. 6.5.2005, NVwZ-RR 2005, S. 608 (609); BVerwG, Urteil v. 1.11.1999, BauR 2000, S. 703 (704); *Jürgen Stock*, in: Ernst et al., Baunutzungsverordnung, § 14, Rn. 49.

93 BayVGH, Urteil v. 1.7.2005, NVwZ-RR 2006, S. 234 (235); OVG Lüneburg, Beschluss v. 6.12.2004, BauR 2005, S. 975 (980); VGH Kassel, Urteil v. 6.12.2004, BauR 2005, S. 983 (984); BayVGH, Urteil v. 2.8.2007, BauR 2008, S. 627 (631).

94 BVerwG, Beschluss v. 3.1.2012, NVwZ 2012, S.579 (579).

95 BayVGH, Urteil v. 1.7.2005, ZfBR 2005, S. 803 (804); BayVGH, Urteil v. 6.2.2014, BayVBl 2014, S. 499 (502).

96 *Jürgen Stock*, in: Ernst et al., Baunutzungsverordnung, § 14, Rn. 79.

97 *Wehr*, BayVBl 2006, S. 453 (456).

Abs. 2 S. 2 BauNVO sie lediglich als Ausnahme zulässt. Im ersten Fall tritt durch die Überformung des § 14 Abs. 2 S. 2 BauNVO eine Entschärfung der Zulässigkeitsvoraussetzungen ein, im zweiten Fall bei Anwendung der Norm des § 14 Abs. 2 S. 2 BauNVO eine Verschärfung. Grund für dieses inkompatible Konkurrenzverhältnis ist das von der Rechtsprechung initiierte Aufeinandertreffen divergierender Normzwecke.

§ 14 Abs. 2 S. 2 BauNVO erschafft eine Privilegierung fernmeldetechnischer Nebenanlagen zum Zwecke des erleichterten baugebietsübergreifenden Infrastruktursystemausbaus und trifft aus diesem Grund keinerlei Unterscheidung zwischen den Baugebieten. Im Unterschied hierzu bilden die Baugebiete der §§ 2 ff. BauNVO Schutzregimes, welche verhindern, dass die Gebietscharaktere der einzelnen Gebiete durch ausbrechende Anlagen überformt werden.[98] Jedes Baugebiet folgt einem bestimmten Zweck und erlaubt nur bestimmte Nutzungen, um eine geordnete Planung gewährleisten zu können. Eine Kollision kann, wie eben durch die Beispiele des Mischgebiets und reinen Wohngebiets verdeutlicht, eine Aushebelung des Schutzes oder eine Schwächung der Privilegierung bewirken.

Hinsichtlich der Frage nach der Vorrangigkeit der Normen gilt folgendes: da die Norm des § 14 Abs. 2 S. 2 BauNVO eine Erweiterung der Zulassungsmöglichkeiten bewirken möchte, ist zunächst die Zulässigkeit nach der Hauptnorm des Baugebiets ausschlaggebend: sind dort bereits Mobilfunkanlagen als Hauptanlagen regelhaft oder ausnahmsweise zulässig, so besteht keine Notwendigkeit der zusätzlichen Anwendung des § 14 Abs. 2 S. 2 BauNVO. Lediglich wenn die Norm Mobilfunkanlagen gänzlich ausschließt, findet eine Privilegierung von Mobilfunkanlagen als fernmeldetechnische Nebenanlagen nach § 14 Abs. 2 S. 2 BauNVO statt und sie sind ausnahmsweise zulässig. Dies gilt faktisch im kodifizierten Regime der Baugebiete der BauNVO ausschließlich für reine Wohngebiete nach § 3 BauNVO, da die Norm keine Gewerbebetriebe zulässt. Es findet dadurch eine ergänzende Modifizierung des § 3 BauNVO zugunsten der Privilegierung der Mobilfunkversorgung und zulasten des Normzweckes eines reinen Wohngebiets – dem Schutz des Wohnens – statt.[99] Diese Inkompatibilität ist den

---

98 *Tysper*, BauR 2008, S. 614 (623); *Gehrken et al.*, ZUR 2006, S. 72 (75).

99 So wohl aufgrund des ausdrücklichen Wortlauts der Norm und der Begründung des Verordnungsgebers, Bundesrat, Vierte Verordnung zur Änderung der Baunutzungsverordnung v. 30.6.1989, Drs. 354/89, S. 57. Siehe ebenfalls *Jürgen Stock*, in: Ernst et al., Baunutzungsverordnung, § 14, Rn. 72.

Gerichten durchaus bewusst. § 14 Abs. 2 S. 2 BauNVO sei eine Spezialregelung mit einem anderen Begriffsinhalt, als ihm sonst in der BauNVO zukäme.[100] Die Gerichte modifizieren dadurch jedoch die ursprüngliche Verordnungs-begründung.[101] Diese sieht vor, dass die Privilegierung des § 14 Abs. 2 S. 2 BauNVO gerade kleinen Hilfsanlagen wie Kabinen für Fernsehumsetzer und Breitbandverteilungsanlagen zugutekommen soll. Fernmeldetechnische Haupt-anlagen werden von der Regelung laut ursprünglicher Verordnungsbegründung ausdrücklich nicht erfasst, um die Schutzregimes der BauNVO nicht zu gefähr-den.[102] Der Verordnungsgeber unterscheidet hier richtigerweise zwischen einer Hauptanlage und einer fernmeldetechnischen Nebenanlage als Hilfsanlage und lässt im Gegensatz zur aktuellen Rechtsprechung keine gleichzeitige Qualifizie-rung zu. Hier zeigt sich das Problem der Einordnung der Mobilfunkanlage als fernmeldetechnische Nebenanlage deutlich: Mobilfunkanlagen sind in allen Fäl-len auch immer Hauptanlagen, da sie Teile des Mobilfunknetzes darstellen. Die gleichzeitige Qualifizierung missachtet das originäre Telos des § 14 Abs. 2 S. 2 BauNVO und führt zu oben genannten Komplikationen. Die aktuelle Rechtspre-chung ermöglicht dadurch unter dem Deckmantel einer „fernmeldetechnischen Nebenanlage" die privilegierte Zulassung von Anlagen, die im Kern Hauptan-lagen darstellen.

Hinzu kommt, dass aus den Gerichtsentscheidungen nicht ersichtlich ist, wie genau zwischen einer nicht störenden Hauptanlage und einer fernmelde-technischen Nebenanlage zu differenzieren ist. Wird nach Funktion abgegrenzt, würde (nahezu) jede Hauptanlage aufgrund ihrer untergeordneten Funktion im Mobilfunknetz ebenfalls eine fernmeldetechnische Nebenanlage darstellen.[103] Vertreter der Differenzierung nach Größe[104] argumentieren mit der Gefahr,

---

100 BayVGH, Urteil v. 1.7.2005, ZfBR 2005, S. 803 (804); BVerwG, Beschluss v. 3.1.2012, NVwZ 2012, S. 579 (579).

101 Bundesrat, Vierte Verordnung zur Änderung der Baunutzungsverordnung v. 30.6.89, Drs. 354/89, S. 57.

102 Bundesrat, Vierte Verordnung zur Änderung der Baunutzungsverordnung v. 30.6.1989, Drs. 354/89, S. 57.

103 BayVGH, Beschluss v. 8.7.1997, NVwZ 1998, S. 419 f.

104 So *Jung*, ZfBR 2001, S. 24 (28), die eine Grenze bei 10 m Antennenhöhe zieht. Ähn-lich argumentiert *Spannowsky*, der zwar keine feste Grenze nennt, wohl aber auf die Abmessungen der Antenne Bezug nimmt, ZfBR S. 446 (449). A.A. OVG Münster, Beschluss v. 6.5.2005 ZfBR 2005, S. 474 (475), das ein Abstellen auf die Größe ver-neint. Eine fernmeldetechnische Nebenanlage sei nur dann nicht gegeben, wenn sie sich durch ein außergewöhnliches Erscheinungsbild auszeichne. Siehe ebenfalls OVG Münster, Beschluss v. 9.1.2004, NVwZ-RR 2004, S. 481 (482).

eine Nebenanlage könne ohne Größenbegrenzung eine Hauptanlage optisch verdrängen.[105] Die Mehrheit der Rechtsprechung tendiert zu einer Einordnung jeder Mobilfunkanlage als fernmeldetechnische Nebenanlage, da sie wie auch als Teil einer Hauptanlage untergeordneter Bestandteil eines Mobilfunknetzes sei.[106] Optische Wirkungen und Größe seien nur im Rahmen des § 15 BauNVO zu berücksichtigen.[107]

Zwar ist ersichtlich, dass aufgrund der wachsenden Anzahl vor allem kleiner Mobilfunkbasisstationen im Lichte der aktuellen Technik und der stetigen Nachfrage nach idealer Internetversorgung eine Privilegierung solcher Anlagen von der Rechtsprechung angenommen und erwünscht wurde. Die Konsequenzen dieser Entscheidung wurden jedoch im Vorfeld zu wenig durchdacht, weshalb sich die genannte Inkompatibilität nun wellenartig über viele Gerichtsentscheidungen hinweg ausgebreitet hat.

Oben genanntes gilt für (qualifizierte) Bebauungspläne, in denen die Gemeinde die nach § 1 Abs. 2 BauNVO vorgesehenen typisierten Baugebiete festgelegt hat. Ist dies nicht der Fall und wurden Festsetzungen nur aufgrund einzelner Bestimmungen nach § 9 BauGB getroffen, ist die Zulassung einer Mobilfunkstation nach § 14 Abs. 2 S. 2 BauNVO i.V.m. § 30 Abs. 1 BauGB aufgrund fehlender typisierter Baugebiete ausgeschlossen.[108] Setzt eine Gemeinde bspw. eine bestimmte Fläche als Sportplatz nach § 9 Abs. 1 Nr. 5 BauGB oder eine Fläche zur Erhaltung von Bäumen und Sträuchern nach § 9 Abs. 1 Nr. 25b BauGB fest, so ist eine Mobilfunkanlage unzulässig, da sie den Festsetzungen des Bebauungsplans widerspricht und die Privilegierung des § 14 Abs. 2 S. 2 BauNVO nicht greift.[109] In solchen Fällen ist nur eine Befreiung nach § 31 Abs. 2 BauGB möglich.[110]

---

105 VGH Kassel, Urteil v. 6.12.2004, BauR 2005, S. 983 (985); *Holger Tobias Weiß*, in: Hoppenberg/ de Witt, Handbuch des öffentlichen Baurechts, 2019, Z VI., Rn. 49.

106 OVG Münster, Beschluss v. 6.5.2005, ZfBR S. 474 (475); BVerwG, Beschluss v. 3.1.2012, NVwZ 2012, S. 579 f.; VG München, Urteil v. 12.7.2017, M 9 K 16.2882, Rn. 17 – juris; BVerwG, Urteil v. 30.8.2012, NVwZ 2012, S. 304 (306).

107 BayVGH, Beschluss v. 22.2.2007, ZfBR 2007, S. 484 (484); OVG Lüneburg, Beschluss v. 6.12.2004, BauR 2005, S. 975 (981).

108 VGH Kassel, Urteil v. 28.9.2006, NJOZ 2007, S. 761 (766).

109 VGH Kassel, Urteil v. 28.9.2006, NJOZ 2007, S. 761 (766); OVG Münster, Urteil v. 8.10.2003, NVwZ-RR 2004, S. 404 (405 f.); *Holger Tobias Weiß*, in: Hoppenberg/ de Witt, Handbuch des öffentlichen Baurechts, 2019, Z VI., Rn. 63.

110 OVG Münster, Urteil v. 8.10.2003, NVwZ-RR 2004, S. 404 (406).

C. Mobilfunkanlagen im unbeplanten Innenbereich und Außenbereich

Im unbeplanten Innenbereich ist eine Mobilfunkanlage grundsätzlich dann zulässig, wenn sie sich gemäß § 34 Abs. 1 S. 1 BauGB in die Eigenart der näheren Umgebung einfügt. Da Mobilfunkanlagen nicht störende gewerbliche Anlagen darstellen, ist auf die gewerbliche Prägung der näheren Umgebung abzustellen. Zudem darf sowohl das Ortsbild nicht beeinträchtigt werden als auch das gesunde Wohn- und Arbeitsverhältnis, siehe § 34 Abs. 1 S. 2 BauGB. Die Anforderungen an Letzteres sind bei Vorliegen einer Standortbescheinigung laut Rechtsprechung gewahrt.[111] Entspricht die nähere Umgebung einem typisierten Baugebiet der BauNVO kann auf obige Maßstäbe verwiesen werden.

Im Außenbereich stellen Mobilfunkanlagen privilegierte Anlagen i.S.d § 35 Abs. 1 Nr. 3 BauGB dar, da sie der öffentlichen Versorgung mit Telekommunikationsdienstleistungen dienen.

D. Zwischenergebnis: Mobilfunkanlagen im Baurecht

Die Einordnungen von Mobilfunkbasisstationen im Baurecht zeigen die deutliche Privilegierung von Mobilfunkbasisanlagen als Versorgungsanlagen mit Dienstleistungen der Telekommunikation. Diese wiederum führt zu einer sehr weitreichenden „Baufreiheit"[112], welche Schwierigkeiten und planerischen Auseinandersetzungen hervorruft, wenn Gemeinden einer (Über-)Versorgung mit Mobilfunk eher restriktiv entgegenstehen. Möchte eine Gemeine Mobilfunkanlagen zu einem gewissen Grad ausschließen, so stellt sich die Frage, inwieweit eine Gemeinde Gesundheitsvorsorge betreiben darf oder gar muss und welches Maß an Versorgung sie hierbei zu berücksichtigen hat.

---

111 BayVGH, Urteil v. 1.7.2005, NVwZ-RR 2006, S. 234 (235); VGH Mannheim, Urteil v. 19.11.2003, ZfBR 2004, S. 284 (285); VGH Kassel, Urteil v. 29.7.1999, NVwZ 2000, S. 694 (695); BayVGH, Urteil v. 2.8.2007, BauR 2008, S. 627 (631); *Holger Tobias Weiß*, in: Hoppenberg/ de Witt, Handbuch des öffentlichen Baurechts, 2019, Z VI., Rn. 40 f.

112 So zutreffend *Holger Tobias Weiß*, in: Hoppenberg/ de Witt, Handbuch des öffentlichen Baurechts, 2019, Z VI., Rn. 35.

Dritter Teil Die Gemeinde im Spannungsfeld zwischen Vorsorge und Versorgung

Im Mobilfunkbereich sind zwei Prinzipien für die spätere bauplanerische Betrachtungsweise und Gewichtung unerlässlich. Prinzipien, die sich scheinbar gegenüberstehen und ausschließen, aber doch zusammenhängen und Auswirkungen aufeinander haben: die notwendige gesundheitliche Vorsorge vor Mobilfunk einerseits und die gewünschte flächendeckende Versorgung mit Mobilfunk andererseits. Im Spannungsfeld dieser beiden Prinzipien steht eine Gemeinde, die die Strahlungsintensität in ihrem Gemeindegebiet zu verringern versucht.

Um die Wechselwirkungen beider Leitgedanken baurechtlich besser beleuchten zu können, ist vorab zu klären, in welchem Umfang die Gemeinden zur jeweiligen Gewährleistung verantwortlich und ermächtigt sind. Hierzu werden ebenfalls die Kompetenzen des Bundes und zentralstaatlich getroffene Maßnahmen erläutert, um die Trennlinien zwischen Bund und Kommune, zwischen zentralstaatlicher Ebene und kommunaler, unterstaatlicher Ebene verdeutlicht darzustellen und die Frage zu klären, inwieweit Kommunen weitere, über die nationalen Regelungen und Bestimmungen hinausgehende Maßnahmen zum Schutz vor Mobilfunkstrahlung treffen dürfen.

A. Vorsorge

„Es ist besser, Deiche zu bauen, als daraufzu hoffen, daß die Flut allmählich Vernunft annimmt."
Hans Kasper (1916-1990), deutscher Schriftsteller

Technologische Neuerungen dienen der Verwirklichung von Zielen der Gegenwart – schnelleres Internet für das Navigationssystem im Smartphone, bessere Mobilfunkverbindung in der U-Bahn. Neue Ideen und innovative Entwicklungen führen jedoch oftmals zu unbeabsichtigten Konsequenzen, die erst Jahre später auftreten können. Der strenge Beweis der Unschädlichkeit mobilfunkbedingter Strahlung kann derzeit nicht erbracht werden, sodass die Gesellschaft vor der Frage steht, welcher Prognose sie den Vorrang und die höhere Relevanz einräumen möchte: der guten Prognose der Unschädlichkeit oder der schlechten

Prognose der Schädlichkeit.[113] Wird noch geforscht und bestehen Unklarheiten, existiert stets ein Ungewissheitsfaktor x in der Gleichung der Schädlichkeit, sodass die Frage aufgeworfen werden muss, ob auf einen guten Ausgang zu hoffen ist, oder es doch lieber gilt, einem schlechten Resultat vorzubeugen. Eine Unterschätzung der Dynamik des technischen Wandels führte in der Vergangenheit zu katastrophalen Folgen[114], sodass der Wissensohnmacht vor jenen Fernwirkungen des Zusammenspiels von Natur und Technik durch Vorsorge begegnet werden muss. Fraglich ist hierbei, was genau unter Vorsorge zu verstehen ist, wie weit sie reicht und wer sich zu ihr verpflichten muss.

I. Definition der Vorsorge

Der Vorsorgegedanke findet sich im Verfassungsrecht in Art. 2 Abs. 2 GG wieder[115] und gehört zudem zu den fundamentalen Rechtsprinzipien des nationalen und internationalen Umweltrechts.[116] Für nicht genehmigungsbedürftige Anlagen wie Mobilfunkbasisstationen gelten die §§ 22, 23 BImSchG als Rechtsgrundlagen für den Vorsorgegrundsatz.[117] Es gilt, Umweltschäden durch Nachhaltigkeitsbewusstsein präventiv zu verhindern.[118] Umfasst wird hierbei gerade im Bereich des Immissionsschutzes ebenfalls der Gesundheitsschutz.[119] Dies ist bereits dem Gesetzeszweck des Bundesimmissionsschutzgesetzes gemäß § 1 Abs. 1 BImSchG zu entnehmen, der sowohl den Schutz von Menschen, Flora und Fauna vor schädlichen Umwelteinwirkungen anordnet als auch die Vorbeugung der Entstehung dieser zum Ziel hat.

Es stellt sich zunächst die entscheidende Frage, was genau unter den Begriff der „Vorsorge" zu fassen ist. Der klassische Vorsorgebegriff gliedert sich in zwei Teilbereiche: die (vorbeugende) Gefahrenabwehr und die Gefahrenvorsorge.[120]

---

113 *Jonas*, Das Prinzip der Verantwortung, 1979, S. 70 ff
114 Siehe bspw. die Nuklearkatastrophe von Tschernobyl im Jahr 1986 und Fukushima im Jahr 2011.
115 Hierzu gleich mehr unter *Dritter Teil, A., II.*
116 *Kloepfer*, Umweltrecht, 4. Aufl. 2016, S. 177.
117 Hierzu mehr unter *Dritter Teil, A., III., c.*
118 *Klaus Gärditz*, in: Landmann/Rohmer, Umweltrecht, GG, Art. 20a, Rn. 2.
119 *Seewald*, Zum Verfassungsrecht auf Gesundheit, 1981, S. 60.
120 *Kloepfer*, Umweltrecht, 4. Aufl. 2016, S. 178; Auch differenziert das BImSchG ausdrücklich zwischen der Gefahrenabwehr und der klassischen Risikovorsorge, siehe § 1 Abs. 1 BImSchG. Siehe zudem Bundesumweltministerium, Umweltschutz in Deutschland - Nationalbericht der Bundesrepublik Deutschland für die Konferenz der Vereinten Nationen über Umwelt und Entwicklung in Brasilien im Juni 1992, S. 74.

Die wichtigsten Ausprägungen der Gefahrenvorsorge stellen die Zukunftsvorsorge und die Risikovorsorge dar.[121] Das Vorsorgeprinzip wird durch die Annahme eines Restrisikos begrenzt, welches ein zumutbares, minimales Risiko darstellt und somit nicht der Vorsorge unterfällt.[122]

Die Gefahrenabwehr setzt die erkennbare hinreichende Wahrscheinlichkeit eines Schadenseintritts voraus.[123] Nötig ist somit die Kenntnis der Umstände, die zu einem potentiellen Schadenseintritt führen können, um den Schutz vor diesem gewährleisten zu können. Ist diese Kenntnis aufgrund gesteigerten Forschungsbedarfs beschränkt, verzögert oder kann die Eintrittswahrscheinlichkeit eines Schadens nur vermutet werden, führt dies nicht zur Annahme einer akuten Gefahr, sondern vielmehr zur Annahme eines Risikos, welches die Grenze zwischen Gefahrenabwehr und Gefahrenvorsorge markiert.[124]

Ein Risiko kann sowohl durch eine zeitlich entfernte Gefahr bestehen, sog. Zukunftsvorsorge, als auch im Falle einer geringen Eintrittswahrscheinlichkeit oder technischer Ungewissheiten, sog. Risikovorsorge.[125] Im Umweltrecht sind Unsicherheiten im naturwissenschaftlichen Bereich gerade typisch, weshalb der Vorsorgegrundsatz in seiner Ausprägung als Risikovorsorge eine wichtige Rolle spielt.[126]

Dies betrifft den Bereich elektromagnetischer Felder: das Erfordernis weiterer Forschung und die Uneinigkeit in der Wissenschaft hindern die Annahme einer bestehenden Gefahr im rechtlichen Sinne. Für die rechtliche Beurteilung von Maßnahmen gegen athermische Wirkungen ist der Maßstab der Gefahrenabwehr somit unpassend. Auch die Zukunftsvorsorge ist unpassend; sie basiert zwar auf dem Gedanken, dass negative Umwelteinflüsse sich nicht sofort entfalten, sondern vielmehr einen Reaktionsrahmen von meist vielen Jahren aufweisen.[127] Die Gefahr besteht allerdings sicher, sie tritt nur verzögert ein. Die

---

121 *Kloepfer*, Umweltrecht, 4. Aufl. 2016, S. 178.
122 *Kloepfer*, Umweltrecht, 4. Aufl. 2016, S. 181; *Rehbinder*, in: ders./Schink, Grundzüge des Umweltrechts, 5. Aufl. 2018, S. 161.
123 *Rehbinder*, in: ders./Schink, Grundzüge des Umweltrechts, 5. Aufl. 2018, S. 161.
124 *Kloepfer*, Umweltrecht, 4. Aufl. 2016, S. 180 f.; *Wahl/Appel*, in: Wahl, Prävention und Vorsorge, 1995, S. 86.
125 *Rehbinder*, in: ders./Schink, Grundzüge des Umweltrechts, 5. Aufl. 2018, S. 163; *Salzwedel*, in: Nicklisch, Prävention im Umweltrecht, 1987, S. 23; *Kloepfer*, Umweltrecht, 4. Aufl. 2016, S. 180 f.
126 *Kloepfer*, Umweltrecht, 4. Aufl. 2016, S. 182 f.
127 *Kloepfer*, Umweltrecht, 4. Aufl. 2016, S. 182.

Komponente der Ungewissheit des Schadenseintritts steht bei der Zukunftsvorsorge nicht in Frage, sondern lediglich die Komponente der Zeit.

Die Risikovorsorge unterscheidet sich von der Gefahrenabwehr dahinge-
hend, dass die Vorsorge auch deutlich unter der Gefahrenschwelle ansetzt.[128]
Ein Risiko kann auch dann bestehen, wenn Ungewissheiten hinsichtlich des
Eintritts des Schadens bestehen, sodass der Maßstab der Risikovorsorge auch
die Unkenntnis einer Schadensverwirklichung umfasst.[129] Es ist meist nicht die
Wahrscheinlichkeit des Schadenseintritts fraglich, sondern oft die Existenz eines
Schadens selbst. Das Konzept der Risikovorsorge gilt konsequenterweise auch
und gerade dann, wenn es keine hinreichenden wissenschaftlichen Erkenntnisse
gibt, sodass ungewissen Schadensbefürchtungen begegnet werden kann.[130] Dies
trifft auf den Bereich der Mobilfunkvorsorge zu – die Ungewissheit der Schäden
durch EMF führt zu einem Risiko, das zwar nicht auszuschließen ist, bei dem
jedoch mangels einzelner wissenschaftlich konkret bestimmbarer Schadens-
komponenten ein vorbeugender Gefahrenschutz (oder eine Zukunftsvorsorge)
nicht greifen.

Wichtig hierbei ist, dass nicht jedes Risiko Vorsorgemaßnahmen nach sich
ziehen muss – bei Risiken mit geringer Tragweite bedingt durch unsicheres Wissen kann eine Vorsorge entfallen oder gar nicht vonnöten sein. In den Bereich
eines solchen Restrisikos fallen jedoch nur die Risiken, die nach dem Stand der
Technik praktisch keinerlei Schadensereignisse zur Folge haben oder aufgrund
ihrer Unentrinnbarkeit als sozialadäquate Lasten von allen Bürger zu tragen
sind.[131] Um eine klare Abgrenzung dieses Restrisikos[132] von einem relevanten
Risiko zu ermöglichen, verlangen daher Rechtsprechung und Lehre ein „vorsorgerelevantes Risikoniveau"[133]. Dieses besteht, wenn ein hinreichend begründe-
tes Besorgnispotential besteht. Der Schutz vor Immissionen darf nicht aufgrund
der alleinigen Existenz der Immissionen bestehen – es muss eine negative Einwirkung auf den Menschen und seine Umwelt zumindest ansatzweise denkbar sein.[134] Es darf sich daher – im Bereich des Immissionsschutzrechts – bei

---

128 *Kloepfer*, Umweltrecht, 4. Aufl. 2016, S. 181.
129 *Wahl/Appel*, in: Wahl, Prävention und Vorsorge, 1995, S. 88, m. w. N.
130 BVerfGE 56, 54 (78).
131 BVerfGE 49, 89 (143).
132 Näheres zum Begriff siehe *Breuer*, NVwZ 1990, S. 211 (213).
133 BayVGH, Urteil v. 23.11.2010, DVBl 2011, S. 299 (300); *Uechtritz*, VerwArch 2010,
    S. 505 (516).
134 Eine Vorsorge darf nicht „ins Blaue hinein" getätigt werden, siehe *Ossenbühl*, NVwZ
    1986, S. 161 (166).

fraglichen Besorgnissen nicht um irrelevante „Immissionsbefürchtungen" handeln. Die Einordnung als „vorsorgerelevantes Risikoniveau" wurde hinsichtlich athermischer Wirkungen bei Mobilfunkstrahlung bereits durch die Gerichte festgestellt.[135]

II. Staatliche Vorsorge aus dem Verfassungsrecht

Grundrechte dienen dem Bürger nicht nur in ihrer Abwehrfunktion, sondern auch in schützender Art und Weise. Neben ihrem subjektiven Gehalt als Abwehrrecht entfalten sie ebenfalls objektiv-rechtlichen Gehalt, sodass sie eine zweifache Schutzdimension aufweisen.[136] Es gilt hierbei der Grundsatz *protectio trahit subiectionem – subiectio trahit protectionem*.[137] Soll auf private Gewaltanwendung und Rechtsdurchsetzung verzichtet werden, muss sich der Bürger vergewissern können, dass seine Sicherheit durch den Staat gewährleistet wird.[138] Unter Hinweis auf Art. 1 Abs. 1 S. 2 GG folgt hieraus für das Grundrecht des Art. 2 Abs. 2 S. 1 GG eine staatliche Schutzpflicht, die körperliche Unversehrtheit seiner Bürger zu schützen – auch vor rechtswidrigen Eingriffen von Seiten Dritter.[139] Hierunter versteht man ebenfalls den Schutz der Gesundheit.[140]

Die Ausgestaltung der Schutzpflichten ist unbestimmt und bietet dem Gesetz- und Verordnungsgeber einen großen Entscheidungsspielraum, der jedoch Schranken in der Verfassung findet. Die Mittel zur Erfüllung der Schutzpflicht müssen mit der Verfassung im Einklang stehen und den Grundsatz der Verhältnismäßigkeit, insbesondere beim Ausgleich kollidierender Interessen wahren.[141]

---

135 Siehe oben unter *Erster Teil, B., II., 2.*

136 Zur dogmatischen Einordnung vertieft *Klein*, NJW 1989, S. 1633 ff. und *Pietrzak*, JuS 1994, S. 748 f. Zu den geschichtlichen Grundlagen staatlicher Schutzpflichten siehe *Hermes*, Das Grundrecht auf Schutz von Leben und Gesundheit, 1987, S. 145.

137 „Schutz zieht Unterwürfigkeit und Unterwürfigkeit Schutz nach sich."

138 *Klein*, NJW 1989, S. 1633 (1634 f.).

139 BVerfG 39, 1 (41); BVerfGE 49, 89 (141); BVerfGE 56, 54 (78); *Laubinger*, VerwArch 1982, S. 60 (68). Umstritten war lange Zeit, ob sich der Staat bei Risiken für die körperliche Unversehrtheit das Handeln privater Mobilfunkbetreiber als eigenen Grundrechtseingriff zurechnen lassen muss. Das BVerfG verneint dies jedoch grundsätzlich aufgrund der Eingriffsverantwortung privater Tätigkeiten, siehe BVerfGE 53, 30 (58). Hierzu vertieft *Udo Di Fabio*, in: Maunz/Dürig, Grundgesetz, Art. 2 Abs. 2 S. 1, Rn. 67 f. und *Steinberg*, NJW 1996, S. 1985 (1986 f.).

140 *Seewald*, Zum Verfassungsrecht auf Gesundheit, 1981, S. 60.

141 BVerfGE 115, 118 (160); BVerfGE 115, 320 (358); *Papier*, NJW 2017, S. 3025 (3027); *Pietrzak*, JuS 1994, S. 748 (751); *Murswiek*, Die staatliche Verantwortung für die Risiken der Technik, 1985, S. 233.

Die Entstehung und der Einsatz neuer Technologien bringen zunächst immer Zweifel und Besorgnisse mit sich, sodass eine staatliche Schutzpflicht begründet werden muss.[142] Ansonsten wäre ein technischer Fortschritt immer nur unter erschwerten Bedingungen möglich. Auf der anderen Seite jedoch darf der Staat nicht erst das Eintreten der Gefahr und des Schadens abwarten, sondern muss vorsorglich agieren, da Schutzpflichten eine präventive Komponente immanent haben.[143] Fehlende wissenschaftliche Erkenntnisse dürfen sich nicht zulasten des Schutzbedürfnisses auswirken.[144] Der Staat ist somit im Rahmen der Erfüllung seiner Schutzpflicht wiederum verpflichtet, sich am Stand der Technik zu orientieren und Recherche zu betreiben. Sowohl die zahlreichen Studien und Forschungen im Bereich des Mobilfunks als auch die Gegenwärtigkeit eines „vorsorgerelevanten Risikoniveaus" belegen eindeutig die Notwendigkeit einer staatlichen Schutzpflicht. Mobilfunkstrahlung stellt kein Restrisiko mit sozialadäquaten Nebenwirkungen dar.

Dieser Schutzpflicht kommt der Gesetzgeber im Bereich der Mobilfunktechnologie anhand des Schutzes durch Verfahren nach.[145] Zunächst muss der Mobilfunkantennenbetreiber ein Nachweisverfahren durchlaufen, um auf der Grundlage der BEMFV von der Bundesnetzagentur eine Standortbescheinigung zu erhalten.

Ziel des Nachweisverfahrens ist die Überprüfung der Strahlungsleistung der zu genehmigenden Anlage. Die emittierten Feldstärken dürfen hierbei die bundesrechtlich festgelegten Personenschutzgrenzwerte der 26. BImSchV nicht überschreiten. Diese Grenzwerte wurden aufgrund von § 23 Abs. 1 BImSchG durch die Bundesregierung als Verordnungsgeberin festgelegt und sollen laut Norm den Schutz der Allgemeinheit vor schädlichen Umwelteinwirkungen durch nicht genehmigungsbedürftige Anlagen – hierzu zählen u.a. Mobilfunkanlagen[146] – gewährleisten.

---

142 *Udo Di Fabio*, in: Maunz/Dürig, Grundgesetz, Art. 2 Abs. 2 S. 1, Rn. 90.

143 *Udo Di Fabio*, in: Maunz/Dürig, Grundgesetz, Art. 2 Abs. 2 S. 1, Rn. 90; *Pietrzak*, JuS 1994, S. 748 (750); *Murswiek*, WiVerw 1986, S. 179 (189).

144 *Pietrzak*, JuS 1994, S. 748 (750).

145 *Laubinger*, VerwArch 1982, S. 60 (68 f.).

146 Diese fallen ihrer Art nach nicht unter die 4. BImSchV, sind somit nicht genehmigungsbedürftig im Sinne des § 4 BImSchG.

1. Ziel der Grenzwerte

Ziel der Grenzwerte ist gemäß § 1 der 26. BImSchV der Schutz der Allgemeinheit und der Nachbarschaft vor schädlichen Umwelteinwirkungen und die Vorsorge gegen schädliche Umwelteinwirkungen durch elektrische, magnetische und elektromagnetische Felder. Voraussetzung der Anwendbarkeit der Grenzwerte ist mithin, dass es sich bei den Effekten der Mobilfunkstrahlung um „schädliche Umwelteinwirkungen" im Sinne dieser Rechtsverordnung handelt.

2. Thermische Effekte als Grundlage für die Grenzwerte

Dass es sich bei Mobilfunkstrahlung um Umwelteinwirkungen handelt steht außer Frage: „Schädliche Umwelteinwirkungen" i.s.d. Vorschrift sind gemäß § 3 Abs. 1 BImSchG jene Immissionen, die nach Art, Ausmaß und Dauer geeignet sind, Gefahren für die Allgemeinheit herbeizuführen. Zum Begriff der Immissionen zählen nach § 3 Abs. 2 BImSchG ebenfalls Strahlen und Wärme, sodass Mobilfunkstrahlung – in ihrer thermischen und athermischen Ausprägung – hiervon grundsätzlich erfasst ist. Voraussetzung für eine Anwendbarkeit der Grenzwerte der 26. BImSchV ist jedoch die Schädlichkeit dieser Immissionen – ein Schutz durch die Grenzwerte wird nur bei einer Überschreitung der Schwelle zur Schädlichkeit gewährleistet.

Thermische Effekte sind, wie oben bereits erwähnt, wissenschaftlich anerkannt und erforscht. Es ist bewiesen, dass sich eine Erwärmung des Körpergewebes von bereits einem Grad Celsius negativ auf die Gesundheit des Menschen auswirken kann.[147] Thermische Effekte liegen daher im Fokus der Grenzwerte.[148] Zwar unterscheidet die 26. BImSchV im Wortlaut nicht zwischen den beiden Arten von Auswirkungen und bezieht sich somit nicht ausdrücklich nur auf thermische Wirkungen. Es sprechen jedoch zahlreiche Indizien für den ausschließlichen Bezug auf thermische Effekte.

Die Verordnung gibt die Grenzwerte als SAR-Werte an und stellt somit auf die vom Körpergewebe absorbierte Energie ab.[149] Die Messung der SAR-Werte beruht somit auf Temperaturerhöhungen, welche auf thermische Effekte

---

147 Bundesamt für Strahlenschutz, Biologische Wirkungen hochfrequenter Felder durch Energieabsorption und Erwärmung, abrufbar unter: http://www.bfs.de/DE/themen/emf/mobilfunk/wirkung/hff-nachgewiesen/hff-nachgewiesen_node.html.
148 Bundesrat, Gesetzesbegründung zur Verordnung zur Durchführung des Bundesimmissionsschutzgesetzes, BT-Drs. 393/96, S. 15.
149 Vgl. oben unter *Erster Teil, B., I., 1.*

zurückzuführen sind. Weiterhin beziehen sich die vom Verordnungsgeber gewählten Grenzwerte auf die Empfehlungsrichtwerte der ICNIRP.[150] Diese basieren auf wissenschaftlich fundierten kurzfristigen und unmittelbaren gesundheitlichen Auswirkungen, die durch erhöhte Gewebetemperaturen entstehen. Die Möglichkeit biologischer athermischer Langzeitwirkungen sei zwar nicht auszuschließen – es seien sogar Indizien vorhanden, die auf mögliche Gesundheitsrisiken hinweisen – jedoch wurden diese von der ICNIRP nicht als ausreichend gesundheitsschädlich empfunden und daher nicht in die Richtwerte mit eingebunden.[151] Die Richtwerte der ICNIRP erfassen somit nur thermische Wirkungen auf den menschlichen Körper; folglich gilt Gleiches für die Grenzwerte der 26. BImSchV. Zwar geht der BGH davon aus, dass der Verordnungsgeber sowohl thermische als auch athermische Wirkungen bei der Festlegung der Grenzwerte berücksichtigte und somit der intendierte Schutz vor athermischen Wirkungen nicht auszuschließen sei, jedoch stellt er hierbei lediglich eine Vermutung auf.[152]

Ein weiteres nationalrechtliches Argument kann angeführt werden: Hinsichtlich Niederfrequenzanlagen wird zum Zwecke der Vorsorge in § 4 der 26. BImSchV bei Gebäuden, die sich in der Nähe von sensiblen Einrichtungen wie Krankenhäusern, Kindergärten oder Schulen befinden, die Möglichkeit eröffnet, im Bereich niedriger Frequenzen über den Schutz vor schädlichen Umwelteinwirkungen hinausgehende Anforderungen zur Vorsorge zu stellen. Dieser erweiterte Schutz zeigt sich in der Form, dass auch die maximalen Effektivwerte der elektrischen Feldstärke und magnetischen Flussdichte den Anforderungen nach § 3 Abs. 1 S. 1 entsprechen müssen.[153] Die Gesamtimmission, welche durch zahlreiche weitere Strahlungsquellen gesteigert wird, darf den Grenzwert nicht erreichen; die neu zu errichtende Niederfrequenzanlage darf aus diesem Grund den Grenzwert nur zu einem bestimmten, proportionalen Teil ausschöpfen.[154] Hierbei geht aus der Gesetzesbegründung hervor, dass dadurch im Bereich

---

150 ICNIRP, Guidelines for Limiting Exposure to Time-Varying Electric, Magnetic, and Electromagnetic Fields (up to 300 GHz), abrufbar unter: http://www.icnirp.org/cms/upload/publications/ICNIRPemfgdlger.pdf.

151 ICNIRP, Guidelines for Limiting Exposure to Time-Varying Electric, Magnetic, and Electromagnetic Fields (up to 300 GHz), S. 48, abrufbar unter: http://www.icnirp.org/cms/upload/publications/ICNIRPemfgdlger.pdf.

152 BGH, Urteil v. 13.2.2004, NJW 2004, S. 1019 (1020), „(…) liegt es nahe, dass der Verordnungsgeber (…) beide Gesichtspunkte im Auge hatte und regeln wollte."

153 Marc Röckinghausen, in: Landmann/Rohmer, Umweltrecht, 26. BImSchV, § 4, S. 14.

154 Marc Röckinghausen, in: Landmann/Rohmer, Umweltrecht, 26. BImSchV, § 4, S. 14.

niedriger Frequenzen möglichen athermischen Wirkungen Rechnung getragen werden soll, wenn es sich um sensible Einrichtungen mit sensibleren Menschen, wie Kindern oder Kranken handelt, die verstärkt auf elektromagnetische Strahlung reagieren könnten.[155]

Mobilfunkanlagen sind Hochfrequenzanlagen i.S.v. § 1 Abs. 2 Nr. 1 der 26. BImSchV, da sie ortsfeste Sendeanlagen darstellen, die elektromagnetische Felder im Frequenzbereich von 100 kHz bis 300 GHz erzeugen. Zwar wurde der Schutz vor athermischer Strahlung und die Berücksichtigung jener im Bereich niedriger Frequenzen in die Gesetzesform des § 4 der 26. BImSchV gegossen, allerdings lehnte die Strahlenschutzkommission ausdrücklich eine Einbettung athermischer Effekte in die Grenzwerte der Hochfrequenzanlagen ab, da diese von der Wissenschaft nicht verifiziert seien[156], sodass hinsichtlich hoher Frequenzen nur thermische Erkenntnisse analysiert und von den Grenzwerten berücksichtigt werden. Eine Schädlichkeit athermischer Wirkungen wird somit verneint, eine Anwendung der Grenzwerte der 26. BImSchV im Bereich athermischer Effekte scheitert und hinterlässt eine potentielle Schutzlücke.

3. Defizit hinsichtlich athermischer Effekte bei Kindern und Jugendlichen: mögliche Verletzung der staatlichen Schutzpflicht?

Im Hinblick auf die ausstehende Forschung bei Kindern und Jugendlichen ist zu hinterfragen, ob aufgrund der fehlenden Berücksichtigung athermischer Wirkungen die staatlich garantierte Vorsorge durch die Grenzwerte der 26. BImSchV dem Schutz der Gesundheit und körperlichen Unversehrtheit genügt.

a. Evidenzkontrolle

Die Bundesregierung trifft eine Beobachtungspflicht: sie hat ihre Grenzwerte am Maßstab der jeweiligen technischen Situation und Entwicklung zu messen, den Erkenntnisfortschritt der Wissenschaft zu bewerten und bei Bedarf die Grenzwerte anzupassen.[157] Diese Nachbesserungspflicht kommt vor allem in Betracht,

---

155 Bundesrat, Gesetzesbegründung zur Verordnung zur Durchführung des Bundesimmissionsschutzgesetzes, BT-Drs. 393/96, S. 23.

156 Bundesrat, Gesetzesbegründung zur Verordnung zur Durchführung des Bundesimmissionsschutzgesetzes, BT-Drs. 393/96, S. 22 f. So hatte der Umweltausschuss des Bundesrates zusätzliche Vorsorgeanforderungen an Hochfrequenzanlagen hinsichtlich athermischer Wirkungen gefordert, diese wurden jedoch abgelehnt, siehe *Kutscheidt*, NJW 1997, S. 2481 (2484) m.w.N.

157 *Isensee*, in: ders./Kirchhof, Handbuch des Staatsrechts, Band IX, 2011, S. 549.

wenn sie durch die Schaffung von eigenen Rahmenbedingungen wie Genehmi-
gungsvoraussetzungen und Grenzwerten für den Schutz grundrechtlich verbürg-
ter Rechte mitverantwortlich ist.[158] Indem die Bundesregierung bis zum jetzigen
Zeitpunkt athermische Effekte in ihren Grenzwerten unberücksichtigt ließ, trotz
nationaler und internationaler Äußerungen und Forschungsergebnisse, könnte
ihr ein Verstoß gegen diese Nachbesserungspflicht vorgeworfen werden.

Der Umweltschutz wird in Deutschland weitestgehend von politischen
Prozessen beeinflusst. Zwar sind umweltbezogene staatliche Eingriffe in wirtschaftliche Freiheitsrechte aufgrund des Staatsschutzziels des Umweltschutzes
nach Art. 20a GG leichter zu legitimieren, dennoch gilt hinsichtlich der Kont-
rolldichte des BVerfG derzeit der Maßstab der Evidenzkontrolle.[159] Ein Verfassungsverstoß kann hiernach erst festgestellt werden, wenn evident ist, dass eine
ursprünglich rechtmäßige Regelung wegen zwischenzeitlicher Änderung der
Verhältnisse verfassungsrechtlich untragbar geworden und der Verordnungsgeber gleichwohl weiterhin untätig geblieben ist.[160] Für die Grenzwerte der
Mobilfunkanlagen bedeutet dies, dass evident sein muss, dass die Grenzwerte
zum Schutz der Gesundheit auf Grund neuer Erkenntnisse oder einer veränder-
ten Situation verfassungsrechtlich untragbar geworden sind und das gebotene
Schutzziel nicht erreicht werden kann.[161]

Kumulativ müssen somit zwei Voraussetzungen vorliegen: die Untragbarkeit der Schutzregelungen durch neue Erkenntnisse oder nachträgliche Veränderung und die Untätigkeit des Verordnungsgebers daraufhin. Resultat hieraus
muss die Begründung des Vorwurfs sein, der Verordnungsgeber bestrebe keinen
verbesserten Schutz der Bevölkerung vor negativen Auswirkungen der Mobilfunkstrahlung, wobei der Gestaltungsspielraum des Verordnungsgebers nicht
verkannt werden darf.

b. Untragbarkeit der Grenzwerte

Untragbar sind die Grenzwerte, wenn sie unter Berücksichtigung des aktuellen
Stands der Technik nicht in der Lage sind, das Schutzniveau des Staates zu halten
und das angestrebte Schutzziel zu erreichen. Die Grenzwerte der 26. BImSchV
wurden auf Grundlage thermischer Effekte festgelegt. Der Staat kommt seiner

---

158 BVerfGE 53, 30 (58).
159 Kritisch hierzu *Köck/Dilling*, DÖV 2018, S. 594 (596).
160 BVerfGE 56, 54 (81), BVerfGE 77, 170 (214 f.); BVerfG, Beschluss v. 17.02.1997, NJW
    1997, S. 2509 (2509 f.); BVerfG, Beschluss v. 16.2.1998, NVwZ 1998, S. 631 (631 f.).
161 BVerfG, Beschluss v. 28.2.2002, NJW 2002, S. 1638 (1639).

Vorsorgepflicht daher nur hinsichtlich thermischer Effekte nach. Da athermische Wirkungen trotz aktueller Forschungsergebnisse und vorsorgerelevanten Risikoniveaus nicht in die (Neu-) Berechnung der Grenzwerte der 26. BImSchV eingeflossen sind, sind diese Grenzwerte – bezogen auf Mobilfunkstrahlung in ihrer Gesamtheit – derzeit ungeeignet Vorsorge zu bewirken und daher untragbar.

c. Untätigkeit des Verordnungsgebers

Die Bundesregierung informiert alle zwei Jahre über neue Forschungsergebnisse in Bezug auf Mobilfunktechnologie in ihren Berichten über Emissionsminderungsmöglichkeiten[162]. Auch soll die freiwillige Selbstverpflichtung der Mobilfunkbetreiber von 2001[163] (zuletzt erneuert 2012), in dem sich die Mobilfunkbetreiber zu einem verbesserten Schutz und Transparenz beim Ausbau der Mobilfunknetze verpflichteten, alle zwei Jahre auf Bestreben der Bundesregierung von einem unabhängigen Gutachter kontrolliert werden. Die letzte Überprüfung hierzu fand 2015 statt. Im Lichte dieser Anstrengungen kann der Bundesregierung vorerst kein Vorwurf gemacht werden, sie wäre hinsichtlich Forschung und Information der Bevölkerung gänzlich untätig geblieben.

Seit 2014 wurden sechs Forschungsprojekte[164] unter Zuhilfenahme des Bundesamts für Strahlenschutz initiiert. Forschungsgegenstände waren Tumorrisiken durch Radiofrequenzstrahlung bei Kindern und Jugendlichen, der Einfluss hochfrequenter elektromagnetischer Felder auf ältere Männer und Frauen zwischen 60 und 80 Jahren, der Einfluss von Mobilfunkstrahlung auf das blutbildende System in vitro und weitere tierexperimentelle Studien an Labornagern. Es besteht seitens der Bundesregierung durchaus ein Interesse an der weiteren

---

162 Siehe bspw. den achten Bericht der Bundesregierung über die Forschungsergebnisse in Bezug auf die Emissionsminderungsmöglichkeiten der gesamten Mobilfunktechnologie und in Bezug auf gesundheitliche Auswirkungen v. 30.11.2018, BT-Drs. 19/6270.

163 Bundesministerium für Umwelt, Naturschutz, Bau und Reaktorsicherheit, Maßnahmen zur Verbesserung von Sicherheit und Verbraucher-, Umwelt-, und Gesundheitsschutz, Information und vertrauensbildende Maßnahmen beim Ausbau der Mobilfunknetze der Mobilfunkbetreiber v. 5.12.2001, abrufbar unter: http://www.bmub.bund.de/fileadmin/Daten_BMU/Download_PDF/Wirtschaft_und_Umwelt/selbstverpflichtung_mobilfunkbetreiber.pdf.

164 Siehe den achten Bericht der Bundesregierung über die Forschungsergebnisse in Bezug auf die Emissionsminderungsmöglichkeiten der gesamten Mobilfunktechnologie und in Bezug auf gesundheitliche Auswirkungen v. 30.11.2018, BT-Drs. 19/6270, S. 6.

Forschung mit Mobilfunkstrahlung und ihrer Auswirkungen auf den Menschen und seine Umwelt.

Jedoch ist eine kritische Betrachtungsweise angebracht. Die Bundesregierung betont in ihrem neuesten Bericht wie auch in ihrem Bereich vor zwei Jahren die Notwendigkeit der weiteren Forschung hinsichtlich Langzeitwirkungen von Mobilfunk und Auswirkungen auf Kinder und ältere Menschen.[165] Die durch den Staat initiierten Studien belaufen sich jedoch meist nur auf bis zu drei Jahre, sodass eine Langzeitmessung nicht substantiiert möglich ist. Der Zeitrahmen hierfür ist zu kurz bemessen, um bedeutungsvolle Aussagen über die Schädlichkeit oder Unschädlichkeit von athermischen Wirkungen zu treffen. Dennoch schreibt die Bundesregierung in ihrem Bericht voller Zuversicht, es gäbe keine neuen Hinweise auf gesundheitsbeeinträchtigende Auswirkungen bei athermischen Effekten.[166] Weiterhin wehrt das Schreiben der Bundesregierung Kritiker ab, indem es die Wichtigkeit der Forschung bei Kindern und Jugendlichen betont und nennt exemplarisch hierzu ihre durchgeführte Erweiterungsstudie zu MOBI-Kids – einer internationalen Fallkontroll-Studie[167], die genannte Tumorrisiken untersucht. Diese fand jedoch bereits 2014 ihr Ende und wurde ausgewertet. Seither folgten keine weiteren Bestrebungen der Bundesregierung in diesem Bereich zu forschen oder sich hinsichtlich neuer Erkenntnisse umfangreich zu informieren.

Zur Beobachtungspflicht des Staates gehört nicht nur das eigene Forschen, sondern vielmehr auch das Eruieren internationaler Forschung, um sich ein umfassendes Bild des aktuellen Stands der Technik zu machen, der weit über den nationalen Tellerrand hinausgeht.[168] Auf weitergehende Studien, die zahlreich

---

165 Siehe den achten Bericht der Bundesregierung über die Forschungsergebnisse in Bezug auf die Emissionsminderungsmöglichkeiten der gesamten Mobilfunktechnologie und in Bezug auf gesundheitliche Auswirkungen v. 30.11.2018, BT-Drs. 19/6270, S. 3.

166 Siehe den achten Bericht der Bundesregierung über die Forschungsergebnisse in Bezug auf die Emissionsminderungsmöglichkeiten der gesamten Mobilfunktechnologie und in Bezug auf gesundheitliche Auswirkungen v. 30.11.2018, BT-Drs. 19/6270, S. 3.

167 Siehe den Abschlussbericht der Erweiterungsstudie von Juli 2014, abrufbar unter: https://www.bmu.de/fileadmin/Daten_BMU/Pools/Forschungsdatenbank/fkz_3609_s_30010_mobi_kids_bf.pdf. Für weitere Informationen zur MOBI-Kids Fallstudie siehe die offizielle Webseite der Studie, abrufbar unter: http://www.mbkds.net/.

168 *Isensee*, in: ders./Kirchhof, Handbuch des Staatsrechts, Band IX, 2011, S. 549.

vorhanden sind, geht die Bundesregierung in ihrem Schreiben nicht ein. Vielmehr vermittelt dieses Schreiben – vor allem im Vergleich zum Bericht 2016 –
durch sich wiederholende Aussagen und wenig neuen Inhalt den Eindruck, es
sei mehr politisch motiviert, als tatsächlich die Erfüllung der eigenen staatlichen
Schutzpflicht. Hinzu kommt, dass die Schutzpflicht auch immer im Lichte des
Grundrechtsschutzes zu betrachten ist und dieser hinsichtlich neuartiger Technologien an den Stand der Technik angepasst werden muss.

d. Dynamischer Grundrechtsschutz

Die Bundesregierung ist bei ihrer Tätigkeit zunächst an den objektiven Gehalt
des Art. 2 Abs. 2 S. 1 GG gebunden. Das Grundgesetz versteht einen Grundrechtsschutz, der lückenlos gewährleistet wird[169]; im Atomrecht als auch im
Recht der Gentechnik gilt konkret für die Schutzpflicht hinsichtlich Wissenschaft und Technik der Grundsatz einer bestmöglichen Gefahrenabwehr und
Risikovorsorge.[170] Der Verordnungsgeber ist hierbei aufgrund seines Gestal-
tungsspielraums nicht verpflichtet, alle erdenklichen Risikoarten und Faktoren
zu bestimmen und zu werten. Er hat aber nach dem neuesten Erkenntnisstand
zu verfahren, um einen Evidenzfall – der die Verletzung der Schutzpflicht
nach sich ziehen würde – zu vermeiden. So trägt bspw. § 7 Abs. 2 Nr. 3 AtG
der Gesetzgeber seinem staatlichen Schutzauftrag dahingehend Rechnung, dass
er eine Genehmigung für die Errichtung einer Anlage zur Spaltung von Kern-
brennstoffen nur erteilen lässt, wenn die nach dem Stand von Wissenschaft und
Technik erforderliche Vorsorge gegen Schäden durch die Errichtung und den
Betrieb der Anlage getroffen ist. Der Aspekt der dynamischen Vorsorge und des
dynamischen Grundrechtsschutzes[171] ist somit konkret im Gesetz verankert.

Diese besondere Dynamik verschärft die eigene Schutzpflicht dahingehend,
dass der Verordnungsgeber in stärkerem Maße dazu verpflichtet ist, den Stand
der Technik zu eruieren und die Schutzmaßnahmen im Verhältnis zum stetigen
Wandel der Technologie anzupassen. Es stellt sich somit die interessante Frage,
ob der Grundsatz des dynamischen Grundrechtsschutzes und der bestmöglichen
Risikovorsorge ebenfalls im Bereich der Mobilfunktechnologie Anwendung findet. Dies könnte dazu führen, dass die Bestrebungen der Bundesregierung in
ihren Emissionsberichten aufgrund der mangelnden Einbeziehung weiterer Forschungsergebnisse hinsichtlich athermischer Wirkungen für die Erreichung des

---

169 *Matthias Herdegen*, in: Maunz/Dürig, Grundgesetz, Art. 1 Abs. 3, Rn. 12.
170 BVerfGE 49, 89 (138).
171 Zum Begriff siehe *Roßnagel*, NVwZ 1984, S. 137 ff.

Schutzziels – nämlich des Schutzes vor Mobilfunkstrahlung in ihrer ganzheitlichen Ausprägung – ungenügend sind.

Hierzu müssten vergleichbare Interessen des Verordnungsgebers und ebenso vergleichbare Risiken bestehen. Beide Gebiete, sowohl das Atomrecht als auch das Mobilfunkrecht, behandeln gefahrenträchtige Technologien, deren Gefährlichkeits- und Schädlichkeitsfaktor durch technische Forschungen und Zeit beeinflusst wird. Die Schädlichkeit beider Auswirkungen ist nicht miteinander vergleichbar – die Auswirkungen eines Nuklearunfalls sind durchaus intensiver und weitreichender, als die punktuellen Auswirkungen durch Mobilfunkstrahlung. Die Wahrscheinlichkeit eines Reaktorunfalls ist jedoch sehr gering, während die ständige Exposition der Bevölkerung durch Mobilfunkstrahlung einen konstanten Einfluss auf die Gesundheit der Menschen aufweist. Dessen potentielle Risiken können somit langfristig betrachtet eine ähnliche Tragweite aufweisen. Vergleichbar ist jedoch vor allem der Spielraum des Verordnungsgebers in der jeweiligen Situation: in beiden Fällen wird dem Verordnungsgeber die Aufgabe zugeteilt, den Erkenntnisfortschritt der Wissenschaft zu beobachten und zu bewerten, um der Risikovorsorge bestmöglich Rechnung zu tragen. Hierfür werden dem Verordnungsgeber jeweils aufgrund der komplexen naturwissenschaftlichen Materien Wertungsspielräume zugesprochen. Die Verordnungen sind offen und unbestimmt formuliert und die Regelungsdichte ist gering.[172]

In der 26. BImSchV fehlt eine Vorsorgeregelung hinsichtlich athermischer Wirkungen bei Hochfrequenzanlagen gänzlich. Den Grenzwerten der 26. BImSchV kann selbst nur Indizwirkung hinsichtlich athermischer Effekte zukommen.[173] Gerade im Hinblick auf die fast exponentiell steigende Anzahl der minderjährigen Mobilfunknutzer – 2019 benutzen 95 % der 12-13 Jährigen ein Smartphone und 75 % der Kinder im Alter 10-11[174] – ist es mit der Natur der Risikovorsorge verfassungsrechtlich nicht vereinbar, diese Schutzlücke so lange geöffnet zu lassen, bis gefestigte Forschungsergebnisse vorliegen – zumal athermischer Mobilfunkstrahlung ein vorsorgerelevantes Risikoniveau zugesprochen wurde. Es ist vielmehr wie im Atomrecht ebenfalls ein dynamischer Grundrechtsschutz zu fordern, dessen Dynamik gerade in der stetigen Entwicklung der

---

172 Siehe bspw. § 4 Abs. 2 der 26. BImSchV und § 7 Abs. 2 Nr. 3 AtomG, die sich am aktuellen Stand der Technik orientieren.

173 *Schöpfer*, Natur und Recht 2010, S. 27 (32).

174 *Bitkom Research*, Smartphone-Besitz von Kindern und Jugendlichen in Deutschland im Jahr 2019 nach Altersgruppe, 2019, abrufbar unter: https://de.statista.com/statistik/daten/studie/1106/umfrage/handybesitz-bei-jugendlichen-nach-altersgruppen/.

Technik, der Ungewissheit gesundheitlicher Schäden durch athermische Effekte und der daraus resultierenden Forschungsdefizite liegt. Diese Dynamik ist von der Bundesregierung stets zu beobachten. Der Begriff des „Stands der Technik" ist im Immissionsschutzrecht ebenfalls am effektiven Grundrechtsschutz ausgerichtet, da Zweck der Ausrichtung am Stand der Technik die Sicherung eines allgemeinen hohen Schutzniveaus für die Umwelt insgesamt ist.[175]

Die Dynamik technischer Probleme erfordert es, nicht bloß eigene Forschungsergebnisse abzuwarten, sondern vielmehr nationale wie internationale Forschungen auszuwerten. Aus diesen Auswertungen heraus sind vorsorglich Vorkehrungen zu treffen und die Grenzwerte im Hinblick auf athermische Strahlungen anzupassen. Die bestehenden Forschungsmaßnahmen der Bundesregierung sind daher im Lichte eines dynamischen Grundrechtsschutzes aufgrund der mangelhaften Ausführung der Beobachtungspflicht und der dadurch immer noch bestehenden fehlenden Berücksichtigung der athermischen Wirkungen in den Grenzwerten der 26. BImSchV als unzulänglich anzusehen. Der Verordnungsgeber blieb trotz Untragbarkeit der aktuellen Grenzwerte untätig. Der Evidenzfall greift folglich.

III. Kommunale Vorsorge

Eine verstärkte und weitergehende Vorsorge auf niedrigerer Ebene könnte gerade aufgrund des unzureichenden zentralstaatlichen Schutzes bezüglich athermischer Wirkungen angemessen und nötig sein. Im Folgenden soll der Fokus auf die gemeindliche Ebene gerichtet sein. Hierbei stellt sich die Frage, auf welcher rechtlichen Grundlage eine Gemeinde eigene Vorsorgemaßnahmen treffen kann oder sogar muss, möchte sie eine Strahlungsreduzierung im Gemeindegebiet bewirken.

1. *Vorsorge als Schutzaufgabe*

Zunächst muss die Aufgabe von der Kompetenz getrennt betrachtet werden. Eine Aufgabe grenzt den Handlungsraum eines Aufgabenträgers von dem Handlungsraum eines anderen Aufgabenträgers ab und definiert klar den Inhalt. Die Kompetenz bestimmt dann konkret, welche Organisationseinheit des jeweiligen Aufgabenträgers für welchen Teil der Aufgabe zuständig ist und handeln darf. Die Kompetenz setzt somit eine Aufgabe voraus.[176] Bei Vorliegen einer

---

175 *Markus Thiel*, in: Landmann/Rohmer, Umweltrecht, BImSchG, § 3, Rn. 103.
176 Siehe hierzu vertieft *Isensee*, in: ders./Kirchhof, Handbuch des Staatsrechts, Band IV, 2006, S. 125 ff.

bestimmten Aufgabe darf nicht automatisch auf die dazugehörige Kompetenz geschlossen werden. Diese Aufteilung gewährleistet die Ordnung der Zuständigkeiten im Mehrebenensystem.[177]

Betrachtet man das Wesentliche dieser Vorsorgeproblematik, so steht über allen Detailfragen die Frage nach der Grundrechtsbindung der Gemeinde. Nach Art. 1 Abs. 3 GG binden die Grundrechte die vollziehende Gewalt, somit auch die kommunale Ebene. Neben ihrer Funktion als Abwehrrechte, begründen Grundrechte auch staatliche Schutzaufgaben und besitzen dahingehend objektiv-rechtlichen Gehalt. Das Thema Mobilfunk steht stets und stark im Zusammenhang mit dem Schutz vor Strahlung und gesundheitlichen Auswirkungen. Die Grundrechtsbindung begründet somit die Aufgabe, Art. 2 Abs. 2 S. 1 GG bei Ausübung jeglicher Tätigkeit zu beachten und das Recht auf Leben und körperliche Unversehrtheit zu schützen.[178]

Die Gemeinden besitzen somit als Teil der vollziehenden Gewalt, wie auch die Legislative und die Judikative zunächst generell die Aufgabe, die Gesundheit der Bürger – auch vor Mobilfunkstrahlung – zu schützen. Der Verordnungsgeber ist hierbei zwar bereits tätig geworden; jedoch hat er seine Zuständigkeit nur hinsichtlich thermischer Effekte, nicht jedoch hinsichtlich athermischer Effekte ausgeübt.[179]

2. Kompetenz zur Vorsorge

Dass Gemeinden die Aufgabe besitzen, Grundrechte zu achten und im Zuge dessen die Gesundheit der Bürger zu schützen bedeutet jedoch nicht automatisch, dass sie die Kompetenz innehaben, konkret im Bereich des Mobilfunks tätig zu werden. Erst die Kompetenz bestimmt, welche staatliche Organisationseinheit für bestimmte Bereiche der Aufgabe zuständig ist.[180] Hier gilt: „Grundrechte binden bei der Wahrnehmung bestehender Kompetenzen, begründen jedoch nicht selbst Kompetenzen."[181]

Das kommunale Selbstverwaltungsrecht stellt mit all seinen Hoheiten ein originäres Rechtsinstitut und damit ein starkes Werkzeug für Gemeinden dar.

---

177 So wird durch die Aufteilung von Aufgabe und Kompetenz bspw. vermieden, dass öffentliche Gelder nur durch Behörden ausgegeben werden, die auch tatsächlich für die jeweiligen Fall zuständig sind, siehe hierzu *Kästner*, NVwZ 1992, S. 9 (10).
178 *Kästner*, NVwZ 1992, S. 9 (11), m.w.N.
179 Siehe hierzu auch *Jarass*, AöR 1985, S. 363 (381).
180 *Isensee*, in: ders./Kirchhof, Handbuch des Staatsrechts, Band IV, 2006, S. 127 f.
181 BVerfGE 81, 310 (334).

Originäre Vorsorgekompetenzen könnten sich somit hieraus ergeben. Das Zusammenspiel von Bauplanungsrecht und Immissionsschutzrecht könnte zusätzlich kompetenzbegründend sein.

a. Vom pouvoir municipal zum Grundrechtsschutz – ein Blick in die Vergangenheit

Um sowohl den Inhalt des Selbstverwaltungsrechts und seine Ausprägungen als auch potentielle Kompetenzen und Zuständigkeiten besser verstehen und eruieren zu können, lohnt sich ein Blick in die Entstehungsgeschichte. Unter den zahlreichen Wurzeln des in Art. 28 Abs. 2 S. 1 GG verfassungsrechtlich verankerten Selbstverwaltungsrechts findet sich die Lehre vom *pouvoir municipal* aus der Zeit der französischen Revolution.[182] Neben den Staatsgewalten der Legislative, Exekutive und Judikative sollte eine „munizipale Gewalt" stehen, die der Gemeinde eine freie Verwaltung gewisser örtlicher Angelegenheiten ermöglichte.[183] Dies führte zu einer Stärkung der Rechte der Bürger und die Anpassung an die Bedürfnisse jener anhand der vertrauten Institution der Gemeindeverwaltung.[184] Der damals geforderten Dezentralisierung der Verwaltungsmacht konnte begegnet werden, indem man den Gemeinden in Deutschland qua Verfassung eine Garantie zur Selbstverwaltung zusprach. Begründet wurde dies damit, dass die Gemeinde für den Bürger den kommunalen örtlichen Bezugspunkt in einem organischen Miteinander darstelle.[185]

Die moderne kommunale Selbstverwaltung in Bayern fand ihren Anfang jedoch erst im Gemeindeedikt vom 17. Mai 1818. Hiernach wurde der Gemeinde ein eigener Wirkungskreis zugesprochen, da die zentralistische Fremdbestimmung der Kommunen einen Rückgang an Integrität und Bürgerbeteiligung bewirkte.[186] Die Bayerische Verfassung gewährt Gemeinden daher im Zuge dieser rechtshistorischen Entwicklung in Art. 11 Abs. 2 S. 1 BV eine eigene Rechtssubjektivität und bezeichnet sie als ursprüngliche Gebietskörperschaften mit

---

182 *Heffter*, Die deutsche Selbstverwaltung im 19. Jahrhundert, 1950, S. 57, m.w.N.; *von Unruh*, in: Mann/Püttner, HKWP, Band 1, 3. Aufl. 2007, S. 59.
183 *Heffter*, Die deutsche Selbstverwaltung im 19. Jahrhundert, 1950, S. 57, m.w.N.
184 *Schöber*, Kommunale Selbstverwaltung, 1991, S. 28.
185 *Schöber*, Kommunale Selbstverwaltung, 1991, S. 23; *Stern*, Das Staatsrecht der Bundesrepublik Deutschland, Band 1, 1984, S. 399, m.w.N.
186 *Norbert Schulz*, in: Dirnberger et al, Praxis der Kommunalverwaltung, Gemeindeordnung für den Freistaat Bayern, 8. Aufl. 2018, Vorbemerkung vor Art. 1, Rn. 1, m.w.N.

einem Aufgabenresort, der nicht vom Staat konstituiert wurde, sondern natur-
gegeben sei.[187] Ein originäres Recht zur Selbstverwaltung entstand.
Dieses Recht wurde alsbald inhaltlich konkretisiert. Es entwickelte sich hierbei der Grundsatz der Allseitigkeit des gemeindlichen Wirkungskreises des
Preußischen Oberverwaltungsgerichts, der in Art. 83 Abs. 1 BV seine kata-
logisierte, aber nicht abschließende Ausprägung findet.[188] Die Gemeinde sei
eigenverantwortlich für alle Themengebiete mit örtlichem Bezug zuständig,
da sie selbst als örtlicher Bezugspunkt den Überblick über die Wünsche und
Bedürfnisse ihrer Gemeindebürger habe. Hierbei spielt die Daseinsvorsorge eine
große Rolle. Grenzen findet das Selbstverwaltungsrecht in der Befassung mit all-
gemeinpolitischen Thematiken, da diese aufgrund der räumlichen Reichweite
nicht mehr in den Zuständigkeitsbereich der Gemeinde fallen, selbst wenn eine
Auswirkung auf Gemeindebürger zu befürchten sei.[189]

Eine wichtige Ausprägung erfährt das Selbstverwaltungsrecht in der Ausgestaltung der Gemeindehoheiten. Die Möglichkeiten eigene Finanzen zu verwal-
ten, das Personal auszuwählen, als auch die Binnenorganisation zu steuern und
planerisch, sowie gestalterisch tätig zu werden, stellen originäre Aufgaben dar,
welche in der Gemeinde als Selbstverwaltungskörperschaft verwurzelt sind.

Die Einräumung eines Rechts zieht Verantwortung mit sich – innerhalb dieser genuinen Selbstverwaltungsangelegenheiten ist die Gemeinde „in eigener
Verantwortung" zuständig, siehe Wortlaut des Art. 28 Abs. 2 S. 1 GG. Hinsichtlich der Grundrechtsbindung gilt somit: zwar hat die Gemeinde die Schutzaufgabe, Grundrechtsschutz zu betreiben; dieser gilt sowohl für den genuinen
eigenen Wirkungskreis als auch für die staatlich übertragenen Aufgaben. Jedoch
wird sie nur im Rahmen des eigenen Wirkungskreises auch kraft originären
Selbstverwaltungsrechts ermächtigt, Schutz- und Vorsorgemaßnahmen zu tätigen, während in allen anderen Bereichen eine gesetzliche Ermächtigung durch
den Gesetzgeber bestehen muss. Dahingehend bewirkt die verfassungsrechtliche
Garantie der Selbstverwaltung sowohl ein kompetenzbegründendes Recht zur
Selbstverwaltung, als auch eine kompetenznegierende Beschränkung auf örtliche Aufgaben.[190]

---

187 *Thomas Holzner*, in: Dirnberger et al, Praxis der Kommunalverwaltung, Bayerische
    Verfassung, 4. Aufl. 2017, Art. 11, Rn. 167.
188 *Stern*, Das Staatsrecht der Bundesrepublik Deutschland, Band 1, 1984, S. 412.
189 *Veith Mehde*, in: Maunz/Dürig, Grundgesetz, Art. 28 Abs. 2, Rn. 54.
190 *Michael Nierhaus/Andreas Engels*, in: Sachs, Grundgesetz, Art. 28, Rn.35a.

Da jedoch auch die Selbstverwaltung nach Art. 28 Abs. 2 S. 1 GG hinsichtlich ihrer örtlichen Aufgaben gesetzliche Grenzen kennt, sind Vorsorgemaßnahmen nur im Rahmen der diese einschränkenden Gesetze möglich.[191] Konkret für die Vorsorge bei elektromagnetischer Strahlung durch Standortzuweisungen von Mobilfunkanlagen ist sowohl somit die Planungshoheit der Gemeinde näher zu beleuchten als auch ihre baurechtlich gesetzten Grenzen.

b. Vorsorge im Rahmen der Planungshoheit und des Baurechts

Die Planungshoheit stellt für die Gemeinde die zentrale Handlungsmöglichkeit dar, um unter Zuhilfenahme von kommunalen Mobilfunkkonzepten und der Standortauswahl elektromagnetische Strahlung zu reduzieren.[192] Sie eröffnet den Gemeinden in ihrer Ausprägung als Raumplanungshoheit die Möglichkeit hinsichtlich des Gemeindegebiets im Rahmen der Gesetze eigenverantwortlich gestalterisch tätig zu werden.[193] Art. 83 Abs. 1 BV bestimmt die eigenständige Ortsgestaltung als wesentlichen Teil des eigenen Wirkungskreises. Dies ermöglicht der Gemeinde ihren Typus (bspw. nach der BauNVO) oder ihre strukturellen Gegebenheiten unabhängig vom staatlich-politischen Einfluss zu bestimmen.[194] Hierbei steht der Gemeinde ein Planungsermessen zu.[195]

In Ausübung ihrer Planung ist sie nach Art. 1 Abs. 3 GG an Grundrechte gebunden. Da es sich bei der Bauleitplanung um einen Bestandteil des eigenen Wirkungskreises handelt, ist die Gemeinde kraft verfassungsrechtlicher Garantie zu originärer Selbstverwaltung ermächtigt und damit zu Vorsorgemaßnahmen innerhalb der örtlichen Bausphäre.[196] Dies geschieht im Rahmen der Gesetze nach Art. 28 Abs. 2 S. 1 GG. Da Planungsmaßnahmen meist mit Streitigkeiten verschiedener Rechtspositionen und Rechtssubjekte einhergehen, beschränkt der Gesetzgeber die Planungshoheit durch u.a. das Abwägungsgebot nach § 1 Abs. 7 BauGB mit dem Ziel der Wahrung aller berechtigter Interessen. Innerhalb dieser Grenzen besitzt die Gemeinde aus der Planungshoheit heraus die Kompetenz, Vorsorgemaßnahmen zu treffen.

---

191 *Veith Mehde*, in: Maunz/Dürig, Grundgesetz, Art. 28 Abs. 2, Rn. 103 f.
192 Zu den rechtlichen Grundlagen später mehr unter *Vierter Teil*.
193 *Lissack*, Bayerisches Kommunalrecht, 2019, S. 28; *Tettinger*, in: Mann/Püttner, HKWP, Band 1, 3. Aufl. 2007, S. 194.
194 BVerwGE 34, 301 (304); *Siedentopf*, Gemeindliche Selbstverwaltungsgarantie im Verhältnis zur Raumordnung und Landesplanung, 1977, S. 45.
195 VerfGHE 36, 56 (66 f.).
196 *Michael Nierhaus/Andreas Engels*, in: Sachs, Grundgesetz, Art. 28, Rn.35a.

c. Die Vorsorge im Immissionsschutzrecht

Da das Baurecht und das Immissionsschutzrecht allgemein, aber auch konkret im Bereich der Mobilfunkstrahlung stark verzahnt sind, müssen zusätzlich zu den gesetzlichen Schranken des Baurechts ebenfalls die einschlägigen immissionsschutzrechtlichen Normen herangezogen werden. § 6 der 26. BImSchV stellt klar, dass weitergehende Anforderungen aufgrund anderer Rechtsvorschriften unberührt bleiben, sodass das Immissionsschutzrecht hierbei ebenfalls o.g. vorsorgerechtlichen Festsetzungen durch Bebauungsplan nicht entgegensteht.[197] Es stellt sich jedoch die Frage, ob das Immissionsschutzrecht selbst (gegebenenfalls in Verbindung mit baurechtlichen und bauplanerischen Vorschriften) den Gemeinden konkret im Bereich der Mobilfunkstrahlung Kompetenzen zur Vorsorge einräumt.

aa. Eigener Vorsorgegehalt aus § 22 BImSchG

Sinn und Zweck der immissionsschutzrechtlichen Vorsorge ist eine Vorsorge im Vorfeld möglicher schädlicher Umwelteinwirkungen, wobei das Vorfeld hinreichend entfernt zum eigentlichen Gefahreneintritt liegt. Die Bereitstellung einer generellen „Sicherheitszone" zur Verhinderung einer potentiellen Rechtsgutschädigung steht im Vordergrund.[198] Klarzustellen ist hierbei, dass die Gemeinde kein eigenes „kommunales" Immissionsschutzrecht aufstellen darf.[199] Ein Blick in die Vorschriften des bayerischen Immissionsschutzgesetzes zeigt ebenfalls deutlich, dass sich hieraus mangels Regelung keine Vorsorgepflichten ableiten lassen. Somit kommt allein das Bundesimmissionsschutzrecht in Betracht. Während § 5 BImSchG die Pflichten bei genehmigungsbedürftigen Anlagen normiert, betrifft § 22 BImSchG die Pflichten bei nicht genehmigungsbedürftigen Anlagen.

§ 5 Abs. 1 Nr. 2 BImSchG statuiert eine Vorsorgepflicht. Diese gilt nur für genehmigungsbedürftige Anlagen – Mobilfunkanlagen stellen jedoch nicht genehmigungsbedürftige Anlagen i.S.d. § 22 BImSchG dar.

---

197 BayVGH, Urteil v. 2.8.2007, BauR 2008, S. 627 (628); *Holger Tobias Weiß*, in: Hoppenberg/ de Witt, Handbuch des öffentlichen Baurechts, 2019, Z VI., Rn. 97.

198 Grundsätzlich zur immissionsschutzrechtlichen Vorsorge siehe BVerwGE 69, 37 (42), konkret zur generellen „Sicherheitszone" siehe BVerwG, Beschluss v. 10.1.1995, NVwZ 1995, S. 994 (995); OVG Lüneburg, Urteil v. 3.10.1979, GewArch 1980, S. 203 (205); *Johannes Dietlein*, in: Landmann/Rohmer, Umweltrecht, BImSchG, § 5, Rn. 136.

199 BVerwGE 144, 82 (86 f.).

Ob § 22 BImSchG einen eigenen Vorsorgegehalt enthält ist umstritten. In Betracht kommt die Auslegung zu einer Vorsorgepflicht aus § 22 Abs. 1 S. 1 Nr. 1 BImSchG. Im Gegensatz zu § 5 BImSchG, der sich in Abs. 1 Nr. 2 expressis verbis auf die Vorsorge gegen schädliche Umwelteinwirkungen bezieht, ist der Wortlaut des § 22 BImSchG offen. Er statuiert keine ausdrückliche Vorsorgepflicht, steht jener aber ebenfalls nicht ausdrücklich entgegen. Mehrere Stimmen in der Literatur und Rechtsprechung sehen hinsichtlich Mobilfunkanlagen grundsätzlich keine Möglichkeit der Vorsorge durch die Gemeinde.[200] Dies erscheint auf den ersten Blick logisch, da genehmigungsbedürftige Anlagen ein viel größeres Besorgnispotential aufweisen und somit in besonderem Maße Umweltrelevanz besitzen. Es ist ein „Mehr" an staatlichen Eingriffen nötig, um die Schutzaufträge, die den Schutz der menschlichen Gesundheit betreffen, zu erfüllen, sodass eine weitergehende Vorsorge notwendig erscheint.[201] Beispiele hierzu sind Anlagen zur Beseitigung gefährlicher Abfälle, Biogasanlagen, Kraftwerke und Steinbrüche.[202]

Vergleicht man § 22 Abs. 1 S. 1 Nr. 1 mit § 5 Abs. 1 S. 1 Nr. 1 stellt man fest, dass beide Vorschriften eine ähnliche Struktur aufweisen. Hieraus wird vielfach gefolgert, dass – da § 5 Abs. 1 S. 1 Nr. 1 sich ausdrücklich und gerade unter Berücksichtigung der Vorsorgepflicht nach Nr. 2 auf eine Gefahrenabwehr beschränkt – sich die Pflichten der Betreiber (bzw. der Gemeinde) nach § 22 Abs. 1 S. 1 Nr. 1 BImSchG nur auf die jeweiligen konkreten Immissionsprognosen einer konkreten Anlage beziehen.[203] Gefordert werden daher (nur) Maßnahmen zur Gefahrenabwehr im Sinne eines Schutzes vor bereits als schädlich erkannten Umwelteinwirkungen. Nicht erfasst seien Vorsorgemaßnahmen vor potentiellen Gefahren.[204]

---

200 OVG Münster, NVwZ 1993, S. 1115 f.; *Di Fabio*, DÖV 1995, S. 1 (4); *Thorsten Heilshorn/Reinhard Sparwasser*, in: Landmann/Rohmer, Umweltrecht, BImSchG, § 22, Rn. 39 f.; *Hans Jarass*, in: ders., BImSchG, 13. Aufl. 2020, § 22, Rn. 29.

201 Deutscher Bundestag, Gesetzesentwurf der Bundesregierung, Entwurf eines Dritten Gesetzes zur Änderung des Bundes-Immissionsschutzgesetzes, BT-Drs. 11/4909, S. 43.

202 Anlage 1 der Verordnung über genehmigungsbedürftige Anlagen (4. BImSchV).

203 BayVGH, Urteil v. 18.12.1986, NVwZ 1988, S. 175 (175); *Di Fabio*, DÖV 1995, S. 1 (4); *Thorsten Heilshorn/Reinhard Sparwasser*, in: Landmann/Rohmer, Umweltrecht, BImSchG, § 22 BImSchG, Rn. 39 f.

204 OVG Münster, Beschluss v. 18.5.1993, NVwZ 1993, S. 1115 f.; *Kutscheidt*, NVwZ 1983, S. 65 (68); *Di Fabio*, DÖV 1995, S. 1 (4).

Ein ähnlicher Aufbau muss jedoch nicht zwingend zu gleicher Auslegung führen. Der Wortlaut des § 22 Abs. 1 S. 1 Nr. 1 BImSchG selbst ist offen und widerspricht einem Vorsorgegehalt nicht, im Gegenteil: § 22 Abs. 1 S. 1 Nr. 1 spricht davon, schädliche Umwelteinwirkungen zu „verhindern". Der Duden umschreibt das Verb „verhindern" mit „durch entsprechende Maßnahmen o.Ä. bewirken, dass etwas nicht geschehen kann."[205] Eine Wortlautauslegung ergibt somit, dass Maßnahmen im Vorfeld getroffen werden müssen, um dem Entstehen einer auch potentiellen Schädigung vorbeugen zu können; eine Vorsorgepflicht scheint zumindest nach dem Wortlaut nicht ausgeschlossen.

Für eine Vorsorgepflicht spricht zudem vor allem die Gewichtung des Stands der Technik in § 22 Abs. 1 S. 1 Nr. 1 BImSchG, welche in § 5 Abs. 1 S. 1 Nr. 1 gerade fehlt, jedoch dafür einen wesentlichen Bestandteil des Vorsorgegrundsatzes in § 5 Abs. 1 S. 1 Nr. 2 darstellt. § 22 Abs. 1 S. 1 Nr. 1 BImSchG gebietet ein Tätigwerden zur Verhinderung schädlicher Umwelteinwirkungen, die nach dem Stand der Technik vermeidbar sind. Bei unvermeidbaren schädlichen Umwelteinwirkungen sind diese ebenfalls nach dem aktuellen Stand der Technik zumindest auf ein Mindestmaß zu beschränken (Nr. 2). Der Stand der Technik definiert sich, siehe Wortlaut des § 3 Abs. 6 BImSchG, ausdrücklich über die Begrenzung von Emissionen, nicht Immissionen. Dies suggeriert primär eine Vorsorge bereits bei Aussendung der Strahlung und nicht erst Schutzmaßnahmen bei der Einwirkung jener. Je nach Fortschritt und Zeit variiert der Stand der Technik zudem und hängt von der jeweiligen Forschungssituation ab. Dies macht die von ihm abhängigen Anforderungen hinsichtlich Emissionen flexibel und variabel in Ausmaß und Schädlichkeit. Diese spezifische Orientierung des Gesetzgebers an aktuellen technischen Errungenschaften und Modernisierungen lässt die Vermutung aufkommen, dass Vorsorgeanforderungen somit ebenfalls unter die genannte Norm fallen.[206]

Weiterhin spricht auch die Entstehungsgeschichte für die Existenz eines Vorsorgegehalts in § 22 Abs. 1 S. 1 Nr. 1 BImSchG. So wurde in der Normbegründung ausgeführt, dass sowohl Schutzpflichten, als auch Vorsorgepflichten normiert sein sollen.[207] Sie spricht von der „Vermeidung schädlicher

205 „Verhindern" auf Duden online, abrufbar unter: https://www.duden.de/rechtschreibung/verhindern.
206 So auch *Hansmann*, NVwZ 1991, S. 829 ff.
207 Deutscher Bundestag, Entwurf eines Gesetzes zum Schutz vor schädlichen Umwelteinwirkungen durch Luftverunreinigungen, Geräusche, Erschütterungen und ähnliche Vorgänge v. 14.2.1973, Drs. 7/179, S. 38. Weitergehend hierzu *Hansmann*, NVwZ 1991, S. 829 (832).

Umwelteinwirkungen, jedenfalls aber einer Beschränkung" und bezieht sich ebenfalls auf den Stand der Technik.[208]

Zuletzt ist ein vorsorglicher Gehalt in § 22 BImSchG im Lichte des Vorsorgeprinzips des Bundesimmissionsschutzes anzuerkennen. Das universell geltende Vorsorgeprinzip im Umweltrecht findet sich im Gesetzeszweck des BImSchG, wonach dem Entstehen schädlicher Umwelteinwirkungen vorzubeugen ist. Dieser Grundsatz nach § 1 Abs. 1 BImSchG strahlt auf das gesamte Bundesimmissionsschutzrecht aus.[209] Abs. 2 trifft darüber hinaus Sonderregelungen lediglich für genehmigungsbedürftige Anlagen – diese vom Gesetzgeber gewählte Unterscheidung zeigt, dass der Grundsatz des Abs. 1 ebenso für nicht genehmigungsbedürftige Anlagen gelten muss.[210] Das BVerwG bestätigte weiterhin, dass der Fokus der Vorsorge des BImSchG auf der Begrenzung der Emissionen liege. Es sei an der Quelle der schädlichen Umwelteinwirkungen anzusetzen und gerade nur sekundär Vorsorge beim EMF-Rezipienten durch Abschirmung oder sonstige Maßnahmen zu betreiben.[211]

bb. Erweiterung der Vorsorgepflicht auf Gemeinden

Zwar beziehen sich § 5 und § 22 BImSchG laut Wortlaut auf die Pflichten der Betreiber genehmigungsbedürftiger und nicht genehmigungsbedürftiger Anlagen. Nach ständiger Rechtsprechung ermöglicht dies jedoch ebenfalls ein Handeln der planenden Gemeinde und erlaubt ihr, im Rahmen ihrer Bauleitplanung vorsorglich tätig zu werden.

Immissionsschutzrecht und Baurecht stehen in commercium und konkretisieren sich gegenseitig. Die immissionsschutzrechtliche Schutzwürdigkeit eines Gebiets bemisst sich nach dem, was dort planungsrechtlich zulässig ist.[212] Die Gemeinden sind im Rahmen ihrer Bauleitplanung nicht auf die Abwehr von bereits eingetretenen schädlichen Umwelteinwirkungen i.S.d. § 3 BImSchG beschränkt, sondern darüber hinaus ermächtigt, entsprechend dem

---

208 Deutscher Bundestag, Entwurf eines Gesetzes zum Schutz vor schädlichen Umwelteinwirkungen durch
    Luftverunreinigungen, Geräusche, Erschütterungen und ähnliche Vorgänge v. 14.2.1973, Drs. 7/179, S. 38; siehe ebenfalls *Thorsten Heilshorn/Reinhard Sparwasser,* in: Landmann/Rohmer, Umweltrecht, BImSchG, § 22 BImSchG, Rn. 4.
209 So auch *Kloepfer,* Umweltrecht, 4. Aufl. 2016, S. 1341 und *Hansmann,* NVwZ 1991, S. 829 f.
210 *Johannes Dietlein,* in: Landmann/Rohmer, Umweltrecht, BImSchG, § 1, Rn. 27.
211 BVerwGE 69, 37 (42).
212 BVerwGE 74, 315 (326); BVerwG, Beschluss v. 6.8.1982, NVwZ 1983, 155 (155).

Vorsorgeprinzip des § 5 Abs. 1 Nr. 2 BImSchG bereits vorbeugend Umweltschutz zu betreiben.[213] § 5 Abs. 1 Nr. 2 BImSchG enthält mit seinen Anforderungen an Betreiber, schädliche Umwelteinwirkungen auf Nachbarn zu vermeiden, zudem eine spezielle Ausprägung des Rücksichtnahmegebots[214], welches sich ebenfalls in den bauplanerischen Festsetzungen niederschlägt und als Rechtsinstitut dort Berücksichtigung findet. Da sowohl § 5 als auch § 22 BImSchG Vorsorgeanforderungen enthalten, gilt das Genannte zu § 5 ebenfalls für nicht genehmigungsbedürftige Anlagen nach § 22 BImSchG. Die Gemeinde darf somit auch hinsichtlich nicht genehmigungsbedürftiger Anlagen nach § 22 BImSchG Vorsorge betreiben.

cc. Mobilfunkstrahlung als schädliche Umwelteinwirkung

§ 22 Abs. 1 S. 1 Nr. 1 BImSchG ermöglicht Vorsorge hinsichtlich nicht genehmigungsbedürftiger Anlagen jedoch nur im Bereich schädlicher Umwelteinwirkungen, sodass die Frage aufgeworfen wird, ob es sich bei Mobilfunkstrahlung um schädliche Umwelteinwirkungen im Sinne der Norm handelt. Die Schwierigkeit, eine Schädlichkeit frühzeitig zu erkennen, ist neuen Technologien immanent. Das „trial-and-error"-Prinzip[215], das in der Wissenschaft als heuristische Methode angewandt wird, um technische Optimierungen zu erreichen, kann aufgrund der nicht einschätzbaren Risiken im vorsorgerelevanten Bereich nicht angewandt werden.[216]

Der Begriff der schädlichen Umwelteinwirkung wird im BImSchG in einem doppelten Sinn verwendet – so wird zwischen konkret und potentiell schädlichen Umwelteinwirkungen unterschieden.[217] Bei Vorsorgevorschriften wie § 5 Abs. 1 Nr. 2 BImSchG als auch § 22 Abs. 1 S. 1 Nr. 1 BImSchG wird eine abstrakte Herangehensweise an den Begriff gewählt und eine hypothetische, potentielle Schädlichkeit angenommen.[218] Hierbei ist eine konkrete Gefährdung nicht erforderlich; es genügt lediglich die Möglichkeit einer solchen Gefährdung.

---

213 BVerwG, Beschluss v. 7.9.1988, NJW 1989, S. 467 (468); BVerwG, Beschluss v. 16.12.1988, NVwZ 1989, S. 664 (664).

214 BVerwGE 68, 58 (60); BVerwG, Beschluss v. 7.9.1988, NJW 1989, S. 467 (468).

215 z. Dt., die Versuch-und-Irrtum-Methode, siehe *Zippelius*, Grundbegriffe der Recht - und Staatssoziologie, 2012, S. 27.

216 *Rainer Wahl/Peter Schütz*, in: Schoch et al., Verwaltungsgerichtsordnung, § 42 Abs. 2, Rn. 156.

217 *Hans Jarass*, in: ders., BImSchG, 13. Aufl. 2020, § 3, Rn. 27.

218 *Jarass*, DVBl 1983, S. 725 (731); *Hans Jarass*, in: ders., BImSchG, § 3, 13. Aufl. 2020, Rn. 27; BVerwGE 119, 329 (332), *Schink*, NVwZ 2017, S. 337 (341).

Dies gilt vor allem in Fallgruppen, in denen eine Kausalität zwischen Emission und Schaden nach dem aktuellen Wissensstand weder bejaht noch verneint werden kann.[219] Die Anforderungen an die hinreichende Wahrscheinlichkeit, mit der ein Schaden eintreten kann nehmen ab, da Vorsorge im Vergleich zur Gefahrenabwehr im Vorfeld ansetzt. Ausreichend ist ein statistischer Ursachenzusammenhang.[220] Zweck der Vorsorge ist gerade die Reaktion auf Nachweisschwierigkeiten und Kausalitätsprobleme. Um eine Vorsorgepflicht nicht ausufern zu lassen, ist jedoch ein Besorgnispotential notwendig.[221] Die Rechtsprechung[222] ordnet athermische Effekte der Mobilfunkstrahlung nicht mehr als Immissionsbefürchtungen ein, sondern bejaht ein vorsorgerelevantes Risikoniveau, sodass ein Besorgnispotential hinsichtlich athermischer Effekte trotz fehlenden eindeutigen Kausalzusammenhangs besteht. Im Hinblick auf den stetigen Ausbau der Mobilfunktechnologie fällt die Mobilfunkstrahlung in ihrer athermischen Ausprägung zumindest unter potentiell schädliche Umwelteinwirkungen nach § 22 Abs. 1 S. 1 Nr. 1 BImSchG.

dd. Notwendigkeit eines eigenen Vorsorgegehalts

Vorsorge durch § 22 BImSchG ist daher möglich – fraglich erscheint lediglich, ob diese auch notwendig ist. Der Bundesregierung wird in § 23 BImSchG die Möglichkeit eröffnet, die Grundpflichten des § 22 BImSchG anhand von Rechtsverordnungen zu konkretisieren. Hiervon machte die Bundesregierung mit der 26. BImSchV Gebrauch und traf in dieser Rechtsverordnung Regelungen zur Vorsorge hinsichtlich thermischer Wirkungen. Eine eigene „generelle" Vorsorgepflicht nach § 22 BImSchG könnte somit obsolet sein.[223]

Im Lichte einer schutzpflichtkonformen Auslegung der Norm[224], mithin in Anbetracht der Tatsache, dass Gemeinden in ihrer Planung grundrechtlich gesicherte Rechtsgüter schützen müssen, muss § 22 Abs. 1 S. 1 Nr. 1 jedoch für die

---

219 *Hans Jarass*, in: ders., BImSchG, 13. Aufl. 2020, § 5, Rn. 51; OVG Lüneburg, Beschluss v. 9.8.2011, NVwZ-RR 2012, S. 18 (20).

220 BVerwGE 119, 329 (332).

221 BVerwG, Urteil v. 23.7.2015, NVwZ 2016, S. 79 (81).

222 Siehe oben unter *Erster Teil, B., II., 2.*

223 Siehe *Kutscheidt*, NVwZ 1983, S. 65 (68), der das Vorsorgeprinzip durch die potentiellen Konkretisierungen nach § 23 BImSchG verwirklicht sieht.

224 Zum Begriff siehe *Isensee*, in: ders./Kirchhof, Handbuch des Staatsrechts, Band IX, 2011, S. 548.

Gemeinden eine eigene Vorsorgepflicht enthalten.[225] Der Zweck der Vorsorge-regelung nach § 23 BImSchG läuft bei athermischen Effekten leer, da die Grenz-werte der 26. BImSchV, welche die Ausführung des § 23 BImSchG darstellen, diese nicht erfasst.[226] Die Tatsache, dass die Erfüllung des verfassungsrechtlichen Vorsorgeauftrags der Bundesregierung im Hinblick auf athermische Wirkun-gen missglückte und dank der stetig fortschreitenden Digitalisierung unserer Gesellschaft eine unüberschaubare Anzahl an Menschen elektromagnetischer Strahlung ausgesetzt ist, macht die Erforderlichkeit einer schutzpflichtkonfor-men Auslegung des § 22 BImSchG im Sinne einer generellen vorsorgepflichtigen Norm noch deutlicher. Eine aus § 22 Abs. 1 S. 1 Nr. 1 BImSchG abgeleitete gene-relle Vorsorgepflicht sowohl hinsichtlich thermischer, als auch athermischer Effekte der Mobilfunkstrahlung – für Gemeinden im Rahmen der Bauleitpla-nung – ist somit verhältnismäßig und notwendig.

IV. Zwischenergebnis: Vorsorge

Hinsichtlich athermischer Effekte besteht bei Kindern und Jugendlichen wei-terhin Forschungsbedarf. Es häufen sich mittlerweile Forschungsergebnisse, die eine Schädlichkeit von biologischen Krafteinwirkungen durch Mobilfunkstrah-lung beweisen.

Den Staat trifft eine Schutzpflicht aus Art. 1 Abs. 1 S. 2 GG i.V.m. Art. 2 Abs. 2 S. 1 GG, seine Bürger vor negativen gesundheitlichen Auswirkungen durch Mobilfunkstrahlung zu schützen. Da die Grenzwerte der 26. BImSchV – mit der die Bundesregierung versucht, ihrer Schutzpflicht nachzukommen – auf ther-mischen Effekten basieren und athermische Effekte gänzlich unbeachtet lassen, sind diese im Lichte eines dynamischen Grundrechtsschutzes und in Anbetracht der mangelhaften Forschungsanstrengungen der Bundesregierung untragbar. Sie gewährleisten hinsichtlich athermischer Effekte keinerlei Vorsorge und sind somit defizitär, sodass ein Verfassungsverstoß gegen den objektiven Gehalt von Art. 2 Abs. 2 S. 1 GG seitens der Bundesregierung vorliegt. Eine Neubewertung der Risikolage unter Berücksichtigung jener Effekte ist erforderlich.

Der kommunalen Ebene kommt als Teil der Exekutive die Schutzaufgabe des Art. 1 Abs. 3 GG zu, Grundrechte zu wahren. Hierunter fällt ebenfalls der objektive Schutzgehalt des Art. 2 Abs. 2 S. 1 GG, welcher die staatliche Gewalt verpflichtet, die Gesundheit der Bürger und die körperliche Unversehrtheit zu schützen. Die

---

225 Siehe ebenfalls *Schröder*, Vorsorge als Prinzip des Immissionsschutzrechts, 1987, S. 287, der eine abgeschwächte Form der Vorsorge in § 22 BImSchG sieht.
226 Siehe *Dritter Teil, A., II., 2.*

Aufgabe ist jedoch von der Kompetenz strikt zu trennen. Eine Kompetenz lässt sich für die Gemeinde nur im Rahmen eigener, originärer Selbstverwaltungsaufgaben begründen. Hierunter fällt die Bauleitplanung als genuine Selbstverwaltungsangelegenheit. Jedoch kann die Planungshoheit nicht uneingeschränkt ausgeübt werden. So muss die Gemeinde innerhalb ihrer Planung durch das Abwägungsgebot alle öffentlichen und privaten Belange untereinander und miteinander abwägen. Hinzu kommt, dass das Bundesimmissionsschutzgesetz spezielle Regelungen hinsichtlich Mobilfunkanlagen als nicht genehmigungsbedürftige Anlagen vorsieht. Da Baurecht und Immissionsschutzrecht in enger Verbindung stehen und sich gegenseitig konkretisieren, sind die Bestrebungen des Immissionsschutzrechts ebenfalls in der Bauleitplanung zu beachten. So finden sich eigene Vorsorgeregelungen in § 22 BImSchG wieder, die der Gemeinde vorbeugenden Umweltschutz auch im Bereich athermischer Effekte der Mobilfunkstrahlung ermöglichen, da bei Vorsorgeregelungen bereits eine potentielle Schädlichkeit ausreicht. Die Gemeinde hat somit nicht nur die Schutzaufgabe, Grundrechtsschutz zu betreiben, sondern aus ihrem Selbstverwaltungsrecht in Verbindung mit dem Vorsorgegehalt des § 22 Abs. 1 S. 1 BImSchG ebenfalls die Kompetenz, jene bauplanerischen Vorsorgemaßnahmen zu tätigen. Der Schutz der Gesundheit und der Unversehrtheit stellt jedoch eine Schutzpflicht dar, die in praktische Konkordanz mit anderen staatlichen Verfassungsaufträgen zu bringen ist. So gewährleistet der Staat gemäß Art. 87f GG eine flächendeckend angemessene und ausreichende Versorgung mit Dienstleistungen der Telekommunikation. Die Vorsorge könnte hierbei besonders in einem Spannungsfeld zu einer flächendeckenden Versorgung mit Mobilfunkdienstleistungen stehen. Im Folgenden stellen sich daher Fragen der Definition von „Telekommunikationsdienstleistungen" und – sollte der Begriff des Mobilfunks mitumfasst sein – der Abwägung zwischen Vorsorge und Versorgung. Hierbei ist es von zentraler Bedeutung ebenfalls die Belange (vor allem die Grundrechte) der Mobilfunkbetreiber ausreichend zu berücksichtigen. Dadurch könnten Gewichtungs- und Abwägungsprobleme vermieden werden.

B. Versorgung

„Die Übertragung von Sprache wird nahezu bedeutungslos."
Heinz Sundt, ehemaliger Chef der Telekom Austria AG, in: Die Presse vom 30. Juni 2000

Der Zugang zur Telekommunikation ermöglicht und fördert eine freie Entfaltung der Persönlichkeit des Einzelnen und repräsentiert zugleich das Tor zur aktiven Teilhabe an der modernen Wissensgesellschaft.[227] Aus diesem Grund stellt die Gewährleistung von flächendeckend angemessenen und ausreichenden Dienstleistungen im Bereich der Telekommunikation eine verfassungsrechtliche und sozialstaatliche Verpflichtung nach Art. 87f GG dar.

I. Der Verfassungsauftrag nach Art. 87f GG

Der technische Fortschritt schreibt die Kommunikationsgeschichte unserer Gesellschaft, der Staat ist darin nicht der Hauptakteur. Der Verfassungsauftrag nach Art. 87f GG ist als Gewährleistungsverantwortung ausgestaltet – der Staat ist qua Verfassung dazu verpflichtet, den Erfolg einer flächendeckend angemessenen und ausreichenden Telekommunikation zu gewährleisten, darf diesen aber grundsätzlich nicht selbst in staatlicher Eigenerfüllung anbieten.[228] Dies übernehmen aufgrund Art. 87f Abs. 2 S. 1 GG private Telekommunikationsanbieter im offenen Wettbewerb, indem sie Universaldienstleistungen zur Verfügung stellen.[229] Art. 87f GG regelt hierzu ein Angebot von Dienstleistungen als rein privatwirtschaftliche Tätigkeiten. Insoweit wurde der Telekommunikationssektor im Zuge der Postreformen seit den 1990er Jahren privatisiert.[230] In den Jahren zuvor bestand ein staatliches Monopol. Aufgrund der Wiedervereinigung konnte der Bund jedoch die Kosten für die Finanzierung der neuen Bundesländer im Bereich der Telekommunikation nicht alleine tragen, sodass eine Privatisierung mit primär gewinnorientierten Unternehmen notwendig wurde.[231]

Der Staat darf jedoch nicht völlig unbeteiligt Belange des Allgemeinwohls dem „Spiel des freien Marktes" überlassen.[232] Die verpflichtende staatliche Gewährleistung dieser Dienstleistungen verfolgt daher das Ziel, eine mögliche Unterversorgung oder gar einen Angebotsausfall aufgrund von Wettbewerbsschwierigkeiten zu verhindern, die durch den Privatisierungsprozess auftreten könnten.[233]

---

227 *Fetzer*, Staat und Wettbewerb in dynamischen Märkten, 2013, S. 259, m.w.N., S. 391.

228 BVerfGE 108, 169 (183); *Markus Möstl*, in: Maunz/Dürig, Grundgesetz, Art. 87f, Rn. 74.

229 BVerwGE 118, 226 (240); *Kay Windthorst*, in: Sachs, Grundgesetz, Art. 87f, Rn. 8, m.w.N.

230 Hierzu ausführlich *Fetzer*, Staat und Wettbewerb in dynamischen Märkten, 2013, S. 107.

231 *Jarass*, MMR 2009, S. 223 (223).

232 *Kay Windthorst*, in: Sachs, Grundgesetz, Art. 87f, Rn. 8, m.w.N.

233 *Fetzer*, Staat und Wettbewerb in dynamischen Märkten, 2013, S. 388.

Stellen sich kommunale Behörden den Plänen privater Mobilfunkbetreiber entgegen, etwa aus Gründen der Vorsorge, entstehen oft Streitigkeiten, die nicht selten ihren Weg zu Gericht finden. Oftmals behaupten Betreiber, sie nehmen trotz wirtschaftlicher Interessen öffentliche Versorgungsfunktionen nach Art. 87f GG durch die Bereitstellung einer Mobilfunkbasisstation wahr, da die flächendeckende Versorgung mit Mobilfunk das Wohl der Allgemeinheit sichere und eine verfassungsrechtliche Pflicht zur Versorgung mit Mobilfunk bestehe.[234] Insoweit habe die Gemeinde ebenfalls aktiv ein hohes Versorgungsniveau zu erhalten und zu fördern. Dieses müsse neben der Vorsorge vorrangig berücksichtigt werden und wirke sich als relevantes Kriterium auf die Abwägung in der Bauleitplanung der Gemeinde aus. Zur Untersuchung, inwieweit Gemeinden genannte Punkte in ihrer Planungshoheit zu berücksichtigen haben, stellt sich daher zunächst die Frage, welchen Inhalt Art. 87f GG besitzt, was konkret unter den Begriff der Universaldienstleistung und Grundversorgung zu fassen ist und ob der Mobilfunk darunter fällt – mithin berücksichtigungsfähig ist.

1. Einschätzungsprärogative des Gesetzgebers

Der Bund gewährleistet nach Maßgabe eines Bundesgesetzes flächendeckend angemessene und ausreichende Dienstleistungen der Telekommunikation und des Postwesens. Er besitzt somit bei der Festlegung des Versorgungsniveaus einen erheblichen Entscheidungsspielraum und bestimmt den Leistungsumfang.[235] Für den Telekommunikationssektor – zu dem der Mobilfunk grundsätzlich zählt – finden sich im *Telekommunikationsgesetz (TKG)* die relevanten Vorschriften.

2. Das Konzept der Universaldienstleistungen

Der Gesetzgeber wählte durch das TKG als Primärstandard des Gewährleistungsauftrags das Universaldienstkonzept. Art. 87f Abs. 1 GG bestimmt daher die staatliche Gewährleistung von Telekommunikationsdienstleistungen grundsätzlich durch Universaldienste, um jeder Person einen angemessenen Zugang zu Kommunikation und Information zu gewähren.[236] Diese sind an die Stelle der Daseinsvorsorge getreten und werden durch den Wettbewerb gewährleistet.[237]

---

234 Siehe bspw. BayVGH, Urteil v.18.3.2003, ZfBR 2003, S. 574 (575).
235 *Kay Windthorst*, in: Sachs, Grundgesetz, Art. 87f, Rn.19.
236 *Kühling*, WiVerw 2008, S. 239 (240).
237 *Kay Windthorst*, in: Sachs, Grundgesetz, Art. 87f, Rn. 15.

Der Begriff der Universaldienstleistung wird von § 78 Abs. 1 TKG konkretisiert und greift hierbei auf die Definition der europäischen Universaldienstrichtlinie 2002/22/EG[238] zurück. Hiernach ist eine Universaldienstleistung:

> *„(…) ein Mindestangebot an Diensten für die Öffentlichkeit, für die eine bestimmte Qualität festgelegt ist und zu denen alle Endnutzer unabhängig von ihrem Wohn- oder Geschäftsort zu einem erschwinglichen Preis Zugang haben müssen und deren Erbringung für die Öffentlichkeit als Grundversorgung unabdingbar geworden ist."*

Die Bundesnetzagentur hat die Aufgabe dafür zu sorgen, dass die Universaldienste ausreichend und angemessen erbracht werden.[239] Kann der Markt eine im Katalog des § 78 Abs. 2 TKG genannte Universaldienstleistung nicht garantieren, werden Lizenznehmer auf dem Markt je nach Marktstärke dazu verpflichtet, eine flächendeckende Versorgung (wieder) herzustellen.[240] Eine Universaldienstverpflichtung ist somit dann erforderlich, wenn eine gewisse Telekommunikationsdienstleistung nicht oder nicht hinreichend durch den Markt gewährleistet wird und dennoch zur unabdingbaren Grundversorgung zählt.[241] Die Versorgung wird durch das Universaldienstmodell dadurch nicht (nur) präventiv gewährleistet, sondern kollektiv nachträglich bei Defiziten.[242] Derzeit werden alle Telekommunikationsleistungen, die ebenfalls Universaldienstleistungen darstellen, jedoch freiwillig und in ausreichender Form von Marktteilnehmern erbracht, sodass keine Notwendigkeit einer Auferlegung von Universaldienstverpflichtungen besteht.

Unter die gesetzlich normierten Universaldienstleistungen fallen nach Abs. 2 der Norm beispielsweise der Anschluss an ein öffentliches Telekommunikationsnetz an einem festen Standort, das sowohl Gespräche (Festnetz) als auch Datenkommunikation qua funktionalem Internetzugang ermöglicht, als auch der Zugang zu öffentlich zugänglichen Telefondiensten wie Münz- oder Kartentelefone. Letzteres wird in der heutigen Zeit wohl kaum mehr anzutreffen sein.[243]

---

238 Richtlinie 2002/22/EG des Europäischen Parlaments und des Rates vom 7. März 2002 über den Universaldienst und Nutzerrechte bei elektronischen Kommunikationsnetzen und –diensten (Universaldienstrichtlinie) v. 24.4.2002, ABl. Nr. L 108.

239 Siehe die Bundesnetzagentur zu ihren Pflichten mit zahlreichen Stellungnahmen, abrufbar unter: https://www.bundesnetzagentur.de/DE/Sachgebiete/Post/Verbraucher/Universaldienst/universaldienst-node.html.

240 *Markus Möstl*, in: Maunz/Dürig, Grundgesetz, Art. 87f, Rn. 82.

241 *Wolfgang Bosch*, in: Trute et al., Telekommunikationsgesetz, 2011, § 17 a.F., Rn. 2.

242 *Wolfgang Bosch*, in: Trute et al., Telekommunikationsgesetz, 2011, § 17 a.F., Rn. 2.

243 Die Deutsche Telekom betreibt derzeit nur noch knapp 18.000 öffentliche Münz- und Kartentelefone in ganz Deutschland, siehe Bundesnetzagentur, Gesamtbestand an

§ 78 Abs. 2 TKG erfasst den im Streit stehenden Mobilfunk nicht explizit.[244] Dies zeigt, dass der Universaldienst nur von einer grundlegenden, wenn auch technisch veralteten, statischen Versorgung ausgeht.

§ 78 Abs. 2 TKG konkretisiert jedoch nur den Gewährleistungsauftrag aus Art. 87f GG und definiert ihn nicht. Die Zielvorgabe des Art. 87f GG – die Gewährleistung angemessener und ausreichender Telekommunikationsdienstleistungen – ist dynamisch und entwicklungsoffen. Dies führt dazu, dass in Anbetracht einer fehlenden zwingend vorgegebenen Telekommunikationsinfrastruktur in Art. 87f GG der Begriff der Universaldienstleistungen als Herzstück des Versorgungsauftrags ebenfalls von Entwicklungen der Technik abhängig ist und weiterentwickelt werden muss.[245] Die Berücksichtigung von sich stetig verändernder Technik und Nutzerbedürfnissen ist ebenfalls in der Universaldienstrichtlinie 2002/22/EG angelegt, welche den Begriff des Universaldienstes formt.[246] Zudem zeigt gerade die flächendeckende Bereitstellung von Münz- und Kartentelefonen im Katalog der Universaldienstleistungen trotz stetig sinkender Zahlen, dass sich die Norm des TKG nicht mit der aktuellen Telekommunikationssituation deckt.

Der Katalog des § 78 TKG ist abschließend.[247] Da jedoch das Unionsrecht den Kanon an Universaldienstleistungen nicht abschließend gestaltet, sondern den Mitgliedstaaten das Ermessen einräumt, zusätzliche Pflichtdienste als Universaldienste anzubieten[248], stellt sich die Frage, ob grundsätzlich

öffentlichen Münz- und Kartentelefonstellen in Deutschland von 2006 bis 2018, abrufbar unter: https://de.statista.com/statistik/daten/studie/13158/umfrage/oeffentliche-telefonzellen-in-deutschland-seit-2006/.

244 So *Budzinski*, NVwZ 2011, S. 1165 (1167).

245 *Matthias Cornils*, in: Geppert/Schütz, BeckOK, Telekommunikationsgesetz, § 78, Rn. 19; *Markus Möstl*, in: Maunz/Dürig, Grundgesetz, Art. 87f, Rn. 72; Erwägungsgrund 1 der Richtlinie 2002/22/EG des Europäischen Parlaments und des Rates vom 7. März 2002 über den Universaldienst und Nutzerrechte bei elektronischen Kommunikationsnetzen und -diensten (Universaldienstrichtlinie) v. 24.4.2002, ABl. Nr. L 108, 51.

246 Siehe Erwägungsgrund 1 der Richtlinie 2002/22/EG des Europäischen Parlaments und des Rates vom 7. März 2002 über den Universaldienst und Nutzerrechte bei elektronischen Kommunikationsnetzen und -diensten (Universaldienstrichtlinie) v. 24.4.2002, ABl. Nr. L 108, 51 ff.

247 *Knauff*, Öffentliches Wirtschaftsrecht, 2015, S. 155.

248 Siehe noch aktuell Art. 32 der Richtlinie 2002/22/EG des Europäischen Parlaments und des Rates vom 7. März 2002 über den Universaldienst und Nutzerrechte bei elektronischen Kommunikationsnetzen und -diensten (Universaldienstrichtlinie) v. 24.4.2002, ABl. Nr. L 108, 67. Die Möglichkeit der Einsetzung zusätzlicher

Mobilfunkdienstleistungen unter den Begriff des Universaldienstes fallen könnten.

3. Der Mobilfunk als potentielle Universaldienstleistung

Der Koalitionsvertrag der 19. Legislaturperiode möchte bis 2025 einen „rechtlich gesicherten Anspruch"[249] für eine flächendeckende Versorgung mit Breitband schaffen und den Mobilfunkausbau ebenfalls flächendeckend ausbauen. Bis dato sind beide Arten des Telekommunikationsdienstes vom Katalog des § 78 TKG nicht erfasst.[250]

Der Mobilfunk könnte dann als Universaldienstleistung in Betracht kommen, wenn die Voraussetzungen des § 78 Abs. 1 TKG erfüllt wären. Würde der Gesetzgeber den Mobilfunk als Universaldienstleistung ausgestalten, müsste er, wenn der Markt eine flächendeckende Grundversorgung nicht mehr garantieren könnte, Mobilfunkanbieter zur Universaldienstleistung verpflichten. Eine Wortlautauslegung ergibt, wie bereits oben erläutert, dass der Begriff der Universaldienstleistungen einer Entwicklungsoffenheit unterliegt und somit den Begriff der Mobilfunkdienstleistungen künftig erfassen könnte. Es stellt sich somit die Frage, ob der Mobilfunk dem Wesen des Universaldienstes entspricht.

Ob eine Dienstleistung grundsätzlich unter den Begriff des Universaldienstes fällt, hängt aber vor allem davon ab, ob die Dienstleistung als Grundversorgung unabdingbar i.S.d. § 78 Abs. 1 TKG ist und jedem Nutzer zu einem erschwinglichen Preis Zugang eingeräumt werden muss. Die Normen des Art. 87f GG und § 78 Abs. 1 TKG sind somit teleologisch nach Sinn und Zweck auszulegen.

a. Grundversorgung und Unabdingbarkeit

Da der mit Art. 87f GG verfolgte Zweck die Sicherstellung der Kommunikation und des Informationszugangs ist, muss der Staat seinen Bürgern die Möglichkeit

---

Pflichtdienste verbleibt den Mitgliedstaaten auch mit Wirkungseintritt des neuen Telekommunikations-Kodex, siehe Art. 92 der Richtlinie (EU) 2018/1972 des Europäischen Parlaments und des Rates vom 11.12.2018 über den europäischen Kodex für die elektronische Kommunikation, ABl. Nr. L 321/170. Zum Telekommunikations-Kodex später mehr unter *Dritter Teil, B., I., 4.*

249 Koalitionsvertrag zwischen CDU, CSU und SPD, 19. Legislaturperiode, S. 38, abrufbar unter: https://www.bundesregierung.de/resource/blob/975226/847984/5b8bc23590d 4cb2892b31c987ad672b7/2018-03-14-koalitionsvertrag-data.pdf?download=1.

250 Für Breitbandanschlüsse ändert sich dies ab 21.12.2020 durch den neuen europäischen Telekommunikations-Kodex, hierzu später mehr *Dritter Teil, B., I., 4.*

der Sprachtelefonie zur Kommunikation und Zugang zum Internet gewährleisten.[251] Art. 87f GG spricht von „Angemessenheit", § 78 TKG konkretisiert dies zur „Grundversorgung". Der Staat darf also lediglich einen Mindeststandard an Telekommunikationsleistungen garantieren, der dann im Falle einer Unterversorgung zur Auferlegung von Universaldienstverpflichtungen nach § 80 TKG führen kann. Der Begriff der „Unabdingbarkeit" lässt wiederum darauf schließen, dass eine gewisse Offenheit für weitere technische Entwicklungen möglich sei[252] – je mehr Menschen Zugang zu schnellem Internet gewährt wird, desto höher ist der technische Komfortstandard in der Gesellschaft, desto unabdingbarer scheinen manche technischen Leistungen zu werden. Dies könnte zu einer willkürlichen Variabilität des Begriffs der „Grundversorgung" führen. Für die Beantwortung der Frage, welche Standards und Kommunikationsmittel unter den Begriff der Universaldienstleistungen fallen, benötigt es daher einer balancierten Betrachtungsweise.[253] Der technische Fortschritt muss einen so prägenden Charakter auf die Kommunikation der Bevölkerung aufweisen, dass das fragliche Kommunikationsmittel zur Grundversorgung dazuzuzählen ist und den Status der Universaldienstleistung verdient. Somit bleibt der Begriff der Grundversorgung zwar in seiner Kernstruktur bestehen – er wird jedoch durch die Anpassung an die „Unabdingbarkeit" formbar. Es stellt sich daher die Frage nach Indikatoren, die für eine unabdingbare Grundversorgung sprechen.

Eine steigende Nachfrage nach Mobiltelefonen und schnellerem Internet mag zwar ein Indikator dafür sein, dass der Stellenwert mobiler Erreichbarkeit stetig steigt[254] – für die Unabdingbarkeit reicht es jedoch nicht aus, dass dieser Dienst für die Mehrheit der Bevölkerung als selbstverständlich angesehen wird.[255] Dies würde sonst der Gewährleistung einer Idealversorgung nahe kommen, obwohl eine solche gerade nicht erwünscht ist und dem Verfassungsauftrag widersprechen würde.[256] Vielmehr ist notwendig, die einzelnen Komponenten des Verfassungsauftrags im Lichte der aktuellen Versorgungssituation und der

---

251 *Fetzer*, Staat und Wettbewerb in dynamischen Märkten, 2013, S. 391.

252 *Matthias Cornils*, in: Geppert/Schütz, BeckOK, Telekommunikationsgesetz, § 78, Rn. 20.

253 *Matthias Cornils*, in: Geppert/Schütz, BeckOK, Telekommunikationsgesetz, § 78, Rn. 20.

254 *Schumacher*, MMR 2011, S. 711 (713).

255 *Matthias Cornils*, in: Geppert/Schütz, BeckOK, Telekommunikationsgesetz, § 78, Rn. 20.

256 Deutscher Bundestag, Gesetzentwurf der Fraktionen der CDU/CSU, SPD und F.D.P. v. 1.2.1994, BT-Drs. 12/6717, S. 3.

von der Bevölkerung bevorzugten technischen Kommunikationsmitteln näher zu betrachten. Das sozialstaatliche Ziel des Telekommunikationsauftrags – die Förderung der freien Entfaltung der Persönlichkeit[257] – umfasst zwei Komponenten: die Kommunikation unter Mitmenschen und den Zugang zu Informationen zur Gewährleistung einer Grundrechtsausübung der Meinungsfreiheit nach Art. 5 Abs. 1 GG.[258]

aa. Kommunikative Komponente

Die zwischenmenschliche Interaktion ermöglicht eine Persönlichkeitsentwicklung auf sozialer Ebene. Diese wird bereits durch Sprachtelefonie garantiert, sodass hier das vorhandene Festnetz zunächst ausreichend erscheint. Grundversorgung im telekommunikationsrechtlichen Sinne soll nur einen grundlegenden Bestand an Telekommunikationsmitteln umfassen. Es soll zur Erfüllung der sozialstaatlichen Pflicht eine angemessene und ausreichende Versorgung garantiert werden, nicht jedoch eine Idealversorgung und optimale Struktur.[259]

Problematisch ist jedoch der zunehmende Schwund an Festnetzanschlüssen – gab es 2003 noch fast 40 Millionen Festnetzanschlüsse in Deutschland, wurde 2018 nur noch die Hälfte gezählt.[260] Dies liegt an der fortschreitenden Digitalisierung und der „Handy-Generation", zumal Digital Natives, die ständig und überall mobil und erreichbar sein wollen, meist auf Festnetzanschlüsse verzichten und stattdessen flexible Mobilfunktarife wählen. Auch wird die Kommunikation mit den eigenen Mitmenschen und dadurch die Entfaltung der Persönlichkeit gehemmt, wenn aufgrund fehlender Netzstrukturen eine soziale Ausgrenzung stattfindet.[261]

---

257 Siehe hierzu *Suhr*, Entfaltung der Menschen durch die Menschen, 1976, S. 88 ff.
258 *Fetzer*, Staat und Wettbewerb in dynamischen Märkten, 2013, S. 391.
259 *Kay Windthorst*, in: Sachs, Grundgesetz, Art. 87f, Rn.12.
260 Deutsche Telekom, Anzahl der Festnetzanschlüsse der Deutschen Telekom in Deutschland in den Jahren 2003 bis 2018 (in Millionen), 2019, abrufbar unter: https://de.statista.com/statistik/daten/studie/150696/umfrage/festnetzanschluesse-der-deutschen-telekom-seit-2003/.
261 Siehe Erwägungsgrund Nr. 212 der Richtlinie (EU) 2018/1972 des Europäischen Parlaments und des Rates vom 11.12.2018 über den europäischen Kodex für die elektronische Kommunikation, ABl. Nr. L 321/76.

bb. Informative Komponente

Die informative Komponente der Persönlichkeitsentfaltung – der Zugang zu Informationen – muss ebenfalls näher beleuchtet werden. So obliegt die Informationsversorgung grundsätzlich zunächst dem Rundfunk- und Presserecht. Während die Grundversorgung im telekommunikationsrechtlichen Sinne eine Mindestversorgung meint, geht der Begriff der Grundversorgung im rundfunkrechtlichen Sinne mit Rundfunkdienstleistungen zu verschiedenen Themen – von Politik zu Kultur und Unterhaltung – eher in Richtung Idealversorgung, um hierdurch Meinungsbildung und Meinungsvielfalt nach Art. 5 Abs. 1 GG zu gewährleisten.[262] So scheint die informative Komponente der Grundversorgung mit Telekommunikation hinter die kommunikative zurückzutreten, da jene bereits durch den Rundfunk gewährleistet wird. Jedoch stellt die Bereitstellung von Versorgungsnetzen und Internetquellen für die Bevölkerung die notwendige Voraussetzung für den Zugang zum bereitgestellten Rundfunk dar.[263] Dies misst der informativen Komponente des Verfassungsauftrags erhebliches Gewicht zu.

Die informative Ebene der Persönlichkeitsentfaltung wird beim Mobilfunk durch einen Informationszugang per Internet gesichert. Das Smartphone wird hierbei bereits als meist verwendetes Zugangstool von 81 % der Internetnutzer verwendet – lediglich 65 % gehen noch mit Desktop-PCs ins World Wide Web.[264]

cc. Notwendigkeit der Einordnung

Sowohl der Rückgang der Festnetzanschlüsse bei jungen Menschen als auch die zunehmende Benutzung von Smartphones und die Verdichtung des Mobilfunknetzes führen unweigerlich dazu, dass eine Kommunikation und Informationsbeschaffung außerhalb dieser modernen Kommunikationsmittel zwar möglich ist, für den Großteil der Bevölkerung aus Gründen der Bequemlichkeit aber nicht in Frage kommt. Aufgabe des Staates ist es daher, die scheinbare Statik des Begriffs der Grundversorgung aufzuheben und ihn vielmehr dynamisch zu definieren.

---

262 BVerfGE 73, 118 (158); BVerfGE 74, 297 (325).
263 *Kugelmann*, VerwArch 2004, S. 515 (521).
264 Destatis – Statistisches Bundesamt, 2016, 81 % der Internetnutzer gehen per Handy oder Smartphone ins Internet, Pressemitteilung, v. 5.12.2016, Nr. 430/16, abrufbar unter: https://www.destatis.de/DE/Presse/Pressemitteilungen/2016/12/PD16_430_63931pdf.pdf?__blob=publicationFile.

Die Einordnung des Mobilfunks als Teil der Grundversorgung, und somit als Universaldienstleistung[265] eröffnet dem Staat die Möglichkeit der erweiterten technischen Kontrolle und Ausübung des Gewährleistungsauftrags aus Art. 87f GG. So betonte auch das BVerwG, es bestehe ein „hohes öffentliches Interesse an einer flächendeckenden angemessenen und ausreichenden Versorgung der Bevölkerung mit Dienstleistungen des Mobilfunks"[266] – eine zeitgemäße Anpassung der hoheitlichen Aufgabe der Telekommunikationsgewährleistung wird daher auch von der Verwaltungsgerichtsbarkeit gefordert.

Wichtig ist: eine Grundversorgung meint nicht den Ausbau eines optimalen Mobilfunknetzes, sondern gewährleistet angemessene und ausreichende Dienstleistungen aus der Sicht seiner Benutzer.[267] Die Dynamik des Begriffs betrifft vor allem den Wandel und die Anpassung an angebotene unabdingbare Mobilfunkleistungen. Innerhalb dieser modernen Art der Telekommunikation bleibt es aber bei der flächendeckenden Grundversorgung mit GSM, da diese zur Kommunikation und Information ausreichend geeignet ist. Das GSM-Netz mit geringerer, aber ausreichender Datenübertragung von 220 kbit/s bei EDGE ist bis auf wenige sog. „weiße Flecken"[268] nahezu vollständig in Deutschland vorhanden.[269] Hier wären lediglich einige Feinjustierungen in ländlichen Gebieten notwendig, um die Grundversorgung flächendeckend zu garantieren.

Es besteht zudem keine Notwendigkeit zur Ausweitung des Universaldienstes auf LTE. Zwar weist dieser eine hohe Netzdichte im Bundesgebiet auf, er strebt jedoch eine Idealversorgung an.[270] Der Staat garantiert nach Art. 87f GG lediglich eine Grundversorgung und diese erreicht er mit GSM. Eine Auslegung

---

265 So auch zuletzt das VG München, Urteil v. 12.7.2017, M 9 K 16.2882, Rn. 18 – juris; a.a. *Budzinski*, NVwZ 2011, 1165 (1167); VGH Mannheim, Urteil v. 02.06.2015 – 8 S 634/13.

266 BVerwGE 144, 82 (88).

267 Deutscher Bundestag, Gesetzentwurf der Fraktionen der CDU/CSU, SPD und F.D.P. v. 1.2.1994, BT-Drs. 12/6717, S. 4.

268 Als „weiße Flecken" werden mit Mobilfunk unversorgte Gebiete vor allem im ländlichen Bereich bezeichnet, siehe Begriffserklärung der Deutschen Telekom, abrufbar unter: https://www.telekom.com/de/weisse-flecken-377004.

269 Siehe hierzu bspw. die nahezu lückenlose GSM-Netzabdeckung durch die Vodafone GmbH und die Telekom Deutschland GmbH, abrufbar unter: https://www.vodafone. de/hilfe/netzabdeckung.html und https://www.telekom.de/start/netzausbau.

270 Siehe die aktuelle LTE-Netzabdeckung durch die Vodafone GmbH und die Telekom Deutschland GmbH, abrufbar unter: https://www.vodafone.de/hilfe/netzabdeckung. html und https://www.telekom.de/start/netzausbau.

zugunsten einer Idealversorgung durch den Staat würde die Universaldienstverantwortung der Mobilfunkbetreiber in eine Garantie bestmöglicher Telekommunikationsversorgung umwandeln und aufgrund der gesetzlich verankerten regulatorischen Instrumente zur Durchsetzung der Universaldienstverpflichtung einen nicht zu rechtfertigenden Eingriff in die unternehmerische Freiheit bedeuten.[271]

Der Breitbandausbau in ländlichen Regionen schreitet zwar stetig voran[272], ein Rückgriff auf und Ausbau der GSM-Netze, gerade in ländlichen Gebieten, bietet aufgrund der bereits hohen Netzabdeckung jedoch eine größere Absicherung hinsichtlich der Gewährleistung der kommunikativen und informativen Komponente der Grundversorgung. Die Politik erkennt den Mobilfunkstandard ebenfalls als unabdingbaren Faktor im Gefüge der Telekommunikation an. Die TKG-Novelle 2012 bot viele Diskussionspunkte, vor allem hinsichtlich der Bestimmung konkreter Datenübertragungsraten. Der Gesetzgeber entschied sich letztendlich gegen die Einführung eines Breitband-Universaldienstes und die Festsetzung von Übertragungsraten. Es besteht daher die Frage, ab welcher Datenübertragungsrate es sich immer noch um eine „Grundversorgung" handelt. Je höher der Standard an Übertragungsraten festgesetzt wird, desto eher kommt dies an eine optimale Versorgung heran. Dahingehend bietet GSM aufgrund der vergleichsweise geringen, aber dennoch ausreichenden Übertragungsraten einen guten Kompromiss und der Mobilfunk bietet sich in dieser Fassung als Universaldienst an.

Im Koalitionsvertrag der 19. Legislaturperiode fordern die regierenden Parteien einen notwendigen „forcierten" Ausbau der Mobilfunknetze gerade auch in ländlichen Gebieten, um eine lückenlose flächendeckende Versorgung gewährleisten zu können und sprechen sich für Testversuche und weitere Investitionen in die Versorgung mit 5G-Internet aus.[273] Hierbei ist problematisch, dass die Politik einem mobilfunktechnischen Idealzustand entgegenzustreben scheint und diesen bis 2025 verwirklicht sehen möchte. Wie dies mit dem Universaldienstkonzept in Einklang zu bringen ist, erscheint äußerst fraglich.

---

271 *Matthias Cornils*, in: Geppert/Schütz, BeckOK, Telekommunikationsgesetz, § 78, Rn. 20.

272 Siehe den Förderfortschritt auf der Webseite des Bayerischen Breitbandzentrums, abrufbar unter: http://www.schnelles-internet-in-bayern.de/ext_data/BBZ_Veroff_ Links_Table_new.html.

273 Koalitionsvertrag zwischen CDU, CSU und SPD, 19. Legislaturperiode, S. 38, abrufbar unter: https://www.bundesregierung.de/resource/blob/975226/847984/5b8bc23590d 4cb2892b31c987ad672b7/2018-03-14-koalitionsvertrag-data.pdf?download=1.

Mobilfunkstandards mit geringerer Datenübertragungsrate könnte der Gesetz-geber erleichtert als zusätzliche Universaldienste deklarieren. Möchte er hin-gegen in naher Zukunft 5G-Internet oder LTE flächendeckend anbieten, hätte dies negative Auswirkungen auf den Wettbewerb. Mobilfunkunternehmen, die zu Universaldienstleistungen verpflichtet wären, müssten hohe Kosten auf sich nehmen, um einen flächendeckenden Ausbau an modernster Mobilfunktechno-logie zu erreichen. Um diese Kosten zu amortisieren, würden sie zu einer Preis-steigerung bei ihren Endverbrauchern gezwungen werden, was sowohl dem Verbraucher zulasten käme, als auch durch den forcierten Ausbau der neuesten Technologie auf dem Markt in die Grundrechte der Unternehmen eingreifen würde.[274] Der Gesetzgeber sollte somit zunächst bei Testversuchen und Inves-titionen für *Next Generation Mobile Network (NGMN)*-Standards bleiben und sich im Rahmen des TKG-Ziels aus § 2 Abs. 2 Nr. 5 TKG bewegen, somit die Beschleunigung des Ausbaus von hochleistungsfähigen öffentlichen Telekom-munikationsnetzen der nächsten Generation fördern, nicht jedoch eine flächen-deckende Optimalversorgung anstreben.

b. Zugang zu erschwinglichen Preisen

Art. 87f GG gewährleistet zudem den Zugang jedermanns zu flächendeckend angemessenen und ausreichenden Telekommunikationsdienstleistungen. Hier-mit ist keine kostenlose Versorgung gemeint, wohl aber eine Versorgung zu erschwinglichen Preisen.[275] Erschwingliche Preise meinen hierbei Preise, die in einem angemessenen Verhältnis zum durchschnittlichen Einkommen der Nutzer liegen.[276] Sinn dieser Begrenzung ist die Vermeidung sozialer Ausgren-zung bei niedrigem Einkommen oder fehlender Möglichkeit der Vernetzung, beispielsweise in ländlichen Regionen.[277] Die Grundversorgung mit Telekom-munikation soll jedermann zur Persönlichkeitsentfaltung offenstehen; niemand soll durch hohe Preise daran gehindert werden über Mittel der Telekommuni-kation erreichbar zu sein. Auch die europäische Teilharmonisierung im Bereich

---

274 *Kühling/Neumann*, in: Inderst et al., Der Ausbau neuer Netze in der Telekommuni-kation, 2012, S. 276.
275 *Markus Möstl*, in: Maunz/Dürig, Grundgesetz, Art. 87f, Rn. 72.
276 *Matthias Cornils*, in: Geppert/Schütz, BeckOK, Telekommunikationsgesetz, § 78, Rn. 26.
277 So auch der Erwägungsgrund 25 der Universaldienstrichtlinie v. 24.4.2002, ABl. Nr. L 108, 51 ff.

des Mobilfunks durch die Abschaffung von Roaming Gebühren[278] spricht für erschwingliche Preise und eine europaweite Akzeptanz von der zunehmend gewichtigen Rolle des Mobilfunks. Zukünftig ist jedoch nicht auszuschließen, dass der Staat bei schwindender Erschwinglichkeit gezwungen werden kann, Förderungen und konkrete finanzielle Unterstützungen zu tätigen, um die Erschwinglichkeit der Preise weiterhin garantieren zu können.[279] Gerade wenn politische Wendungen eine verfassungsrechtlich höchst problematische flächendeckende Versorgung mit LTE oder Breitband gewährleisten möchten, wäre die Voraussetzung eines erschwinglichen Preises schwer durchzusetzen und würde entweder zulasten der Nutzer oder der Mobilfunkunternehmen gehen. Eine Grundversorgung mit Mobilfunk jedoch wäre preislich möglich und erschwinglich.

4. Das Universaldienstkonzept – ein statisches Modell aus vergangener Zeit

Die Klassifizierung von Münz- und Kartentelefonen und Festnetzanschlüssen als vom Staat zu gewährleistende Universaldienstleistung wird der heutigen Zeit nicht gerecht. Telekommunikation findet nicht nur in geschlossenen Räumen statt, sondern wird selbst mit jedem Tag mobiler. Aufgrund dessen stellt die derzeitige Auslegung des Universaldienstkonzepts – vor allem in ihrer Ausprägung des Katalogs nach § 78 Abs. 2 TKG – ein Relikt dar, das weder entwicklungsoffen ist, noch den dynamischen Technologiewandel berücksichtigt.

Der Universaldienst fordert keine bestimmte Übertragungsrate, lediglich eine Grundversorgung an funktionaler Telekommunikation und Internetverbindung mit den im Katalog bestehenden Mitteln. Das Universaldienstkonzept stellt derzeit somit den Status Quo an bereits existierenden Netzstrukturen und Leistungen sicher, ohne die Möglichkeit zu eröffnen, zukunftsorientiert neue Netze zu erschließen und auszubauen. Aus diesem Grund wird der Universaldienst seit geraumer Zeit von anderen Regulierungsinstrumenten verdrängt, wie bspw. die Versteigerung von Frequenzen, welche meist ausdrücklich an Auflagen gebunden sind, die vor allem den Netzausbau in ländlich unversorgten Regionen

---

278 Hierzu Bundesnetzagentur, Aktuelle Roaming-Regelungen in der Europäischen Union, abrufbar unter: https://www.bundesnetzagentur.de/DE/Sachgebiete/Telekommunikation/Verbraucher/WeitereThemen/InternRoaming/EURoaming/EURoaming-node.html.
279 Siehe hierzu *Fetzer*, Staat und Wettbewerb in dynamischen Märkten, 2013, S. 397.

fördern sollen[280], sowie eigene Förderprogramme der Länder und Kommunen, so etwa das bayerische Förderungsprogramm zum Breitbandausbau in ländlichen Regionen.[281]

Einen „Neuanstrich" erfährt das Universaldienstkonzept mit dem im Dezember 2018 beschlossenen europäischen Telekommunikations-Kodex. Hierbei handelt es sich um eine europäische Richtlinie, die alle bisher für die Telekommunikation geltenden Richtlinien in einem Werk aktualisiert, zusammenfasst und ab dem 21.12.2020 Anwendung findet. Gleichzeitig werden die bisher bestehenden europäischen Richtlinien der Telekommunikation, so 2002/19/EG, 2002/20/EG, 2002/21/EG und 2002/22/EG aufgehoben.[282] Der Telekommunikations-Kodex versucht das bisherige Verständnis des Universaldienstes an moderne technische Entwicklungen anzupassen. Art. 84 Abs. 1 der Richtlinie fordert vom Universaldienst künftig den Zugang zu einer angemessenen Breitbandversorgung im Bereich des Festnetzes und erweitert somit den Begriff der Universaldienstleistung auf Breitbandausbauleistungen.[283] Öffentliche Münz- und Kartentelefone fallen künftig aus dem Begriff der Universaldienstleistung heraus.[284]

5. Der Mobilfunk als Universaldienstleistung im Lichte aktueller Entwicklungen

Nach dem Telekommunikations-Kodex bleibt die ursprüngliche Aufgabe des Universaldienstes bestehen; er soll für die ausreichende und angemessene Sicherung der Telekommunikation sorgen und nicht den Ausbau von

---

280 So m.w.N. *Markus Möstl*, in: Maunz/Dürig, Grundgesetz, Art. 87f, Rn. 82. Hierzu auch die Entscheidung der Präsidentenkammer der Bundesnetzagentur v. 12.10.2009, Verfügung 59/2009, Amtsblatt der Bundesnetzagentur Nr. 20/2009 v. 21.10.2009, S. 21.

281 Siehe weitere Informationen auf der Seite des Bayerischen Breitbandzentrums des Bayerischen Staatsministeriums der Finanzen und für Heimat, abrufbar unter: https://www.schnelles-internet-in-bayern.de/.

282 Siehe Art. 124 und Art. 125 der Richtlinie (EU) 2018/1972 des Europäischen Parlaments und des Rates vom 11.12.2018 über den europäischen Kodex für die elektronische Kommunikation, ABl. Nr. L 321/189.

283 Siehe hierzu *Huber*, MMR 2019, S. 1 (2) und *Scherer/Heinickel*, MMR 2017, S. 71 (76).

284 Bei Bedarf, z.B. an wichtigen Einreisestellen des Landes, sowie Orten, die im Notfall aufgesucht werden, können die Mitgliedstaaten Ausnahmeregelungen treffen, siehe Erwägungsgrund Nr. 235 der Richtlinie (EU) 2018/1972 des Europäischen Parlaments und des Rates vom 11.12.2018 über den europäischen Kodex für die elektronische Kommunikation, ABl. Nr. L 321/79.

Hochgeschwindigkeitsnetzen fördern.[285] Er versteht den Begriff des Univer-
saldienstes somit weiterhin als „Sicherheitsnetz", das die Gefahr einer sozialen
Ausgrenzung durch fehlende Telekommunikation verhindern und somit ein
Mindestmaß an Dienstleistungen erreichen soll.[286]

Der Mobilfunk hätte somit in der Ausführung des GSM-Standards durchaus
Potential künftig unter den Begriff der Universaldienstleistung zu fallen, da der
GSM-Standard auf eine Basisversorgung ausgerichtet ist und somit dem Sinn
und Zweck der Universaldienstleistung entspricht. Die Tatsache, dass GSM in
einigen Jahren aufgrund der Nachfrage und des technischen Fortschritts von
LTE verdrängt wird, spricht jedoch gegen eine Aufnahme des Mobilfunks in
den Katalog der Universaldienstleistung. Aus diesem Grund sieht auch der neue
Telekommunikations-Kodex der Europäischen Union den Mobilfunk nicht als
Universaldienstleistung an, da der Mobilfunk auf den Ausbau von Hochgeschwindigkeitsnetzen ausgelegt sei und somit dem Wesen des Universaldienstes widerspreche. Universaldienstleistungen seien durch Basisversorgungen
gekennzeichnet und die Sicherung einer ausreichenden, angemessenen Telekommunikation stehe im Vordergrund. Dies könne vor allem durch verfügbare
Breitbandinternetzugangsdienste und Sprachkommunikationsdienste an festen
Standorten erreicht werden.[287] Nach Art. 84 Abs. 2 der Richtlinie besteht jedoch
ein Ermessen der Mitgliedstaaten auch Dienstleistungen des Mobilfunks zu fördern, „wenn sie dies für erforderlich halten, um die uneingeschränkte soziale und
wirtschaftliche Teilhabe der Verbraucher an der Gesellschaft sicherzustellen."

Dem Mobilfunk wird hierdurch eine besondere Bedeutung in der (Tele-)
Kommunikation zugemessen. Zwar stellt der Mobilfunk derzeit keinen Universaldienst dar, so die Klarstellung auf europäischer Ebene, jedoch muss der
technische Fortschritt zukunftsorientiert berücksichtigt werden.[288] Die heutige

---

285 Siehe bspw. Art. 84 Abs. 1, 2 und Art. 86 Abs. 1 der Richtlinie (EU) 2018/1972 des
    Europäischen Parlaments und des Rates vom 11.12.2018 über den europäischen
    Kodex für die elektronische Kommunikation, ABl. Nr. L 321/166/167.
286 Siehe Erwägungsgrund Nr. 212 der Richtlinie (EU) 2018/1972 des Europäischen Par-
    laments und des Rates vom 11.12.2018 über den europäischen Kodex für die elekt-
    ronische Kommunikation, ABl. Nr. L 321/76. So auch *Scherer/Heinickel*, MMR 2017,
    S. 71 (76).
287 Siehe Art. 84 Abs. 1 der Richtlinie (EU) 2018/1972 des Europäischen Parlaments
    und des Rates vom 11.12.2018 über den europäischen Kodex für die elektronische
    Kommunikation, ABl. Nr. L 321/166.
288 So auch die Antwort der Bundesregierung auf eine Kleine Anfrage der Fraktion Bünd-
    nis 90/Die Grünen zum Zustand des deutschen Mobilfunknetzes v. 15.5.2018, BT-Drs.
    19/2136, S. 2.

Idealversorgung ist die Grundversorgung von übermorgen. Der Ausbau von Mobilfunknetzen vor allem im ländlichen Bereich zur Schließung weißer Flecken erhält somit ein gesteigertes öffentliches Interesse, dem durch o.g. Regulierungsmaßnahmen außerhalb des TKGs oder des Universaldienstkonzepts, wie der Frequenzversteigerung oder eines Mobilfunkgipfels, der am 12. Juli 2018 stattfand[289] begegnet werden kann.

Es ist nicht auszuschließen, dass in wenigen Jahrzehnten der Mobilfunk wieder in die öffentliche politische Debatte gerät und die Einordnung als Universaldienstleistung erneut diskutiert wird. So wurde der Breitbandausbau zunächst ebenfalls als potentieller Universaldienst abgelehnt – ein flächendeckender Breitbandausbau sei zu teuer und der Effizienz wegen könne man Glasfasernetze und Leerrohre nur für Städte oder größere Stadtteile verlegen.[290] Der neue europäische Telekommunikations-Kodex fügt die Breitbandversorgung nun ab 2020 zum Universaldienstkatalog hinzu und beweist, dass das Universaldienstmodell technisch anpassungsfähig ist, wenn auch verzögert.

Aus diesem Grund lohnt es sich, die hypothetische Frage zu beleuchten, ob – bei künftiger Einordnung des Mobilfunks als Universaldienst i.S.v. Art. 87f GG, die kommunale Ebene ebenfalls eine Aufgabe trifft, Mobilfunkversorgung zu gewährleisten.

II. Flächendeckender Mobilfunk als kommunale Aufgabe

Der Infrastrukturauftrag aus Art. 87f GG bezieht sich nicht nur auf die Gewährleistung von Dienstleistungen der Telekommunikation, sondern mangels ausdrücklicher Regelung in Art. 87f GG und aufgrund der meist untrennbaren technischen Verflechtung und Abhängigkeit zwischen Dienstleistungsangebot und Netzbetrieb ebenfalls auf den vorgelagerten Ausbau der Netzinfrastruktur, der grundsätzlich im Telekommunikationsangebot der Dienstleister mitumfasst wird.[291] Der Nutzer eines Dienstleistungsangebots hat hierbei jedoch lediglich

---

289 Siehe die Gemeinsame Erklärung zum Mobilfunkgipfel v. 12.7.2018, abrufbar unter: https://www.bmvi.de/SharedDocs/DE/Anlage/K/mobilfunkgipfel.pdf?__blob=publicationFile. So verpflichteten sich Mobilfunkbetreiber in Kooperation mit der Bundesnetzagentur und dem Bund bis 2021 über 10.000 neue 4G-Standorte aufzubauen, 1.000 allein in unterversorgten Gebieten, als auch eine Funkloch-Melde-App zur besseren Identifizierung weißer Flecken einzurichten.

290 *Kühling/Neumann*, in: Inderst et al., Der Ausbau neuer Netze in der Telekommunikation, 2012, S. 276.

291 *Markus Möstl*, in: Maunz/Dürig, Grundgesetz, Art. 87f, Rn. 33.

Einfluss auf die Qualität und das Vorhandensein eines Endgeräts, nicht aber auf eine Netzstruktur, die den Zugang zum Dienstleistungsangebot gewährleistet – er ist somit auf einen Netzausbau durch fremde Hand angewiesen.

Um die ursprüngliche Frage zu beantworten, inwieweit Gemeinden zur Bereitstellung oder zumindest zur Mitwirkung an der Erreichung eines gewissen Versorgungsgrads mit flächendeckendem Mobilfunk in ihrem Gemeindegebiet verpflichtet sind, stellt sich wiederum die Frage, welche Rolle den Gemeinden konkret zukommt. Gemeinden könnte einerseits eine Pflicht zu Gewährleistung eines Versorgungsgrads aus der Daseinsvorsorge treffen, andererseits ist fraglich, ob sie sich qua kommunalwirtschaftlicher Tätigkeit nach Art. 87f GG ebenfalls am Netzausbau beteiligen dürfen.

1. Telekommunikationsdienstleistungen als Daseinsvorsorge

Anfangs stellte der Begriff der kommunalen Daseinsvorsorge unstrittig einen politischen Begriff dar, der sich immer wieder in den juristischen Kontext schlich. Mittlerweile ist er von einigen Gemeindeordnungen adaptiert worden, wobei die Frage nach der Einordnung als Rechtsbegriff immer noch unklar ist.[292] Durch die Unschärfe des Begriffs sowie fehlende Konkretisierungen durch Gesetz und Gerichte, mangelt es ihm an einem Rechtsrahmen, der dem Rechtsanwender Informationen darüber gibt, welche Leistungen hierunter fallen oder wer für die Gewährleistung der Daseinsvorsorge konkret zuständig ist.[293] Als „Daseinsvorsorge" anerkannt sind z.B. Leistungen der öffentlichen Versorgung und Entsorgung sowie die Ausgestaltung des Nahverkehrs[294], zudem ebenfalls die Organisierung von Weihnachtsmärkten und Volksfesten.[295] Verstanden wurden nach *Forsthoff* unter Angeboten der Daseinsvorsorge ursprünglich sozial- und gesellschaftspolitische Leistungen, die im Interesse der Allgemeinheit zu

---

292 Siehe z.B. Art. 87 Abs.1 S.1 Nr. 4 BayGO und § 102 Abs. 1 Nr. 3 GemO BW; *Knauff*, EnWZ 2015, S. 51 (52), ordnet die Daseinsvorsorge als Rechtsbegriff ein, *Schink*, NVwZ 2002, S. 129 (132) hingegen verneint dies. Zur Diskussion des Begriffs „eDaseinsvorsorge" siehe zudem *Luch/ Schulz*, MMR 2009, S. 19 ff.

293 *Schink*, NVwZ 2002, S. 129 (132); *Haack*, VerwArch 2008, S. 197 (204); *Kolb*, LKV 2006, S. 97 (98); Mehde beschreibt den Begriff der Daseinsvorsorge als „schillernden Sammelbegriff", siehe *Veith Mehde*, in: Maunz/Dürig, Grundgesetz, Art. 28 Abs. 2, Rn. 92.

294 *Christian Scharpf*, in: Widtmann et al., Bayerische Gemeindeordnung, Art. 87, Rn. 37, m.w.N.

295 BayVGH, Urteil v. 23.3.1988, GewArch 1988, S. 245 f.; BVerwG, Urteil v. 27.5.2009, DVBl 2009, S. 1382 f.

erbringen sein könnten und zudem die Funktionsfähigkeit der örtlichen Gemeinschaft stärken.[296] Hier wird bereits deutlich, dass die örtliche Gemeinschaft im Vordergrund aller Definitionsbestrebungen steht. Aufgrund dessen ist der Begriff der Daseinsvorsorge wohl immer noch als politischer Terminus zu verstehen, der im Wesentlichen die Aufgaben des eigenen Wirkungskreises umfasst.[297] Die Aufgaben des eigenen Wirkungskreises sind jene, welche örtliche Angelegenheiten betreffen, mithin Aufgaben, die in der örtlichen Gemeinschaft wurzeln.[298] Der Ausbau von Infrastruktur jeglicher Art als vorgeschaltete Instanz der Offerte konkreter Versorgungsdienstleistungen ist grundsätzlich eine Aufgabe, die auf kommunaler Ebene aufgrund differierender örtlicher Verhältnisse besser verwirklicht werden kann und das Zusammenleben der Menschen vor Ort beeinflusst. Örtliche Infrastrukturmaßnahmen sind daher grundsätzlich als örtliche Angelegenheiten zu qualifizieren.

Es stellt sich die Frage, ob die Aufgabe der Telekommunikation – also die Bereitstellung von Telekommunikationsnetzen, der Ausbau von Infrastruktur oder die Zurverfügungstellung eines Dienstleistungsangebots – eine Aufgabe der örtlichen Gemeinschaft darstellt und von der Gemeinde bereitgestellt werden kann. Sollte dies der Fall sein, so stünde den Gemeinden ein großer Entscheidungsspielraum zu, inwieweit sie der Selbstverwaltungsaufgabe der Telekommunikation nachkommen möchten, da die Aufgabe der Telekommunikation keine Pflichtaufgabe der Gemeinde darstellt.[299]

Einige Stimmen in der Literatur gehen davon aus, dass Angelegenheiten der Telekommunikation zum durch Art. 28 Abs. 2 GG geschützten Wirkungskreis zählen. Der Ausbau der Telekommunikationsnetze diene dem Infrastrukturauftrag als örtliche Angelegenheit der Gemeinden.[300] Jedoch steht einer Einordnung der Telekommunikation als örtliche Angelegenheit sowohl die Verfassung als

---

296 Zum Begriff der Daseinsvorsorge *Forsthoff*, Die Daseinsvorsorge und die Kommunen, 1958, S. 3 ff.; *Knauff*, WiVerw 2011, S. 80 (86).

297 *Butzer*, in: Isensee/Kirchhof, Handbuch des Staatsrechts, Band IX, 2011, S. 186; *Veith Mehde*, in: Maunz/Dürig, Grundgesetz, Art. 28 Abs. 2, Rn. 33; *Brüning*, DÖV 2010, S. 553 (555).

298 BVerfGE 8, 122 (134); BVerfGE 79, 127 (146).

299 *Veith Mehde*, in: Maunz/Dürig, Grundgesetz, Art. 28 Abs. 2, Rn. 55.

300 *Pünder*, DVBl 1997, S. 1353 (1353); *Veith Mehde*, in: Maunz/Dürig, Grundgesetz, Art. 28 Abs. 2, Rn. 93; Haack, VerwArch 2008, S. 197 (204), der zumindest eine kommunale WLAN-Versorgung aufgrund der gegebenen Örtlichkeit als Aufgabe der örtlichen Gemeinschaft bejaht, da diese abgegrenzt und in bestimmten Gebäuden oder Orten eingerichtet werden kann; *Ehlers*, DVBl 1998, S. 497 (499).

auch die geschichtliche Rechtsentwicklung entgegen. Die Telekommunikation unterlag vor der Privatisierung dem Monopol des Staates.[301] Bereits damals war es der kommunalen Ebene nicht erlaubt, Telekommunikationsdienstleistungen in der Rolle eines öffentlichen Versorgers anzubieten.[302] Durch die Privatisierung wanderte die Kompetenz zwar vom Staat weg hin zu privaten Unternehmen, doch der Bund blieb Alleingewährleister hinsichtlich der telekommunikativen Gewährleistungsverantwortung. Der Wortlaut des Art. 87f GG weist unmissverständlich die Hoheitsaufgaben der Telekommunikation aufgrund der bundesweiten Bedeutung funktionierender Telekommunikationsnetze sowohl in legislativer als auch in administrativer Hinsicht allein dem Bund zu.[303] So argumentierte bereits das BVerwG zur kommunalen Einrichtung von Telekommunikationslinien, dass jene nicht zu den örtlichen Aufgaben zähle.[304] Die Gemeinde habe keinen Einfluss auf den Ausbau der Infrastruktur der Telekommunikation, da nach Art. 87f Abs. 2 GG hoheitliche Aufgaben der bundeseigenen Verwaltung, nicht der örtlichen Verwaltung zuständen.[305] Die Privatisierung des Telekommunikationssektors lasse dem Handeln der Kommunen im Rahmen der Daseinsvorsorge keinen Raum, da Zweck des Gesetzes die Entstaatlichung sei.[306] Aufgrund der räumlich-geografischen Relevanz und geforderten Einheitlichkeit der Materie bleibt somit kein Raum für partielle kommunale Infrastrukturreformen im rein öffentlich-rechtlichen Sektor.[307] Auch die Gesetzesbegründung des Art. 87f GG spricht eindeutig für eine ausschließliche Bundesverantwortung.[308]

301 *Müller*, DVBl 1998, S. 1256 (1261); *Markus Möstl*, in: Maunz/Dürig, Grundgesetz, Art. 87f, Rn. 14.
302 *Müller*, DVBl 1998, S. 1256 (1261).
303 Siehe auch *Stephan*, Die wirtschaftliche Betätigung der Gemeinden auf dem privatisierten Telekommunikationsmarkt, 2009, S. 96 f.; BVerfG, NVwZ 1999, S. 520 (521); *Markus Möstl*, in: Maunz/Dürig, Grundgesetz, Art. 87f, Rn. 88; *Hummel*, in: Festschrift Faber, Die Gemeinde, 2007, S. 311; *Müller*, DVBl 1998, S. 1256 (1262); *Neumann*, KommJur 2012, S. 161 (166). Vertieft hierzu auch *Reents*, Ausbau und Finanzierung einer flächendeckenden Breitbandversorgung in Deutschland, 2016, S. 99.
304 BVerwGE, 77, 128 (132).
305 BVerfG, NVwZ 1999, S. 520 (521)
306 *Krajewski*, VerwArch 2008, S. 174 (195); Deutscher Bundestag, Gesetzesentwurf der Bundesregierung v. 14.4.1994, BT-Drs. 12/7269, S. 4; *Haack*, VerwArch 2008, S. 197 (201), m.w.N.
307 So auch *Stephan*, Die wirtschaftliche Betätigung der Gemeinden auf dem privatisierten Telekommunikationsmarkt, 2009, S. 96 f.; a.A. *Ehlers*, DVBl 1998, S. 497 (499).
308 Deutscher Bundestag, Gesetzesentwurf der Bundesregierung v. 14.4.1994, BT-Drs. 12/7269, S. 4.

2. Die Frage nach der Privatwirtschaftlichkeit

Kommunen dürfen Telekommunikationsdienstleistungen somit nicht als Teil der Daseinsvorsorge anbieten. Anknüpfend stellt sich jedoch die Frage, ob der kommunalen Ebene anderweitig die Möglichkeit eines freiwilligen ergänzenden Engagements im Telekommunikationsbereich verbleibt[309] – bspw. durch weitergehende Maßnahmen zur Sicherstellung der Telekommunikationsversorgung durch finanzielle Unterstützung bereits vorhandener privater Anbieter oder durch die Gründung oder Beteiligung an einem privatrechtlich orientierten (öffentlichen) Telekommunikationsunternehmen.

Art. 87f Abs. 2 S. 1 GG spricht von der Möglichkeit der Erbringung telekommunikativer Dienstleistungen durch „andere private Anbieter". Die Kommune selbst darf in eigener Rechtsperson aufgrund ihres öffentlich-rechtlichen Charakters nicht als „anderer privater Anbieter" tätig werden. Ein verselbständigtes öffentliches Unternehmen einer Gemeinde könnte jedoch nach Art. 87f Abs. 2 S. 1 GG unter „andere private Anbieter" fallen. Öffentliche Unternehmen werden durch die Norm nicht ausdrücklich ausgeschlossen, solange sie dem Erfordernis echter Privatwirtschaftlichkeit im Sinne der Norm genügen. Vielmehr nennt Art. 87f GG explizit das Dienstleistungsangebot durch die Nachfolgeunternehmen der Deutschen Bundespost, die ebenfalls ehemals öffentlich-rechtlich strukturiert waren, ehe sie in private Rechtsform umgewandelt worden sind, siehe Art. 143b Abs. 1 GG.[310]

Das öffentliche Unternehmen müsste dem Erfordernis echter Privatwirtschaftlichkeit genügen, um einen „anderen privaten Anbieter" i.S.d. Norm darzustellen.[311] Was sich genau hinter dem Begriff der „Privatwirtschaftlichkeit" verbirgt, ist nicht unumstritten. Hierfür ist wichtig zunächst festzustellen, um welche Art von Privatisierung es sich bei Art. 87f GG handelt.

a. Art der Privatisierung und Begriff der Privatwirtschaftlichkeit

Im Raum steht die Möglichkeit einer formellen Organisationsprivatisierung und einer materiellen Aufgabenprivatisierung. Während die formelle Organisationsprivatisierung alleine ein Handeln in privater Rechtsform voraussetzt, dem Staat somit die Aufgabe der Telekommunikationsdienstleistung verbleibt und er sich

---

309 So auch im Grundsatz zu Bundeskompetenzen das BVerwG, DVBl 1991, S. 491 (492); *Markus Möstl*, in: Maunz/Dürig, Grundgesetz, Art. 87f, Rn. 92.

310 *Markus Möstl*, in: Maunz/Dürig, Grundgesetz, Art. 87f, Rn. 49.

311 *Markus Möstl*, in: Maunz/Dürig, Grundgesetz, Art. 87f, Rn. 60.

lediglich zur Erfüllung seiner Aufgabe einer privatrechtlichen Form bedient[312], wird bei materieller Aufgabenprivatisierung die gesamte Aufgabe öffentlicher Telekommunikation umfassend privaten Unternehmen übertragen. Der Staat verzichtet hierbei gänzlich auf seine ursprüngliche Verwaltungsaufgabe und zieht sich als Dienstleister zurück.[313]

Der Wortlaut von Art. 87f GG spricht eindeutig von „privatwirtschaftlicher Tätigkeit". Er stellt somit primär auf die Organisation in privater Rechtsform ab.[314] Historisch gesehen, sollten hierdurch vor allem die Nachfolgeunternehmen der Deutschen Bundespost in privatrechtliche Formen transformiert werden, siehe Art. 143b GG.

Beleuchtet man das Telos der Gesetzesnorm jedoch näher, stellt man fest, dass jenes die „Entstaatlichung"[315] zum Inhalt hat und einer Rückkommunalisierung entgegenwirken möchte. Die Gesetzesbegründung verlangt eine Überführung der Deutschen Bundespost „in private Hände"[316] und eine Abkehr von verwaltungsmäßiger Erbringung. Dienstleistungen sollen ausschließlich in privater Tätigkeit ausgeübt werden. Dies spricht für eine reine Aufgabenprivatisierung und eine Reduktion staatlichen Einflusses.[317]

Es ist somit davon auszugehen, dass Art. 87f GG zwar durch die Strukturierung in privater Rechtsform als Mindestgehalt Teile einer Organisationsprivatisierung beinhaltet, die Norm jedoch faktisch aufgrund des Gesetzeszwecks der Entstaatlichung das Ziel einer vollen Aufgabenprivatisierung verfolgt. Die ursprüngliche staatliche Verwaltungsaufgabe der Telekommunikation wird auf den freien Markt überführt und soll im Sinne eines fairen Wettbewerbs primär an einer Gewinnerzielung ausgerichtet sein.[318]

---

312 *Di Fabio*, JZ 1999, S. 585 (588).

313 Zu den verschiedenen Arten der Privatisierung siehe *Peine*, DÖV 1997, S. 353 f. und *Di Fabio*, JZ 1999, S. 585 f.

314 *Reents*, Ausbau und Finanzierung einer flächendeckenden Breitbandversorgung in Deutschland, 2016, S. 109, m.w.N.

315 Deutscher Bundestag, Gesetzesentwurf der Bundesregierung v. 14.4.1994, BT-Drs. 12/7269, S. 5.

316 Deutscher Bundestag, Gesetzesentwurf der Bundesregierung v. 14.4.1994, BT-Drs. 12/7269, S. 5.

317 Deutscher Bundestag, Gesetzesentwurf der Bundesregierung v. 14.04.1994, BT-Drs. 12/7269, S. 4; *Haack*, VerwArch 2008, S. 197 (201), m.w.N; *Gersdorf*, JZ 2008, S. 831 (834); a.A. *Pünder*, DVBl 1997, S. 1353 (1353 f.).

318 *Markus Möstl*, in: Maunz/Dürig, Grundgesetz, Art. 87f, Rn. 37.

Die damit bezweckte Entstaatlichung bedeutet jedoch nicht, dass öffentliche Unternehmen gänzlich ausgeschlossen werden.[319] Entstaatlichung meint lediglich den Wechsel von verwaltungsmäßiger zu privatwirtschaftlicher Dienstleistungserbringung.[320] Den Gemeinden wird nur untersagt, Telekommunikationsdienstleistungen hoheitlich anzubieten, da dieses nach Art. 87f Abs. 2 GG allein der bundeseigenen Verwaltung zusteht. Art. 87f GG sagt jedoch nichts über ein privatrechtliches Handeln der öffentlichen Hand, und mithin auch der Gemeinde aus.[321]

Zweck der Privatisierung ist die Schaffung und Stärkung des Wettbewerbs auf dem Telekommunikationsmarkt.[322] Öffentliche Unternehmen (gemeint sind hier schlicht Unternehmen der öffentlichen Hand[323]) sind, solange sie wie private Anbieter agieren, hiervon qua Verfassung zunächst nicht ausgeschlossen.[324] Art. 87f Abs. 2 GG trifft keine Aussage über zulässige und unzulässige Anteilseigner, sondern stellt das Erfordernis der Privatwirtschaftlichkeit in der Vordergrund.[325] Es ist somit davon auszugehen, dass die Anteile ebenfalls in den Händen öffentlicher Unternehmen sein können, solange sie die Modalität der Leistungserbringung im Lichte der Privatwirtschaftlichkeit beachten, da dies primäres Anliegen des Gewährleistungsauftrags darstellt.[326] Art. 87f GG meint daher keine Kapitalprivatisierung – es kommt somit nicht darauf an, ob es sich um private oder öffentlich-rechtliche Anteilseignerschaften handelt, sondern dass privatwirtschaftlich i.S.d. Art. 87f GG gehandelt wird.[327] Hält die öffentliche Hand die Mehrheit an Anteilen eines Telekommunikationsunternehmens, schadet dies der Privatwirtschaftlichkeit des Unternehmens nicht.[328]

---

319 *Markus Möstl*, in: Maunz/Dürig, Grundgesetz, Art. 87f, Rn. 37.
320 *Markus Möstl*, in: Maunz/Dürig, Grundgesetz, Art. 87f, Rn. 36.
321 So auch *Storr*, Der Staat als Unternehmer, 2001, S. 150 f.
322 *Markus Möstl*, in: Maunz/Dürig, Grundgesetz, Art. 87f, Rn. 38; *Storr*, Der Staat als Unternehmer, 2001, S. 151.
323 *Storr*, Der Staat als Unternehmer, 2001, S. 48.
324 Deutscher Bundestag, Wissenschaftliche Dienste, Bereitstellung kommunaler Infrastruktur für die Breitbandversorgung und Benutzungsgebühren, WD 5 – 3000 - 058/ 11, Bericht v. 3.6.2011, S.16.
325 *Markus Möstl*, in: Maunz/Dürig, Grundgesetz, Art. 87f, Rn. 59.
326 *Markus Möstl*, in: Maunz/Dürig, Grundgesetz, Art. 87f, Rn. 51.
327 *Markus Möstl*, in: Maunz/Dürig, Grundgesetz, Art. 87f, Rn. 51.
328 Siehe hier die M-net Telekommunikations GmbH, deren Hauptgesellschafter die Stadtwerke München sind. Der Anteil der Stadtwerke München beläuft sich auf 63,84%, siehe den Geschäftsbericht 2018, S. 62, abrufbar unter: https://www.swm.

Art. 87f GG zielt auf eine privatwirtschaftliche Leistungserbringung ab[329],
sodass Privatwirtschaftlichkeit in diesem Sinne bedeutet, dass faire Wettbe-
werbsverhältnisse geschaffen werden, in denen öffentliche als auch private
Unternehmen den gleichen Status besitzen und öffentliche Unternehmen keinen
Sonderpflichten oder Gemeinwohlbindungen ausgesetzt sind.[330]

Folgt man der Ansicht, dass öffentliche Unternehmen zumindest qua Verfassung unter den Begriff der „anderen privaten Anbieter" fallen können, solange
sie dem Begriff der Privatwirtschaftlichkeit genügen, stellt sich jedoch die Frage,
was genau unter öffentlichen Unternehmen zu verstehen ist. Auf kommunalrechtlicher Ebene ist zudem konkret fraglich, ob dies auch vom jeweiligen kommunalen Wirtschaftsrecht hinsichtlich öffentlicher kommunaler Unternehmen
erlaubt ist.

b. Öffentliche Unternehmen

Ein öffentliches Unternehmen zeichnet sich dadurch aus, dass es für die Allgemeinheit tätig wird und grundsätzlich einer Bedarfswirtschaft, keiner Erwerbs-
wirtschaft verschrieben ist.[331] Zumindest mittelbar soll die öffentliche Hand
auch immer öffentliche Aufgaben wahrnehmen und Gemeinwohlzwecke verfolgen.[332] Da jedoch das kommunale (und allgemein staatliche) Finanzausstattungsinteresse ein allgemeines Ziel darstellt, das mit dem Grundgesetz vereinbar
ist und eine Tätigkeit auf dem Markt meist Gewinn bringt, darf ein öffentliches
Unternehmen grundsätzlich Gewinne erwirtschaften, solange dies nicht alleini-
ges Motiv der Tätigkeit auf dem Markt darstellt.[333]

Weiterhin notwendig für die Einordnung eines Unternehmens als „öffentliches Unternehmen" ist eine „Beherrschung" des Unternehmens durch den

---

de/dam/swm/dokumente/unternehmen/swm/geschaeftsbericht.pdf. Siehe zudem die
Wortlautanalyse von *Markus Möstl*, in: Maunz/Dürig, Grundgesetz, Art. 87f, Rn. 59.

329 BVerfGE 108, 370 (393).

330 So treffend *Markus Möstl*, in: Maunz/Dürig, Grundgesetz, Art. 87f, Rn. 59.

331 *Edeling et al.*, Öffentliche Unternehmen zwischen Privatwirtschaft und öffentlicher
Verwaltung, 2004, S. 13 f.

332 *Ruthig/Storr*, Öffentliches Wirtschaftsrecht, 4. Aufl. 2015, Rn. 706; *Cremer*, DÖV 2003,
S. 921 (922).

333 *Knauff*, in: Schmidt/Wollenschläger, Kompendium Öffentliches Wirtschaftsrecht, 4.
Aufl. 2016, § 6, Rn. 27; Siehe zudem *Cremer*, DÖV 2003, S. 921 (922), der das staatliche
Finanzausstattungsinteresse zumindest verfassungsrechtlich als „öffentlichen Zweck"
einordnet, jedoch betont, dass diese Auslegung nicht unmittelbar auf die einzelnen
kommunalrechtlichen Landesordnungen übertragbar sei.

Staat.[334] Dies wirkt sich vor allem auf die Grundrechtsfähigkeit des Unternehmens aus.[335] Die Beherrschung muss nicht in der mehrheitlichen Anteilhabe am Kapitalstock liegen, es kommt vielmehr darauf an, ob der Staat das Unternehmen maßgeblich beeinflussen und steuern kann.[336] So können auch gemischtwirtschaftliche Unternehmen (Unternehmen, an dem sowohl Private als auch der Staat gemeinsam beteiligt sind)[337], die vom Staat beherrscht werden, ein öffentliches Unternehmen darstellen und an Grundrechte gebunden sein.[338]

Will ein öffentliches Unternehmen im Rahmen des Art. 87f GG tätig werden, darf es nicht vorrangig an öffentliche Zwecke gebunden sein, sondern muss primär (nicht ausschließlich) Gewinnerzielung verfolgen – eine Motivbündelung ist möglich, solange der Wettbewerb nicht darunter leidet.[339] Bietet ein Unternehmen Dienstleistungen der Telekommunikation an, bewegt es sich auch immer zugunsten des Gemeinwohls, da die Telekommunikation in der Gesellschaft und durch den Gewährleistungsauftrag der Verfassung erhebliche Relevanz erfährt. Ein zusätzlicher öffentlicher Zweck ist daher nicht schädlich, solange er das Ziel der Gewinnerbringung und Privatwirtschaftlichkeit, das von Art. 87f GG gefordert wird, nicht überschattet.[340] Ein solcher öffentlicher Zweck liegt bspw. in der kommunalen Wirtschaftsförderung und der örtlichen Infrastrukturpolitik durch den Ausbau telekommunikationsrelevanter Funknetze.[341]

Nicht jedes öffentliche Unternehmen unterliegt jedoch den gleichen Kriterien. Gemischt-wirtschaftliche Unternehmen können, wie eingangs erwähnt, ein öffentliches Unternehmen darstellen, wenn der Staat einen beherrschenden Einfluss auf das Unternehmen hat. Die unterschiedlichen Zweckausrichtungen

---

334 *Jarass*, MMR 2009, S. 223 (225).
335 *Jarass*, MMR 2009, S. 223 (225).
336 *Ruthig/Storr*, Öffentliches Wirtschaftsrecht, 4. Aufl. 2015, Rn. 667, 669.
337 *Storr*, Der Staat als Unternehmer, 2001, S. 49.
338 Laut BVerfG ist eine Beherrschung bei der Deutschen Telekom AG zwar nicht vorhanden, da die Bundesrepublik Deutschland derzeit nur mit rund 32 % beteiligt ist und eine zu geringe Einflussnahme auf die Aktionäre hat, siehe die Aktionärsstruktur der Deutschen Telekom AG, abrufbar unter: https://www.telekom.com/de/investor-relations/unternehmen/aktionaersstruktur und BVerfG, Beschluss v. 14.3.2006, NVwZ 2006, S. 1041 (1041). Jedoch fällt selbstverständlich die Deutsche Telekom AG unter Art. 87f GG, da sie ein Nachfolgeunternehmen im Sinne dieser Norm darstellt.
339 *Markus Möstl*, in: Maunz/Dürig, Grundgesetz, Art. 87f, Rn. 59; *Möstl*, BayVBl 1999, S. 547 (550).
340 *Ehlers*, DVBl 1998, S. 497 (500).
341 *Markus Möstl*, in: Maunz/Dürig, Grundgesetz, Art. 87f, Rn. 60.

der Aktionäre führen zwar dann des Öfteren zu Kompromissschwierigkeiten –
der öffentliche Partner des Unternehmens versucht öffentliche Aufgaben wahrzunehmen, während die privaten Aktionäre gewinngeleitet sind.[342] So schrieb
bereits *Adam Smith*, dass nichts schwerer miteinander zu vereinbaren sei, als die
Natur des Herrschers mit der eines Kaufmannes[343]. Bei erfolgreicher Zusammenarbeit können jedoch beide Ziele miteinander vereinbar sein. Die Einhaltung der Privatwirtschaftlichkeit nach Art. 87f GG wird sogar aufgrund der
Privatanteile erleichtert.

Hinsichtlich der Einordnung von öffentlichen Unternehmen als „andere
private Anbieter" i.S.d. Art. 87f Abs. 2 S. 1 GG ist somit festzustellen, dass
(gemischt) öffentlich-rechtlichen Unternehmen die Gründung von oder Beteiligung an Post- und Telekommunikationsunternehmen erlaubt ist, solange sie
primär gewinnorientiert handeln.[344] Normzweck des Art. 87f GG sei die Privatisierung bestimmter Dienstleistungen, nicht die Aussage über zulässige Anteilseigner.[345] Es dürfe jedoch nicht zu Verwaltung in Privatrechtsform führen.[346]

Anders liegt die Situation im Hinblick auf Telekommunikation bei kommunalen Unternehmen. Kommunale Unternehmen stellen einen Unter- und
Sonderfall von öffentlichen Unternehmen dar.[347] Sie unterliegen strengeren Kriterien als andere öffentliche Unternehmen, da nach Art. 28 Abs. 2 GG die wirtschaftliche Betätigung nur im Rahmen der Gesetze stattfinden darf und sie somit
nach dem jeweiligen Landesrecht formbar sind. Die kommunale Ebene leitet
ihre Legitimation aus Art. 28 Abs. 2 GG ab, somit größtenteils aus ihrer primären Rolle als Träger der Daseinsvorsorge innerhalb ihres eigenen Wirkungskreises. Die Wirkungsmacht der Gemeinde ist kleinflächig und auf ihre Örtlichkeit
begrenzt. Das kommunale Wirtschaftsrecht wird in vielen Ländergemeinde-
ordnungen hinsichtlich einer Gewinnerzielung sehr restriktiv gehandhabt. Da

---

342 *Kröger*, Kommunale Sonderfinanzierungsformen, 2001, S. 36.
343 *Smith*, Der Wohlstand der Nationen, 5. Aufl. 1974, S. 697.
344 *Markus Möstl*, in: Maunz/Dürig, Grundgesetz, Art. 87f, Rn. 60.
345 *Markus Möstl*, in: Maunz/Dürig, Grundgesetz, Art. 87f, Rn. 60; Deutscher Bun-
    destag, Wissenschaftliche Dienste, Bereitstellung kommunaler Infrastruktur für die
    Breitbandversorgung und Benutzungsgebühren, WD 5 – 3000 - 058/11, Bericht v.
    3.6.2011, S.16.
346 *Markus Möstl*, in: Maunz/Dürig, Grundgesetz, Art. 87f, Rn. 59; Deutscher Bun-
    destag, Wissenschaftliche Dienste, Bereitstellung kommunaler Infrastruktur für die
    Breitbandversorgung und Benutzungsgebühren, WD 5 – 3000 - 058/11, Bericht v.
    3.6.2011, S.16.
347 *Storr*, Der Staat als Unternehmer, 2001, S. 48.

kommunales wirtschaftliches Handeln grundsätzlich auf ein Handeln im Rahmen der Daseinsvorsorge ausgerichtet ist, finden sich Regelungen, die das Handeln im öffentlichen Zweck als Primärzweck zwingend voraussetzen. Einige davon enthalten Normen, die einer primären Gewinnerzielung entgegenstehen und damit die Einhaltung der Privatwirtschaftlichkeit nach Art. 87f GG deutlich erschweren.

c. Verbot der Gewinnerzielung durch Gemeindeordnungen

Zwar erlaubt die Verfassung die Tätigkeit eines öffentlichen Unternehmens im Bereich der Telekommunikationsdienstleistungen – die Organisationsgewalt über das Kommunalrecht und somit die Reichweite der kommunalen Wirtschaftstätigkeiten obliegt anhand der Gemeindeordnungen jedoch den einzelnen Bundesländer nach Art. 30 i.V.m. Art. 70 GG.

Während einige Landesgesetzgeber ihren Kommunen eine weitergehende privatwirtschaftliche Tätigkeit, teils sogar mit Privilegierungen im Bereich der Telekommunikationsdienstleistungen gestatten, siehe z.B. § 107 GO NRW oder § 136 NKomVG, halten mehrere andere Gemeindeordnungen an dem Erfordernis fest, dass ein kommunales Unternehmen gegenüber einem privaten Unternehmen subsidiär zulässig ist.[348]

Die bayerische Gemeindeordnung verfolgt ebenfalls eine traditionelle Herangehensweise hinsichtlich kommunaler Unternehmen, siehe Art. 87 BayGO und fordert eine Abkehr von primären Gewinnerzielungsabsichten bei der Errichtung eines kommunalen Unternehmens.[349] Eine wirtschaftliche Betätigung der Gemeinden muss mit ihren öffentlichen Aufgaben verknüpft sein.[350] Eine kommunale Gewinnmitnahme als Nebenzweck im Rahmen einer Tätigkeit, die einem öffentlichen Zweck dient, ist zwar unschädlich und verfassungsgemäß.[351] Auch steht das Erfordernis einer öffentlichen Zwecksetzung einer Gewinnerzielung generell nicht entgegen, sofern der öffentliche Zweck dadurch nicht beeinträchtigt wird.[352] Der öffentliche Zweck muss jedoch im Vordergrund

---

348 Siehe hier bspw. § 68 KV M-V, § 102 BW GemO und § 94a SächsGO

349 *Möstl*, BayVBl 1999, S: 547 (551); *Christian Scharpf*, in: Widtmann et al., Bayerische Gemeindeordnung, Art. 87, Rn. 12; *Markus Möstl*, in: Maunz/Dürig, Grundgesetz, Art. 87f, Rn. 60.

350 BVerfGE 61, 82 (107).

351 *Christian Scharpf*, in: Widtmann et al., Bayerische Gemeindeordnung, Art. 87, Rn. 12; *Pünder*, DVBl 1997, S. 1353 (1358 f.); *Franz*, Gewinnerzielung durch kommunale Daseinsvorsorge, 2005, S. 71.

352 *Ehlers*, DVBl 1998, S. 497 (500).

stehen – die Unternehmensstruktur eines kommunalen Unternehmens muss an der Erreichung und Leistung öffentlicher Angelegenheiten ausgerichtet sein.[353] Das Dilemma zeichnet sich deutlich ab: Art. 87f GG und Art. 87 BayGO verfolgen unterschiedliche Ziele und sind miteinander nicht vereinbar. Art. 87f GG stärkt durch die Privatisierung den Wettbewerb und fokussiert sich auf Gewinnerbringung. Die Privatisierung steht zudem einer Rückkommunalisierung entgegen, indem eine Abkehr von primären Bindungen an öffentliche Zwecke stattfindet. Das bayerische Kommunalrecht wiederum untersagt Tätigkeiten einer primären Gewinnerzielung, da solche keinem öffentlichen Zweck entsprechen, siehe Art. 87 Abs. 1 S. 2 BayGO.[354] Eine „Aufweichung" der jeweiligen Vorschriften, bspw. durch eine weitere Auslegung des Begriffs der Privatwirtschaftlichkeit, sodass eine Gewinnerzielung zwar der Wirtschaftlichkeit angehöre, jedoch kein primäres Ziel darstellen müsse oder eine Relativierung der kommunalen Wirtschaftstätigkeit durch Toleranz auch höherer Erträge, würde den jeweiligen Gesetzesbegründungen widersprechen.[355]

Sowohl der Netzbetrieb durch die Gemeinde als auch das Angebot von Telekommunikationsdienstleistungen sind jedoch vom schlichten Netzausbau zu trennen. Die Gemeinde darf zum Zwecke des Netzausbaus hoheitlich Baumaßnahmen für Telekommunikationsnetze veranlassen, um diese später an private Netzbetreiber veräußern oder vermieten zu können.[356]

3. Möglichkeiten für Kommunen

Die Möglichkeiten derjenigen Kommunen, die aufgrund ihres Kommunalrechts an der Errichtung öffentlicher Telekommunikationsunternehmen gehindert werden, erscheinen auf den ersten Blick gering. Doch auch diesen Gemeinden verbleiben anderweitige Möglichkeiten im Telekommunikationssektor aktiv zu werden.

Es besteht die oben bereits angesprochene Möglichkeit, Anteilsinhaber eines Telekommunikationsunternehmens zu werden und so eine gewisse Kontrollmöglichkeit zu erlangen, da Art. 87f GG keiner Kapitalprivatisierung unterliegt.[357] Weiterhin können Kommunen Telekommunikationsunternehmen durch Investitionen unterstützen, um ihren Gemeindebürgern eine bessere

---

353 *Möstl*, BayVBl 1999, S. 547 (550).
354 Ausführlich zu diesem Dilemma, *Möstl*, BayVBl 1999, S. 547 (551).
355 *Markus Möstl*, in: Maunz/Dürig, Grundgesetz, Art. 87f, Rn. 60.
356 *Markus Möstl*, in: Maunz/Dürig, Grundgesetz, Art. 87f, Rn. 61.
357 Siehe oben unter *Dritter Teil, B., II., 2., a.*

Versorgung zu bieten. Die Praxis macht dies deutlich: gestärkt wird die privatisierte Wirtschaftstätigkeit i.S.v. Art. 87f GG in heutigen Zeiten vor allem dank der Förderung durch die kommunale Ebene.[358] Gemeinden arbeiten mit Telekommunikationsunternehmen zur Verbesserung der Netzinfrastruktur durch Investitionen gerade im ländlichen Bereich zusammen, indem sie die Unternehmen finanziell unterstützen und Dienste zur Verfügung stellen, wie bspw. die Verlegung von Leitungen oder Leerrohren.[359] Dies betrifft zwar primär den Breitbandausbau, ist aber auch im Bereich der Mobilfunktechnik denkbar. Sie haben verfassungsrechtlich keine Verpflichtung hierzu, sind jedoch nicht gehindert die Telekommunikationssituation durch Eigenarbeit in ihrem Gemeindegebiet zu verbessern. Fest steht: die Rolle der Gemeinden im Bereich der Netzinfrastruktur ist mehr als nur marginal.

4. Berücksichtigung im Rahmen der Bauleitplanung

Gemeinden haben zudem in ihren Ermessensausführungen zur Bauleitplanung aufgrund des hohen öffentlichen Interesses an flächendeckendem Mobilfunk solche Vorhaben in besonderem Maße zu berücksichtigen, die eine Versorgung der Gemeindebürger mit Mobilfunk zum Gegenstand haben, siehe § 1 Abs. 6 Nr. 8 lit. d BauGB.[360] Insoweit ergänzen sie die Regelungen des TKG durch städtebauliche Komponenten.[361] Dies kollidiert auch nicht mit der Vorgabe einer bundeseigenen Verwaltung in Hoheitsaufgaben im Bereich des Telekommunikationswesens nach Art. 87f GG[362], da der Gemeinde hierdurch kein zusätzliches widersprüchliches Recht der Telekommunikationsverwaltung eingeräumt wird. Die Berücksichtigung telekommunikationstechnischer Belange im Rahmen der Abwägung in der Bauleitplanung nach § 1 Abs. 7 BauGB stellt eine originäre Aufgabe der Gemeinde im Rahmen ihrer Planungshoheit dar und fokussiert sich

---

358 Zur Förderung kommunaler Wirtschaftstätigkeit siehe *Markus Möstl*, in: Maunz/
     Dürig, Grundgesetz, Art. 87f, Rn. 91, m.w.N.
359 Siehe hierzu *Holznagel/Deckers*, DVBl 2009, S. 482 (486), m.w.N.; *Markus Möstl*,
     in: Maunz/Dürig, Grundgesetz, Art. 87f, Rn. 60; *Wimmer*, in: Ipsen, Rekommunali-
     sierung von Versorgungsleistungen?, S. 137 (149); hierzu auch beispielhaft der pri-
     vatwirtschaftliche Glasfaserausbau durch die Zusammenarbeit mit der „Deutsche
     Glasfaser GmbH" in der Gemeinde Kerken, abrufbar unter: https://glasfaser-kerken.
     de/2019/07/31/glasfaser-in-den-aussengebieten-und-abschied-der-buergerinitiative/.
360 BVerwGE 144, 82 (88).
361 *Markus Möstl*, in: Maunz/Dürig, Grundgesetz, Art. 87f, Rn. 91.
362 Siehe *Dritter Teil, B., II., 2.*

auf den Aspekt, dass Belange der Telekommunikation, sowohl in öffentlicher, als auch privater Hinsicht zumindest in die Abwägung und Planung der Gemeinde miteinbezogen werden müssen.

Argumente der Telekommunikationsunternehmen vor Gericht, die sich für eine verstärkte kommunale Netzausbauplanung durch die Errichtung von Mobilfunkbasisstationen aussprechen, erfahren hier eine Abschwächung, da die Gemeinde gerade keine Pflicht zur aktiven Gewährleistung der Telekommunikation in ihrem Gemeindegebiet trifft (im Gegensatz zum kommunalen Vorsorgeauftrag), sie vielmehr nur verstärkend entweder in privatwirtschaftlicher Weise oder aber bei kommunalrechtlicher Hinderung als Hilfestellung eines privatwirtschaftlichen Unternehmens tätig werden kann.

III. Zwischenergebnis: Versorgung

Die Versorgung mit flächendeckendem Mobilfunk stellt eine Aufgabe von großer Wichtigkeit dar. Der Mobilfunk stellt zwar derzeit keine Universaldienstleistung dar und unterfällt somit nicht dem staatlichen Gewährleistungsauftrag aus Art. 87f GG. Der Gewährleistungsauftrag beinhaltet lediglich eine Grundversorgung mit funktionalem Internetzugang, um dem Status einer zur Grundkommunikation erforderlichen Universaldienstleistung gerecht zu werden, jedoch kein Recht auf High-Speed-Internet. Auch würden sich bei einer flächendeckenden LTE-Versorgung für den offenen Wettbewerb nach Art. 87f Abs. 2 GG Probleme ergeben. Die Preise für Endverbraucher würden steigen und der Staat würde ungerechtfertigt in das Spiel des freien Marktes eingreifen und damit faktisch eine Rückverstaatlichung durch die künstliche Festsetzung eines hohen Datenübertragungsstandards bewirken.[363] Die steigende Tendenz und Nachfrage nach besseren Mobilfunknetzen und schnelleren Datenübertragungsraten lässt jedoch die Vermutung offen, dass der Mobilfunk – ähnlich der Breitbandversorgung – zukünftig den Universaldiensten angehören könnte und der Begriff des Universaldienstes somit einem dynamischen Wandel unterzogen würde. Vor diesem Hintergrund stellt sich die Frage nach der Rolle der Gemeinden innerhalb des staatlichen Gewährleistungsauftrags i.S.d. Art. 87f GG. Dieser unterfällt der Privatisierung, wobei auch öffentlichen Unternehmen grundsätzlich eine Tätigkeitsmöglichkeit eröffnet wird. Zwar fallen Gemeinden aufgrund der strengen gesetzlichen Schranken der Gemeindeordnungen nicht

---

363 *Kühling/Neumann*, in: Inderst et al., Der Ausbau neuer Netze in der Telekommunikation, 2012, S. 276.

hierunter – zumindest aber können Gemeinden in ihrer Planung die Versorgung aufgrund ihrer öffentlichen Relevanz in besonderem Maße berücksichtigen und Telekommunikationsunternehmen beim Ausbau finanziell unterstützen. Entscheidender Punkt hierbei ist jedoch, dass sie dazu qua Verfassung nicht verpflichtet sind. Es besteht in Telekommunikationsangelegenheiten eine ausschließliche Kompetenz des Bundes, während Maßnahmen der Kommunalverwaltung gänzlich ausgeschlossen sind.

Die räumliche Planung von Mobilfunkanlagen im Gemeindegebiet stellt für viele Gemeinden trotz originärer Aufgabe der Bauleitplanung eine große Herausforderung dar. Gerade die bauplanerische Abwägung zwischen Vorsorge und Versorgung führt immer wieder zu Streitfällen vor Gericht. Ausmaß und Weite der Berücksichtigung der Mobilfunkversorgung im Bebauungsplan als auch die Wahrnehmung der kommunalen Schutzaufgabe anhand einer erweiterten Vorsorge werden von kommunalen Entscheidungsträgern verkannt. Die Komplexität der Materie führt zu großer Rechtsunsicherheit. Aus diesem Grund versuchen viele Gemeinden in Mobilfunkangelegenheiten anhand sogenannter kommunaler Mobilfunkkonzepte Struktur und Ordnung in ihre Bauleitplanung und die diversen Probleme, die mit der Mobilfunkthematik einhergehen, zu bringen.

Vierter Teil Kommunale Mobilfunkkonzepte

„Gut bedacht, ist halb gemacht."
Volksmund

Die Wirtschaft im Telekommunikationssektor boomt, Mobilfunkbetreiber versuchen das Netz flächendeckend zu perfektionieren. Einige Gemeinden unterstützen die Mobilfunkbetreiber in ihren Vorhaben; andere Gemeinden versuchen den Aspekt der Strahlenminimierung aus Gesundheitsgründen in den Vordergrund und sich somit gegen die Interessen der Mobilfunkbetreiber zu stellen. Dies betrifft vor allem den Wunsch vieler Gemeinden, Mobilfunkanlagen aus Gesundheitsgründen von ihren Wohngebieten fern zu halten. Die widerstreitenden Interessen und Behauptungen der Gemeinden und der Mobilfunkbetreiber führen daher häufig zu gerichtlichen Auseinandersetzungen und unklaren Rechtslagen. Viele Gemeinden versuchen der Errichtung weiterer Mobilfunkbasisstationen durch Mobilfunkanbieter in ihrem Gemeindegebiet entgegenzuwirken, indem sie anhand kommunaler Mobilfunkkonzepte – auch Standortkonzepte genannt – Alternativstandorte für Mobilfunkanlagen ausweisen. Diese haben die Aufgabe, das Spannungsverhältnis zwischen Vorsorge und Versorgung aufzulösen – so können einerseits die Belange der Mobilfunkbetreiber berücksichtigt werden, indem ihnen alternative Standorte zum Bau ihrer Mobilfunkbasisstationen angeboten werden und somit der Bau nicht gänzlich verhindert wird, andererseits führen diese Alternativstandorte auch dazu, dass die Gemeinde ihrem Vorsorgeauftrag nachkommen kann, indem sie die Alternativstandorte so wählt, dass die Gesamtstrahlung möglichst gering gehalten wird.[364] So wird versucht, die Wohnbebauung von Mobilfunkstrahlung freizuhalten.

Angetrieben durch die Besorgnis der Einwohner und den Willen zu erhöhter Vorsorge übersehen sie, dass Sinn dieser Konzepte nicht die alleinige Verlegung der von den Mobilfunkanbietern gewählten Standorte zur Strahlungsminimierung ist, sondern dass diese Konzepte vielmehr einen bauleitplanerischen roten Faden in der Vorgehensweise und Abwägung zwischen den diskutierten Prinzipien der Vorsorge und Versorgung darstellen sollten.

---

364 Zu den verschiedenen Belangen siehe später unter *Vierter Teil, E., II., 3.*

Die Idee kommunaler Mobilfunkkonzepte geht auf eine Geschichte voller Kooperationsversuche und Streitigkeiten zwischen Gemeinden und Mobilfunkbetreibern zurück. Eine besondere Quelle der Disharmonie stellt bspw. die Errichtung einer Mobilfunkanlage dar, die „lediglich" eine Höhe von bis zu 10m erreicht. Abgesehen von der vorzuweisenden Standortbescheinigung ist eine solche isolierte Anlage nach Art. 57 Abs. 1 Nr. 5 lit. a) sublit. aa) BayBO verfahrensfrei.[365] Der Gemeinde verbleibt somit im konkreten Einzelfall wenig Spielraum und Mitspracherecht, um gegen die einzelne Anlage vorzugehen. Diese Verfahrensfreiheit führte in der Vergangenheit des Öfteren dazu, dass die Gemeindeeinwohner schneller von einer neuen Mobilfunkanlage erfuhren als die Mitglieder des Gemeinderats selbst, da kein Informationsaustausch zwischen Anlagenbetreiber und Gemeinde stattfand. Im Laufe der Zeit versuchten die Gemeinden einen Weg zu finden, die Standortwahl der Betreiber zu beeinflussen.

A. Gemeinden und Mobilfunkbetreiber – Geschichte der Kooperationsversuche am Beispiel Bayerns

Die Streitgeschichte fand ihren Anfang bereits 1999 mit dem bayerischen Mobilfunkpakt I, der 2002 zum Mobilfunkpakt II ergänzt wurde.[366] Dieser Pakt stellt eine freiwillige Vereinbarung zwischen dem Bayerischen Gemeindetag, dem Bayerischen Landkreistag, dem Bayerischen Staatsministerium für Umwelt und Verbraucherschutz und den in Bayern tätigen Mobilfunkbetreibern dar. Inhalt dieses Pakts ist die Information und Mitwirkung von Kommunen mit konkreten Umsetzungsvorschlägen je nach Gemeindeanwohneranzahl.[367]

---

365 Zu den weiteren baurechtlichen Besonderheiten und Schwierigkeiten siehe später unter *Vierter Teil*.

366 Siehe „Freiwillige Vereinbarung im Rahmen des Umweltpaktes Bayern II zwischen den in Bayern tätigen Mobilfunkbetreibern, dem Bayerischen Gemeindetag, dem Bayerischen Landkreistag und dem Bayerischen Staatsministerium für Landesentwicklung und Umweltfragen mit dem Ziel der Umweltschonung und Akzeptanzverbesserung (Mobilfunkpakt II)" v. 27.11.2002, abrufbar unter: http://www.stmuv. bayern.de/themen/strahlenschutz/elektromagnetische_felder/mobilfunkpakt/doc/ mob_pakt.pdf.

367 Siehe „Freiwillige Vereinbarung im Rahmen des Umweltpaktes Bayern II zwischen den in Bayern tätigen Mobilfunkbetreibern, dem Bayerischen Gemeindetag, dem Bayerischen Landkreistag und dem Bayerischen Staatsministerium für Landesentwicklung und Umweltfragen mit dem Ziel der Umweltschonung und Akzeptanzverbesserung (Mobilfunkpakt II)" v. 27.11.2002, S. 4 ff. abrufbar unter: http://www.

Hiernach informieren Mobilfunkbetreiber die Gemeinden über ihre Projekte, woraufhin den Gemeinden innerhalb einer festgesetzten Frist die Möglichkeit offen steht, Standortalternativen vorzuschlagen. Nach dem Pakt streben beide Parteien dadurch eine gegenseitige Berücksichtigung und die Einrichtung von Arbeitsgremien, sog. „Runde Tische" zur Erörterung der Netzplanung an.[368] Die Problematik des Mobilfunkpakts besteht zunächst in der unverbindlichen Formulierung der Vereinbarung. So „streben" die Netzbetreiber lediglich an, Sendeanlagen „möglichst" im Konsens mit den Kommunen zu errichten.[369] Weiterhin fehlt es an Sanktionsmöglichkeiten bei Nichtinformation, sodass hierdurch keine zwingend verbindliche Beteiligung der Kommunen entsteht. Diese führt zu verstärkter Rechtsunsicherheit für Gemeinden, da zwar seitens der Mobilfunkbetreiber eine Selbstverpflichtung hinsichtlich der Einbeziehung der Gemeinde besteht, die Beteiligung einer Gemeinde am Auswahlprozess des Standorts jedoch konsequenzlos umgangen werden kann.

Unzufriedenheit in den kommunalen Ebenen veranlasste einen weiteren, überörtlichen Annäherungsversuch: am 9. Juli 2001 vereinbarten die Vertreter der kommunalen Spitzenverbände auf Bundesebene mit den Vertretern der Mobilfunkanbieter wie der DeTeMobil Deutsche Telekom MobilNet GmbH, der E-Plus Mobilfunk GmbH & Co. KG u.v.m. einen verbesserten Informationsaustausch bei der Errichtung von Mobilfunkbasisstationen, als auch eine stärkere Beteiligung der Kommunen beim Ausbau der Netze. In der Präambel stimmten beide Parteien aufgrund der wachsenden Nachfrage nach schnellem Internet und mobiler Telekommunikation einem „gesundheitsverträglichen Ausbau" der Netze zu.[370] Hierzu erlaubt Ziffer 2.2 der Vereinbarung den Gemeinden

---

stmuv.bayern.de/themen/strahlenschutz/elektromagnetische_felder/mobilfunkpakt/doc/mob_pakt.pdf.

368 Siehe bspw. den Runden Tisch der Stadt Augsburg, abrufbar unter: https://www.aschaffenburg.de/dokumente/Buerger-in-Aschaffenburg/Umwelt--und-Verbraucherschutz/MobilfunkRunderTisch.pdf.

369 Siehe „Freiwillige Vereinbarung im Rahmen des Umweltpaktes Bayern II zwischen den in Bayern tätigen Mobilfunkbetreibern, dem Bayerischen Gemeindetag, dem Bayerischen Landkreistag und dem Bayerischen Staatsministerium für Landesentwicklung und Umweltfragen mit dem Ziel der Umweltschonung und Akzeptanzverbesserung (Mobilfunkpakt II)" v. 27.11.2002, S. 4 ff. abrufbar unter: http://www.stmuv.bayern.de/themen/strahlenschutz/elektromagnetische_felder/mobilfunkpakt/doc/mob_pakt.pdf.

370 Siehe Präambel der Vereinbarung vom 9.7.2001 über den Informationsaustausch und die Beteiligung der Kommunen beim Ausbau der Mobilfunknetze, abrufbar

ausdrücklich die Unterbreitung von Standortvorschlägen für neue Sendeanlagen, sollte die Gemeinde der Meinung sein, die EMF-Belastung sei zu groß.[371] Problem hier ist jedoch ebenfalls die Unverbindlichkeit der Vereinbarung. Eine große praktische Hilfestellung bieten jedoch die „Hinweise und Informationen zur Mobilfunkvereinbarung", welche einen Annex zur Verbändevereinbarung darstellen und den Gemeinden den Zugang zu technischen Informationen über u.a. Standortbescheinigungen der Mobilfunkanbieter und eine fundierte Mobilfunkdatensuche ermöglichen.[372] Hierzu errichtete die damalige Regulierungsbehörde für Telekommunikation und Post (heute Bundesnetzagentur), welche ebenfalls für die Ausstellung der Standortbescheinigungen zuständig war, eine für betroffene Kommunen zugängliche Standort- und Informationsdatenbank (heute: EMF-Datenportal).[373]

Weiterhin unterzeichneten die Mobilfunkbetreiber im Dezember 2001 eine freiwillige Selbstverpflichtung, die 2012 zuletzt erneuert wurde, in der sie sich erneut zu einer verbesserten Partizipation und Kommunikation bei der Standortplanung verpflichteten, als auch zur Verbesserung der Informationsbereitstellung und des Verbraucherschutzes.[374] Um die Erfolgsquoten festzustellen,

---

unter: https://www.dstgb.de/dstgb/Homepage/Schwerpunkte/Mobilfunk/Mobilfunk%20Vereinbarung/vereinbarung_mobilfunk.pdf.

371 Siehe Ziffer 2.2 der Vereinbarung vom 9.7.2001 über den Informationsaustausch und die Beteiligung der Kommunen beim Ausbau der Mobilfunknetze, abrufbar unter: https://www.dstgb.de/dstgb/Homepage/Schwerpunkte/Mobilfunk/Mobilfunk%20Vereinbarung/vereinbarung_mobilfunk.pdf.

372 Hierzu später mehr, siehe die Hinweise und Informationen zur Vereinbarung über den Informationsaustausch und die Beteiligung der Kommunen beim Ausbau der Mobilfunknetze vom 5.7.2001, abrufbar unter: https://www.dstgb.de/dstgb/Homepage/Schwerpunkte/Mobilfunk/Mobilfunk%20Vereinbarung/Erg%C3%A4nzungen%20zur%20Mobilfunkvereinbarungen%20(PDF-Dokument).pdf.

373 Neben dem passwortgeschützten EMF-Datenportal, das nur Landesbehörden, Kommunen und Gemeinden zur Verfügung steht, errichtete die Bundesnetzagentur eine für die Öffentlichkeit zugängliche EMF-Datenbank mit ausgewählten Informationen, wie Sicherheitsabständen der jeweiligen Mobilfunkbasisstationen, Montagehöhen und der Hauptstrahlrichtung der Anlage. Siehe das EMF-Datenportal, abrufbar unter: https://datenportal.bundesnetzagentur.de/ und die öffentliche EMF-Datenbank mit Randinformationen, abrufbar unter: https://emf3.bundesnetzagentur.de/karte/.

374 Erklärung der Mobilfunkbetreiber: Maßnahmen zur Verbesserung von Sicherheit und verbraucher-, Umwelt- und Gesundheitsschutz, Information und vertrauensbildende Maßnahmen beim Ausbau der Mobilfunknetze (Selbstverpflichtung der Mobilfunkbetreiber), abrufbar unter: http://www.bmub.bund.de/fileadmin/Daten_BMU/Download_PDF/Wirtschaft_und_Umwelt/selbstverpflichtung_mobilfunkbetreiber.pdf.

wurden 2015 Gutachten zur Umsetzung dieser Selbstverpflichtung in Auftrag gegeben, die zeigten, dass sich zwar die Kommunikation zwischen größeren Gemeinden und den Betreibern verbessert habe, nach wie vor jedoch eine Vielzahl an Fällen vorkomme, in der eine Information durch die Betreiber gerade in ländlichen Gemeinden mit geringer Einwohnerzahl nicht zustande gekommen war und dadurch Konflikte zwischen beiden Parteien andauern.[375] Bereits 2009 stellte sich im Rahmen eines Workshops des *Deutschen Instituts für Urbanistik (DIfU)* heraus, dass Alternativstandorte seitens der Kommunen bei Vorschlag selten angenommen worden sind.[376]

Der Bund erkannte die potentiellen Vorteile der Vereinbarungen und zugleich auch die Schwäche jener Unverbindlichkeit. Aus diesem Grund wurde 2013 auf Initiative des Bundesrates die Mitwirkung der Kommunen in § 7a der 26. BImSchV kodifiziert:

> *„Die Kommune, in deren Gebiet die Hochfrequenzanlage errichtet werden soll, wird bei der Auswahl von Standorten für Hochfrequenzanlagen, die nach dem 22. August 2013 errichtet werden, durch die Betreiber gehört. Sie erhält rechtzeitig die Möglichkeit zur Stellungnahme und zur Erörterung der Baumaßnahme. Die Ergebnisse der Beteiligung sind zu berücksichtigen.“*

Die Gesetzesbegründung spricht hierbei ausdrücklich von dem Ziel der Verbesserung der Akzeptanz der Mobilfunkinfrastruktur und der Vorsorge durch kommunale Mobilfunkkonzepte.[377] Scheinbar schafft § 7a durch die gesetzliche Verankerung mehr Rechtssicherheit als zuvor, jedoch wurde den Gemeinden durch § 7a der Verordnung kein Instrument in die Hand gelegt, mit dem eine umfassende rechtliche Bindungswirkung einhergeht – die Pflicht zur Berücksichtigung der Ergebnisse der Beteiligung, die in Form einer Anhörung gewährleistet werden soll, trifft lediglich die Betreiber der Anlage, nicht jedoch die zuständige Behörde, die über die Zulassung der Anlage entscheidet.[378]

---

375 Siehe Deutsches Institut für Urbanistik, Gutachten 2015 zur Umsetzung der Zusagen der Selbstverpflichtung der Mobilfunkbetreiber, Juni 2016, S. 17, abrufbar unter: http://edoc.difu.de/edoc.php?id=MGU74IQ9.

376 Deutsches Institut für Urbanistik, Ergebnisse des Workshops „Alternativstandorte von Mobilfunksendeanlagen" v. 20./21.4.2009, S. 4, 5, abrufbar auf Anfrage unter https://difu.de/node/6444.

377 Bundesrat, Verordnung zu Änderung der Vorschriften über elektromagnetische Felder und das telekommunikationsrechtliche Nachweisverfahren, Beschluss v. 3.5.13, BR-Drs. 209/13, S. 4.

378 *Marc Röckinghausen*, in: Landmann/Rohmer, Umweltrecht, 26. BImSchV, § 7a, S. 18. Siehe hierzu ebenfalls *Ruf*, BWGZ 2013, S. 644 ff.

Sieht man genauer hin, versteckt sich allerdings in der Gesetzesbegründung des § 7a der Verordnung ein viel wertvolleres Anrecht für betroffene Gemeinden: die Möglichkeit qua kommunaler Mobilfunkkonzepte aus Vorsorgegründen (zu denen die Gemeinde aufgrund ihrer Schutzaufgabe verpflichtet ist[379]) Feinsteuerung zu betreiben.[380] Diese Feinsteuerung kann dazu genutzt werden, die Schutzaufgabe der Vorsorge mit dem allgemeinen Interesse an flächendeckendem Mobilfunk in Einklang zu bringen und birgt dahingehend ein großes Potential für die einzelnen Gemeinden zur Vermeidung von langwierigen Rechtsstreitigkeiten mit den Anlagenbetreibern.

B. Begriffsdefinition

Ein kommunales Mobilfunkkonzept ist ein detailliert ausgearbeitetes Gutachten, das konkrete Standortvorschläge für Mobilfunkanlagen bestimmt, die eine Strahlenminimierung im Gemeindegebiet erreichen möchten, meist mit einer angehängten Skizze des Gemeindegebiets und der Strahlungsreichweite ausgewählter Alternativstandorte im Vergleich zu bereits vorhandener Mobilfunkstrahlung.[381] Hierzu verschafft sich die Gemeinde sowohl einen umfassenden Gesamtüberblick über die Standortlage als auch die EMF-Werte im Gemeindegebiet, um sodann herauszufinden, welche alternativen Standorte eine geringere EMF-Gesamtbelastung aufweisen und dennoch eine ausreichende Mobilfunkverbindung gewährleistet werden könnte. Es besteht somit die Möglichkeit in bestimmten Gebieten Immissionen gezielt zu reduzieren, während die höheren Emissionen, welche an der Anlage selbst gemessen werden, die Grenzwerte der 26. BImSchV einhalten.[382]

---

379 Siehe *Dritter Teil, A., III., 1.*

380 Bundesrat, Verordnung zu Änderung der Vorschriften über elektromagnetische Felder und das telekommunikationsrechtliche Nachweisverfahren, Beschluss v. 3.5.13, BR-Drs. 209/13, S. 4.

381 Siehe als Beispiele: Mobilfunkkonzept der Gemeinde Birkenau, abrufbar unter: https://www.birkenau.de/_obj/A6736F4E-242F-4891-9165-8169E8C1BB67/inline/Mobilfunkkonzept.pdf; Mobilfunkkonzept der Stadt Gräfelfing, abrufbar unter: http://www.graefelfing.de/mobilfunk.html; Mobilfunkkonzept der Hansestadt Attendorn, abrufbar unter: https://www.attendorn.de/htdoc/mobilfunk/index.html; Mobilfunkkonzept der Gemeinde Bisingen, abrufbar unter: https://www.gemeinde-bisingen.de/uploads/tx_wescityhall/Mobilfunkbroschuere.pdf; Mobilfunkkonzept des Zweckverbands Allgäuer Land, abrufbar unter: https://www.stadt-fuessen.de/5740.html.

382 So auch der BayVGH, Urteil v. 2.8.2007, BauR 2008, S. 627 (628).

Diese Standortvorschläge sind auch für die Kommunikation mit den Mobilfunkbetreibern notwendig: ehe diese in der Theorie konkrete Alternativstandortvorschläge der Gemeinde annehmen, müssen die Standorte einer funktechnischen und wirtschaftlichen Eignungsprüfung der Mobilfunkanbieter[383] genügen, um wesentliche Nachteile für die Betreiber zu verhindern. Da jene ihre technischen Daten aufgrund erhöhter Sensibilität meist nicht preisgeben, müssen die Gemeinden selbst Daten, wie die vom Betreiber geplante Sendeleistung oder den Antennentyp, erheben. Dies ist zwar teilweise auf Basis der von der Bundesnetzagentur zu Verfügung gestellten Daten der Standortbescheinigungen möglich[384], jedoch sind Gemeinden oft gezwungen externe technische Sachverständige zu engagieren.[385] Gelingt die Eignungsprüfung, verpflichten sich die Mobilfunkbetreiber selbst zur vorrangigen Realisierung der Mobilfunkprojekte an den von der Gemeinde ausgewählten Standorten.

Optimalerweise (aber in der Praxis eher selten) arbeiten Gemeinde und Mobilfunkbetreiber hinsichtlich der zukünftigen Netzpolitik in der Gemeinde Hand in Hand. Mobilfunkbetreiber sollen Gemeinden von ihren Infrastrukturentscheidungen in Kenntnis setzen und die Festsetzungen der Mobilfunkkonzepte beachten – gegebenenfalls alte Standorte aufgeben und Alternativstandorte des Konzepts annehmen, zumindest aber an Kompromissen arbeiten. Kooperation und Kommunikation zwischen beiden Parteien sind somit entscheidend.

Das kommunale Mobilfunkkonzept ist jedoch kein verbindliches Vertragsdokument zwischen der Gemeinde und dem Mobilfunkbetreiber – vielmehr enthält es lediglich eigens gesetzte Vorgaben, die zwar intern baurechtliche Relevanz besitzen, jedoch in der Außenwirkung lediglich informativ wirken und an Mobilfunkbetreiber bei Interesse an Errichtungen weitergeleitet werden. Somit scheitern auch hier viele Kooperationsversuche an der Unverbindlichkeit der Standortvorschläge, da Mobilfunkbetreiber kaum wirtschaftliche Vorteile

---

383 Siehe Ziffer 2.2 der Vereinbarung vom 9.7.2001 über den Informationsaustausch und die Beteiligung der Kommunen beim Ausbau der Mobilfunknetze, abrufbar unter: https://www.dstgb.de/dstgb/Homepage/Schwerpunkte/Mobilfunk/Mobilfunk%20Vereinbarung/vereinbarung_mobilfunk.pdf.

384 Siehe die Datengrundlage des Mobilfunkkonzepts des Zweckverbands Allgäuer Land, abrufbar unter: https://www.stadt-fuessen.de/5740.html, S. 89.

385 Siehe *Herkners* Skript zum Vortrag über Standortkonzepte auf dem Seminar „Kommunale Planung, Genehmigung und Abwehr von Mobilfunkanlagen" der NRW-Geschäftsstelle des Bundesverbandes für Wohneigentum und Stadtentwicklung in Münster am 14.8.2008, S. 3, abrufbar unter: https://www.bsrm.de/wp-content/uploads/2017/03/Standortkonzepte_fuer_den_Mobilfunk.pdf.

ungenutzt lassen werden, um unverbindliche Konzepte und Zielvorstellungen der Gemeinden zu erfüllen. Es fallen zudem nur zukünftige Mobilfunkanlagen in die Entscheidungsspielräume der Gemeinde, während bereits existente Basisstationen nur unter Zustimmung der Betreiber geändert werden dürfen.[386]

C. Rechtscharakter

Neben der verbindlichen zweistufigen Bauleitplanung stehen der Gemeinde ebenfalls sogenannte informelle Entwicklungs- oder Rahmenplanungen zur Verfügung, die auf kommunaler Ebene meist genutzt werden, um konkret und besser planerische Ideen im Vorfeld der Bauleitplanung einfließen zu lassen. Jede kommunale Planung setzt grundsätzlich zunächst einen Gestaltungswillen der Gemeinde voraus. Die Gemeinde muss aktiv ändern und gestalten wollen, ansonsten ist die Planung i.S.d. § 1 Abs. 3 BauGB nicht erforderlich.[387] Der Bauleitplan muss von einer planerischen Konzeption der Gemeinde getragen sein.[388] In dieser planerischen Konzeption spiegeln sich die städtebaulichen und politischen Gründe der Gemeinde als Selbstverwaltungskörperschaft wieder. Sie kann (muss aber nicht) in unverbindlichen einzelnen Planungskonzepten niedergelegt werden, zumindest aber muss sie nachvollziehbar dokumentiert und ersichtlich sein.[389] Die Gemeinde hat in ihrer planerischen Konzeption ihr städtebauliches Ziel sachlich und räumlich zu definieren.[390]

Der planerische Gestaltungswille einer Gemeinde, eine Strahlenminimierung zu erreichen, wird unstreitig in einem kommunalen Mobilfunkkonzept sichtbar. Es werden darin Alternativstandorte vorgeschlagen, die den Planungswunsch eines generellen Absenkens der Strahlungswerte anstreben und einzelne Planungsschritte konkretisieren.

---

386 Hierzu später unter *Vierter Teil, F.*

387 BVerwG, Urteil v. 7.5.1971, NJW 1971, S. 1626 (1626); BVerwG, Beschluss v. 18.12.1990, NVwZ 1991, S. 875 (876), BVerwG, Urteil v. 21.3.2002, NVwZ 2002, S. 1509 (1510). Zur Erforderlichkeit später mehr unter *Vierter Teil, A.*

388 *Hans-Georg Gierke,* in: Brügelmann, Baugesetzbuch, § 1, Rn. 75; *Wilhelm Söfker/Peter Runkel,* in: Ernst et al., Baugesetzbuch, § 1, Rn. 30.

389 *Jürgen Ziegler,* in: Brügelmann, Baunutzungsverordnung, § 1, Rn. 72.

390 *Jürgen Ziegler,* in: Brügelmann, Baunutzungsverordnung, § 1, Rn. 74.

I. Mobilfunkkonzept als städtebauliches Entwicklungskonzept

Der Gemeinde steht, so impliziert § 1 Abs. 6 Nr. 11 BauGB, konkret die Möglichkeit offen, ihre planerische Konzeption in einem städtebaulichen Entwicklungskonzept oder sonstiger städtebaulicher Planung zu beschließen. Entscheidet sie sich hierfür, so normiert § 1 Abs. 6 Nr. 11 BauGB die Berücksichtigung der Ergebnisse dieser bei der Aufstellung der Bauleitpläne. Entwicklungskonzepte werden in der Praxis meist entweder als informell vorangestellte Phase vor der Festsetzung des Flächennutzungsplans, oder zwischen Flächennutzungsplan und Bebauungsplan beschlossen.[391]

Der Begriff des Entwicklungskonzepts meint hierbei gebietsbezogene städtebauliche Planungen zur Steuerung von Gemeindeentwicklung und städtebaulicher Aufgaben. Hiermit sollen bestimmte städtebauliche Entwicklungen in Teilen der Gemeinde erzielt werden.[392] Häufig wird ein Entwicklungskonzept für Planungen eines Stadtumbaus nach § 171a Abs. 2 BauGB oder einer sozialen Stadt nach § 171e Abs. 4 BauGB verwendet.[393] Auch fachliche Teilkonzepte wie Verkehrs- oder Freiflächenplanungen sowie Einzelhandels- oder Tourismuskonzepte, fallen unter den Begriff des Entwicklungskonzepts.[394] Zwar dient im weiteren Sinne jede Planung der Entwicklung der Gemeinde – allgemein dienen Entwicklungskonzepte jedoch vor allem dazu, fachliche städtebauliche Zusammenhänge zu erkennen und feinplanerisch zu agieren, um die Entwicklung eines konkreten städtebaulichen Ziels zu ermöglichen. Dahingehend unterscheiden sie sich von der sonstigen städtebaulichen Planung, da diese durch Rahmenpläne der Vorbereitung der förmlichen Bauleitplanung dient und die konkrete ortsbezogene Entwicklung eines Anliegens nicht im Vordergrund sieht.[395]

Ein kommunales Mobilfunkkonzept setzt zwar keine auf einen gewissen Zeitraum angelegte planerische Entwicklung der Gemeindestruktur fest, sondern regelt ortsfeste Alternativstandorte, entweder zu bereits konkreten oder zukünftigen Vorschlägen seitens der Mobilfunkbetreiber. Die Planung fokussiert sich jedoch auf die langfristige Entwicklung der Strahlungsbelastung und ihrer Minimierung im Gemeindegebiet. Die Strahlungslage ändert sich durch das Mobilfunkkonzept nicht schlagartig. Das Mobilfunkkonzept initiiert vielmehr eine dynamische Entwicklung: einen Prozess, der über zukünftige Bauanfragen

---

391 *Wilhelm Söfker/Peter Runkel*, in: Ernst et al., Baugesetzbuch, § 1, Rn. 174.
392 *Wilhelm Söfker/Peter Runkel*, in: Ernst et al., Baugesetzbuch, § 1, Rn. 174.
393 *Ulrich Battis*, in: ders. et al, Baugesetzbuch, § 1, Rn. 78.
394 *Franz Dirnberger*, in: Spannowsky/Uechtritz, BeckOK, Baugesetzbuch, § 1, Rn. 126.
395 *Wilhelm Söfker/Peter Runkel*, in: Ernst et al., Baugesetzbuch, § 1, Rn. 174.

hinweg zu einer flächendeckenden Strahlungsreduzierung führen soll. Mobil-
funkplanung ist somit ebenfalls Entwicklungsplanung.[396]

II. Städtebaulicher Gehalt und Gemeinderatsbeschluss

Städtebauliche Entwicklungskonzepte i.S.d. § 1 Abs. 6 Nr. 11 BauGB sind
zunächst von formellen Bauleitplänen abzugrenzen. Da die unter Nr. 11 fallen-
den Inhalte nicht auf die Regelungsbereiche der städtebaulichen Instrumente
des BauGB beschränkt sind, bedient man sich der Schranke und Voraussetzung
eines städtebaulichen Gehalts.[397] Die Angelegenheit, die konzipiert werden soll,
bedarf mithin eines Bezugs zur städtebaulichen Entwicklung und Ordnung,
wobei die Reichweite des Bezugs hier weit verstanden wird.[398]

Dem Schutz vor EMF wurde vom BVerwG und vom BayVGH[399] ausdrücklich städtebauliches Gewicht zugemessen, indem das BVerwG die Einordnung
von EMF als lediglich „Immissionsbefürchtungen" ablehnte und vielmehr ein
„vorsorgerelevantes Risikoniveau" bestehe.[400] Immissionsbefürchtungen seien
rechtlich irrelevant, da sie objektiv nicht begründbar sind. Dies treffe auf Mobilfunkstrahlung nicht mehr zu. Die Gerichte begründeten dies damit, dass die
Frage, ob Kinder einer stärkeren Exposition ausgesetzt werden und empfindlicher gegenüber hochfrequenten elektromagnetischen Feldern reagieren als
Erwachsene, vom DMF nicht abschließend geklärt werden konnte und daher
weiterhin Grund zur Besorgnis besteht.[401] Diese Einordnung führte dazu, dass
das Problemfeld „Mobilfunk und Strahlungspotential" besonderes Gewicht
erlangte, und sich künftig in Angelegenheiten des Städtebaus zur Aufrechterhaltung der Ordnung und Förderung der Städtentwicklung niederschlagen wird.

Sowohl das städtebauliche Entwicklungskonzept als auch die sonstige städtebauliche Planung nach § 1 Abs. 6 Nr. 11 Alt. 2 BauGB müssen jedoch zusätzlich von der Gemeinde beschlossen werden. Einer Gemeinde stehen somit zwei
Handlungsoptionen offen: Entweder sie beschließt ein Mobilfunkkonzept im
Gemeinderat, oder sie beschließt es nicht. Ein kommunales Mobilfunkkonzept,

---

396 So auch *Herkner*, Tagungsband der 7. EMV-Tagung des VDB, 12.-13.4.2013 in Mün-
     chen, S. 179 (189).
397 *Wilhelm Söfker/Peter Runkel*, in: Ernst et al., Baugesetzbuch, § 1, Rn. 174.
398 Die Frage nach der *Erforderlichkeit* der Planung für die städtebauliche Entwicklung
     und Ordnung ist eine gänzlich andere, siehe *Vierter Teil, A.*
399 BayVGH, Urteil v. 23.11.2010, BauR 2011, S. 807 ff.
400 BVerwGE 144, 82 (87). Siehe zudem *Dritter Teil, A., I.*
401 BVerwGE 144, 82 (87).

das als externes Gutachten von der Gemeinde nicht beschlossen wird und lediglich als Vorlage und Hilfestellung für eine weitere Planung dient, kann ebenfalls in die spätere Abwägung einbezogen werden, wenn die Belange des Konzepts wesentliche Daten und bedeutende Eckpunkte für die Abwägung enthalten.[402] Hierbei hat die Gemeinde jedoch ein Ermessen, und gerade keine Pflicht zur Berücksichtigung nach § 1 Abs. 6 Nr. 11 BauGB. Beschließt die Gemeinde hingegen förmlich das Mobilfunkkonzept als städtebauliches Entwicklungskonzept, so ist sie verpflichtet, die Erwägungen des Konzepts in der Abwägung zu berücksichtigen. Es tritt dahingehend eine Selbstbindung ein, um eine planerische Beständigkeit und einen einheitlichen Gestaltungswillen zu gewährleisten.[403] Diese Verbindlichkeit betrifft jedoch nur die Berücksichtigung im Wege der Bauleitplanung, keine strikte Verbindlichkeit in Bezug auf Details der Planung.[404] Auch eine nur schrittweise Umsetzung des Konzepts ist möglich.[405]

Eine Gemeinde, die vorrangig das Ziel der Reduzierung von EMF verfolgt, sollte das Mobilfunkkonzept daher vom Gemeinderat beschließen lassen, um es später in der Abwägung als vollwertigen Belang berücksichtigen zu können. Somit wird dem kommunalen Mobilfunkkonzept der Rechtscharakter eines städtebaulichen Entwicklungskonzepts beigemessen.

D. Stichwort: Alternativstandorte

Ein kommunales Mobilfunkkonzept beinhaltet Daten zur aktuellen Strahlungslage und potentielle Alternativstandorte, um eine Strahlungsminimierung im Planungsgebiet zu erreichen. Alternativstandorte sind notwendig, um sowohl den wirtschaftlichen Belangen der Mobilfunkbetreiber als auch dem Ziel einer ausreichenden Versorgung mit Mobilfunk Rechnung zu tragen.[406] Die konkrete Definition eines „Alternativstandorts" bereitet sowohl Mobilfunkanbietern als auch Gemeinden Probleme. Eine Umfrage des *DIfU* ergab vier verschiedene Verständnisarten. Hierbei wurden Gemeinden zu ihrem Verständnis eines Alternativstandorts und der Häufigkeit der Bezeichnung als solche befragt.[407] Die

---

402 *Jürgen Ziegler,* in: Brügelmann, Baunutzungsverordnung, § 1, Rn. 72.

403 *Wilhelm Söfker/Peter Runkel,* in: Ernst et al., Baugesetzbuch, § 1, Rn. 175.

404 *Wilhelm Söfker/Peter Runkel,* in: Ernst et al., Baugesetzbuch, § 1, Rn. 175.

405 BVerwG, Beschluss v. 10.10.2013, ZfBR 2014, S. 147 (147).

406 Hierzu später mehr in der Abwägung unter *Vierter Teil, E.*

407 Siehe Deutsches Institut für Urbanistik, Ergebnisse des Workshops „Alternativstandorte von Mobilfunksendeanlagen" v. 20./21.4.2009, S. 4, abrufbar auf Anfrage unter https://difu.de/node/6444.

ungenauste Form eines Alternativstandorts war die einfache Festsetzung eines Negativstandorts – mithin der Ausschluss von Mobilfunkanlagen an bestimmten Standorten und die dadurch verbleibende Restfläche des Gemeindegebiets als potentieller alternativer Standort. Dies wurde von ca. 25 % der befragten Gemeinden bereits als alternativer Standort akzeptiert und praktiziert. Weiterhin gaben einige Gemeinden an, Standortalternativen im Sinne grober Standortlagen zu verstehen.[408] Andere bezeichneten konkrete Standorte mit präzisen Flurnummern, jedoch ohne eine Vorprüfung der Eigentumsverhältnisse dieses Standorts, wiederum andere Gemeinden gaben an, eine eigentumsrechtliche Vorprüfung durchzuführen, ehe ein Standort als „Alternativstandort" ausgewiesen werden kann.[409]

Die Umfragen ergaben keine festgesetzte, abgrenzbare Definition eines Alternativstandorts; auf einen zweiten Blick ist dies auch nicht unbedingt wünschenswert. Unterschiedliche Ausgangssituationen erfordern unterschiedliche Arten der Definition, um für beide Parteien vorteilhafte Resultate zu erzielen. Gemeinden haben grundsätzlich zwei Möglichkeiten, auf die Mobilfunksituation ihres Gemeindegebiets strahlungsreduzierend Einfluss zu nehmen: entweder reagieren sie unmittelbar auf einzelne Standortvorschläge der Mobilfunkbetreiber durch Alternativvorschläge, oder aber sie versuchen anhand von Festsetzungen eines Bebauungsplans einzelne Baugebiete ihres Planungsgebiets gänzlich von Mobilfunkanlagen freizuhalten.

Bestehen bereits Wunschstandorte eines konkreten Betreibers, ist es sinnvoller einen präzisen Standort als Alternativvorschlag zu präsentieren, der auf die konkreten technischen Anforderungen des Betreibers eingeht, um der Eignungsprüfung der Mobilfunkbetreiber zu genügen. Grobe und größere Alternativflächen ohne präzise Flurnummern sind wiederum als Kompensation für einen präventiven Ausschluss von Mobilfunkanlagen in bestimmten Gebieten der Gemeinde sinnvoller, da den (künftigen) Betreibern bei Bedarf mehr Wahlmöglichkeiten hinsichtlich eines passenden Standorts angeboten werden, um den technisch passenden Standort aus ihrer Mitte auszuwählen.

---

408 Siehe Deutsches Institut für Urbanistik, Ergebnisse des Workshops „Alternativstandorte von Mobilfunksendeanlagen" v. 20./21.4.2009, S. 4, abrufbar auf Anfrage unter https://difu.de/node/6444.
409 Siehe Deutsches Institut für Urbanistik, Ergebnisse des Workshops „Alternativstandorte von Mobilfunksendeanlagen" v. 20./21.4.2009, S. 5, abrufbar auf Anfrage unter https://difu.de/node/6444.

E. Zeitpunkt der Einsetzung eines kommunalen Mobilfunkkonzepts

Ein kommunales Mobilfunkkonzept bietet der Gemeinde drei Arten von Alternativstandorten: Alternativstandorte zu bereits vorhandenen Basisstationen mit dem Ziel des Austausches, Alternativstandorte zu bereits konkreten Vorschlägen der Mobilfunkbetreiber und Alternativstandorte für künftige Anfragen, um einer Strahlungsmehrung im Gemeindegebiet entgegenzuwirken. Diese drei Arten unterscheiden sich vor allem im Zeitpunkt der Einsetzung des Mobilfunkkonzepts, seien es als Aktion oder als Reaktion auf das Handeln von Mobilfunkbetreibern.

Jede dieser Arten kann zunächst im Vorfeld durch einen aktiven Austausch zwischen den beteiligten Parteien positiv beeinflusst werden. Treten die Gemeinden mit Mobilfunkbetreibern oder vice versa in Kontakt, kann durch eine partnerschaftliche Zusammenarbeit auf gegenseitige Interessen und Schwerpunkte eingegangen werden. Der Workshop des *DIfU* zu Alternativstandorten ergab, dass ca. 40 % der befragten Gemeinden häufig bis immer Alternativstandorte vorschlugen, während dies in den anderen Fällen seltener geschah.[410] Von den vorgeschlagenen Standorten wurden jedoch ca. 60 % selten bis nie von den Mobilfunkbetreiber angenommen, meist aus technischen oder wirtschaftlichen Gründen.[411] Auf beiden Seiten besteht somit Raum zur Verbesserung der Mitarbeit.

Bestehen bereits konkret vorhandene Basisstationen, die eine Gemeinde durch eigene Standortvorschläge ersetzen möchte oder Vorschläge seitens der Mobilfunkbetreiber zu neuen konkreten Standorten, muss die Gemeinde, möchte sie ausdrücklich nur auf diese punktuellen Standortstreitigkeiten eingehen, mithilfe eines kommunalen Mobilfunkkonzepts nachträglich reagieren. Die Handlungsmöglichkeiten der Gemeinde sind beschränkt, da bereits im Raum stehende Vorhaben meist rechtmäßig beantragt wurden und der Gemeinde lediglich die Möglichkeit bleibt, auf eine Kulanz und ein Entgegenkommen der Mobilfunkbetreiber hinsichtlich alternativer Standorte zu hoffen, da jene Beteiligung der Kommunen nicht verbindlich ist. Die Gemeinde muss somit aus eigener Kraft

---

410 Siehe Deutsches Institut für Urbanistik, Ergebnisse des Workshops „Alternativstandorte von Mobilfunksendeanlagen" v. 20./21.4.2009, S. 4, abrufbar auf Anfrage unter https://difu.de/node/6444.

411 Siehe Deutsches Institut für Urbanistik, Ergebnisse des Workshops „Alternativstandorte von Mobilfunksendeanlagen" v. 20./21.4.2009, S. 5, 6, abrufbar auf Anfrage unter https://difu.de/node/6444.

und Initiative Alternativstandorte bestimmen. Hierzu stellen Mobilfunkbetreiber viele Anforderungen, welche in der Praxis zu einer verbesserten Akzeptanz der vorgeschlagenen Alternativstandorte seitens der Mobilfunkbetreiber führen sollen[412]: Vorgeschlagene Alternativstandorte sollen sich innerhalb des von dem Mobilfunkbetreibern festgesetzten Suchkreises befinden, um die Wahrscheinlichkeit der technischen und wirtschaftlichen Eignung zu maximieren.[413] Der alternative Standortvorschlag soll zudem so konkret wie möglich sein – sowohl die mögliche Anmietbarkeit und Eigentumslage soll gewährleistet werden als auch die baurechtliche Realisierbarkeit. Zuletzt sollen die Alternativvorschläge den Mobilfunkbetreibern innerhalb von acht Wochen mitgeteilt werden.[414] Aus Sicht der Betreiber kann dadurch auf Wunschstandorte individuell eingegangen werden und weiterhin die technischen und wirtschaftlichen Anforderungen des einzelnen Betreibers für die Wahl eines passenden Alternativstandorts maximal berücksichtigt werden. In der Praxis wird dies nur schwer realisierbar sein. Liegen keine potentiellen Alternativstandorte im Suchkreis des Mobilfunkbetreibers, erstreckt sich die Erstellung eines Standortkonzepts, das auf die technischen Gegebenheiten des Betreibers eingeht, über einen längeren Zeitraum. Die Tatsache, dass Mobilfunkbetreiber mit Alternativvorschlägen der Gemeinden unzufrieden sind rührt oft daher, dass sie zwar auf der einen Seite bei ihrer Eignungsprüfung hohe technische Standards verlangen, auf der anderen Seite aber den Gemeinden keine technischen Details preisgeben möchten und die Gemeinden bei einer Suche außerhalb des Suchkreises auf eigene Datenerhebung angewiesen sind, ihnen bei einer Frist von acht Wochen[415] daher keine Zeit

---

412 Diese Voraussetzungen sind bereits in der Verbändevereinbarung vom 9.7.2001 zu finden, wurden jedoch von Vertretern der Mobilfunkindustrie im Rahmen des *DIfU*-Workshops ebenfalls erneut vorgetragen und bestärkt, siehe Deutsches Institut für Urbanistik, Ergebnisse des Workshops „Alternativstandorte von Mobilfunksendeanlagen" v. 20./21.4.2009, S. 9 f., abrufbar auf Anfrage unter https://difu.de/node/6444.

413 Der Netzbetreiber legt bei der Planung einer Anlage zunächst einen Suchkreis fest, der die geografischen Bedingungen vor Ort berücksichtigt. Anschließend wird innerhalb des Suchkreises ein Standort ermittelt. Idealerweise findet eine Unterrichtung der Kommunen zwischen diesen beiden Schritten statt.

414 Siehe Ziffer 2.2 der Vereinbarung vom 9.7.2001 über den Informationsaustausch und die Beteiligung der Kommunen beim Ausbau der Mobilfunknetze, abrufbar unter: https://www.dstgb.de/dstgb/Homepage/Schwerpunkte/Mobilfunk/Mobilfunk%20Vereinbarung/vereinbarung_mobilfunk.pdf.

415 Erklärung der Mobilfunkbetreiber: Maßnahmen zur Verbesserung von Sicherheit und verbraucher-, Umwelt- und Gesundheitsschutz, Information und vertrauensbildende Maßnahmen beim Ausbau der Mobilfunknetze (Selbstverpflichtung der

verbleibt sich vertieft mit technisch und wirtschaftlich passenden Alternativen auseinander zu setzen. Ein punktuelles Reagieren auf einzelne Standortanfragen der Betreiber ermöglicht der Gemeinde immer nur eine sekundäre Einwirkung auf die Standortwahl mit geringer Einflussnahme aufgrund fehlender verbindlicher Mitwirkung.

Rechtlich komplizierter, jedoch langfristig sinnvoller ist eine ganzheitliche Betrachtung der Planungssituation. Anstatt die Mobilfunkbetreiber punktuell zu „befriedigen" und auf Standortanfragen zu warten, kann die Gemeinde den Ausschluss von Mobilfunkanlagen durch Bebauungsplan erzielen. Dies ermöglicht der Gemeinde kontrolliert im Vorfeld zu agieren und ihrem planerischen Willen – der Strahlungsreduzierung im Gemeindegebiet – Ausdruck und Plausibilität zu verleihen. Zudem erlangt sie das Element der Verbindlichkeit der Bauleitplanung und zwingt Mobilfunkbetreiber, die in einem Ausschlussgebiet bauen wollen, zu einer Handlung und Kontaktaufnahme ihrerseits.

Die Gemeinde erstellt hier vorab (oder parallel zum Bauleitverfahren) ein kommunales Mobilfunkkonzept, in dem sie unter Berücksichtigung ihrer planerischen Konzeption Mobilfunkanlagen aus bestimmten Baugebieten ausschließt, um diese Gebiete künftig vor Mobilfunkstrahlung zu schützen. Weiterhin benennt sie, um den Interessen der Mobilfunkbetreiber gerecht zu werden, Standortvorschläge, indem sie technische Daten erhebt und Standorte ausweist, die eine Strahlungsreduzierung im Gemeindegebiet bewirken. Hierbei kann sie individuell auf die ihr zu Verfügung stehenden Informationen zurückgreifen, seien es die technischen Daten der bereits agierenden Mobilfunkanbieter in ihrer Gemeinde, möglicherweise bereits vorhandene Pläne künftiger Mobilfunkbetreiber, als auch Eigentumslagen der in Frage kommenden Standorte. Idealerweise bestehen hier bereits kommunizierte Ausbauwünsche der Mobilfunkbetreiber, welche in die Alternativstandortauswahl einbezogen werden und ein reger Informationsaustausch zwischen den Parteien. Der Gemeinde steht somit die Möglichkeit offen, sowohl aktuelle als auch künftige Standortfragen mittels verbindlicher Bauleitplanung zu regeln.

Diese umfangreiche Standortrecherche ist zudem notwendig, um bei der Aufstellung des Ausschluss-Bebauungsplans Abwägungsfehler zu vermeiden.[416] Welche Anforderungen an die Auswahl der Alternativstandorte zu stellen sind,

---

Mobilfunkbetreiber), S. 5, abrufbar unter: http://www.bmub.bund.de/fileadmin/ Daten_BMU/Download_PDF/Wirtschaft_und_Umwelt/selbstverpflichtung_mobilfunkbetreiber.pdf.
416 Hierzu später mehr unter *Fünfter Teil, E.*

hängt von vielen Faktoren ab. Ist eine Kooperation zwischen Gemeinde und Mobilfunkbetreibern bereits vorhanden, so sind die Standortauswahlkriterien enger begrenzt und einfacher zu bestimmen als bei fehlendem Austausch. Von den Anforderungen der Mobilfunkanbieter unabhängige Kriterien sind bspw. die Topografie der Gemeinde, die Bebauung und sogar die typischen Witterungsverhältnisse. Dies liegt daran, dass Funkwellen sich wie Licht ausbreiten und durch Hindernisse, auf die sie treffen gebeugt oder reflektiert werden können.[417] Ein weiterer Vorteil von Ausschlussgebieten besteht darin, dass ein größerer Schutz vor ungewollten Anlagen entsteht. Durch Bebauungsplan können auch verfahrensfreie Mobilfunkanlagen nach Art. 57 Abs. 1 Nr. 5 lit. a) sublit. aa) BayBO künftig ausgeschlossen werden.

Eine pauschale Festsetzung von künftigen Alternativstandorten stellt allerdings immer ein gewisses Risiko dar, da technische Anforderungen verschiedener Mobilfunkbetreiber variieren. Findet zwischen Gemeinde und Mobilfunkbetreibern kein Austausch statt, ist die Gemeinde auf ihre alleinige Datenerhebung angewiesen und es besteht die nicht allzu geringe Wahrscheinlichkeit, dass ein (künftiger) Mobilfunkbetreiber bei Verweis auf ermittelte Alternativstandorte jene aus wirtschaftlichen oder technischen Gründen ablehnt und die Gemeinde Kompromisse eingehen muss.

Aufgrund der hohen Anzahl von verfahrensfreien Mobilfunkanlagen sind Ausschlussgebiete für die Gemeinde jedoch unverzichtbar, da sie für die Betreiber verbindlich sind. Zwar erleichtert eine Kooperation zwischen Gemeinde und Mobilfunkbetreiber die Erstellung des Mobilfunkkonzepts und der Standortauswahl, da Gemeinden dadurch ihre schützenswerten Gebiete kommunizieren können; bei Verweigerung der Zusammenarbeit seitens der Mobilfunkbetreiber bietet das Instrument der präventiven Bauleitplanung jedoch einen zusätzlichen Schutz.[418]

Zusammenfassend: Ein vorab erstelltes kommunales Mobilfunkkonzept ist zwar risikoreich hinsichtlich passender Alternativstandorte, da eine Wahrscheinlichkeit der Ablehnung durch die Mobilfunkbetreiber besteht – es bringt die Gemeinde jedoch in eine vorteilhaftere Rechtsstellung. Der Ausschluss gewisser Gebietsteile stellt für die Gemeinde den effektivsten Schutz gegen ungewollte Anlagen dar. Da ein solcher Ausschluss nur unter der gleichzeitigen Festsetzung von Alternativstandorten (optimal unter Mitwirkung künftiger Betreiber)

---

417 *Holger Tobias Weiß*, in: Hoppenberg/ de Witt, Handbuch des öffentlichen Baurechts, 2019, Z VI., Rn. 6.
418 Hierzu später mehr unter *Vierter Teil*.

möglich ist, um die Interessen der Betreiber nicht zu beeinträchtigen[419], ist die Gemeinde auf bauplanerisches Handeln angewiesen. Den größtmöglichen Schutz erreicht die Gemeinde durch ein kommunales Mobilfunkkonzept mit ausgewiesenen Alternativstandorten und den Ausschluss gewisser Gebiete im Bebauungsplan, um die Manifestation des planerischen Willens der Gemeinde zu bewirken.

F. Zwischenergebnis: Kommunale Mobilfunkkonzepte

Ob Alternativstandorte sinnvoll ausgewählt werden, hängt von vielen verschiedenen Faktoren ab. Allen voran steht die Zusammenarbeit von Gemeinde und Mobilfunkbetreiber. Besteht eine fruchtbare Kommunikation, kann auf die unterschiedlichen Interessen eingegangen werden. Besteht sie nicht, so sind Gemeinden im Zweifel auf eigene Datenrecherche angewiesen, möchten sie langfristig eine Strahlungsreduzierung im Gemeindegebiet erreichen. Hierbei können sie entweder punktuell und nachträglich auf Standortanfragen reagieren, oder im Vorfeld qua Bebauungsplan Mobilfunkanlagen aus sensiblen Baugebieten und Ortsteilen ausschließen.

Die Gemeinde muss somit auf ihr originäres verbindliches planerisches Mittel zurückgreifen, um das Ziel der Strahlenminimierung definitiv zu erreichen: den Bebauungsplan. Die Festsetzungen des Bebauungsplans sind, zumindest für den beplanten Bereich, verbindlich und stellen eine Hürde für Mobilfunkanbieter dar. Denn auch für genehmigungsfreie Vorhaben, wie den Mobilfunkanlagen nach Art. 57 Abs. 1 Nr. 5 lit. a) sublit. aa) BayBO, sind die Festsetzungen der Gemeinde immer verbindlich.[420] Die Gemeinde setzt somit bauplanerisch verbindlich gewisse Vorgaben und reagiert im Vorfeld auf zukünftige Mobilfunkbauprojekte. Im Umkehrschluss ergibt sich hieraus zunächst, dass Vorsorgeplanung in diesem Sinne nur möglich ist, wenn die Gemeinde entweder einen bereits existierenden Bebauungsplan ändert oder einen neuen Bebauungsplan aufstellt. Im unbeplanten Innenbereich nach § 34 BauGB richtet sich die Zulässigkeit von Nutzungen aufgrund fehlenden Bebauungsplans nach dem Gesetz, sodass eine gezielte Steuerung der Gemeinde nur durch nachträgliche Planung möglich wäre. Im Vorfeld kann man hier ohne den Erlass eines Bebauungsplans somit keine Flächen von Mobilfunk freihalten. Hier verbleibt der Gemeinde nur die Möglichkeit einem Vorhaben im Nachhinein entgegenzutreten, wobei dies

---

419 Hierzu später mehr unter *Vierter Teil, E.*
420 *Alfred Lechner/Alfons Busse*, in: Simon/Busse, Bayerische Bauordnung, Art. 57, Rn. 19.

aufgrund des starken öffentlichen Interesses an Mobilfunk und der rechtlichen Ausgestaltung der Anlagengenehmigung schwierig ist.[421]

Kommunale Mobilfunkkonzepte legen zwar Standortalternativen fest, die eine gewünschte Strahlenminimierung bewirken, ohne die Grenzwerte der 26. BImSchV zu unterschreiten; der konkrete Ausschluss von Mobilfunkanlagen im Gemeindegebiet kann jedoch nur durch Bebauungsplan erwirkt werden.

---

421 *Uechtritz*, VerwArch 2010, S. 505 (511).

Fünfter Teil Bauplanerische Umsetzung

„Wer große Pläne hat, nehme sich Zeit."
Sophokles (496-405 v.Chr.), griechischer Tragödiendichter

Das primäre Ziel einer Gemeinde, die aus gesundheitsvorsorglichen Gründen elektromagnetische Immissionen im Gemeindegebiet reduzieren möchte, ist der Ausschluss von Mobilfunkanlagen durch Änderung oder Aufstellung eines Bebauungsplans.

Fall A: Die kleine fiktive Gemeinde Schönbach in der Oberpfalz ist für ihre zahlreichen Gewässer und Wassergräben bekannt, die als Trinkwasserquellen fungieren und von den Anwohnern regelmäßig genutzt werden. Viele Familien ziehen nach Schönbach, da die Wohngebiete dort in einer sehr naturbelassenen Weise um die Gewässer herum gebaut wurden. Die Gemeinde fürchtet eine Gesundheitsbeeinträchtigung und einen Rückgang der zuziehenden Familien bei stetigem Telekommunikationsausbau. Sie fragt sich nun, ob sie in ihrem Bebauungsplan Mobilfunkanlagen gänzlich ausschließen darf und was sie beachten muss.

Bauleitplanung geschieht zweistufig. Die Gemeinde muss zunächst einen Flächennutzungsplan aufstellen, aus dem sich dann der verbindliche Bebauungsplan entwickelt. Ihre Planungshoheit ermöglicht es der Gemeinde, den Inhalt beider Bauleitpläne zu gestalten. Hierbei muss sie materiell jedoch gewissen rechtlichen Schranken genügen[422]: dem Erfordernis der planungsrechtlichen Erforderlichkeit nach § 1 Abs. 3 S. 1 BauGB, dem Bestimmtheitsgebot, der Anpassungspflicht nach § 1 Abs. 4 BauGB, der Beachtung des Planungsrahmens und dem Gebot der gerechten Abwägung. Hier finden sich etliche Besonderheiten, die zu beachten sind, möchte die Gemeinde Mobilfunkstandorte qua Bebauungsplan bestimmen.

A. Die planungsrechtliche Erforderlichkeit

Zunächst müsste die Planung für die städtebauliche Entwicklung und Ordnung erforderlich sein. Weiterhin enthält § 1 Abs. 3 BauGB neben dem Gebot der

---

422 Die formellen Voraussetzungen zur Planung werden hier bewusst außer Acht gelassen, da diese grundsätzlich unproblematisch sind. Die rechtlichen Schwierigkeiten bestehen bei Mobilfunkangelegenheiten in der Erfüllung der materiellen Erfordernisse.

Erforderlichkeit auch ein Verbot nicht erforderlicher Planung, sodass eine Negativplanung geprüft und vermieden werden muss.

I. Städtebauliche Entwicklung und Ordnung

Die Gemeinde ist innerhalb ihrer Bauleitplanung verpflichtet, vorbeugend Vorsorge zu betreiben und nicht auf die Abwehr von bereits eingetretenen schädlichen Umwelteinwirkungen beschränkt.[423] Diese betreibt sie anhand ihrer originären Kompetenz zu planen. Die Möglichkeit der Aufstellung eines Bebauungsplans ist nach § 1 Abs. 3 S. 1 BauGB den Gemeinden jedoch nur eröffnet, wenn dies für die städtebauliche Entwicklung und Ordnung erforderlich ist. Betroffen ist hier die generelle Erforderlichkeit der Planung im Hinblick auf Entwicklung und Ordnung, nicht bereits eine konkrete Planung im Einzelfall, da an dieser Stelle nur grobe Missgriffe verhindert werden sollen.[424] Welche Belange die Gemeinde als „erforderlich" ansieht liegt in ihrem planerischen Ermessen.[425] Sie darf anhand ihrer planerischen Konzeption und Vorstellungen die Städtebaupolitik betreiben, die sie als richtig und notwendig empfindet.[426] Nach ständiger Rechtsprechung gilt hier jedoch zumindest das Erfordernis eines bodenrechtlichen Bezugs aufgrund städtebaulicher Gründe.[427] Indizien hierfür finden sich in den Planungsgrundsätzen und Abwägungsbelangen nach § 1 Abs. 5 und Abs. 6 BauGB, als auch § 1a BauGB.[428]

In Mobilfunkangelegenheiten steht vor allem die städtebauliche Entwicklung stark im Vordergrund. Nach § 1 Abs. 6 Nr. 11 BauGB sind die Ergebnisse eines von der Gemeinde beschlossenen städtebaulichen Entwicklungskonzeptes bei der Planung zu berücksichtigen. Hierunter fallen kommunale Mobilfunkkonzepte, die als vorausschauende planerische Konzepte das örtlich angestrebte Ziel der Strahlungsminimierung einer Gemeinde verdeutlichen und somit langfristig auf die städtebauliche Entwicklung Einfluss nehmen.[429] Diese langfristige

---

423 So ausdrücklich das BVerwG, siehe Urteil v. 14.4.1989, DVBl 1989, S. 1050 (1050), m.w.N.

424 *Wilhelm Söfker/Peter Runkel*, in: Ernst et al., Baugesetzbuch, § 1, Rn. 33.

425 BVerwG, Urteil v. 7.5.1971, NJW 1971, S. 1626 (1626); *Wilhelm Söfker/Peter Runkel*, in: Ernst et al., Baugesetzbuch, § 1, Rn. 30.

426 *Wilhelm Söfker/Peter Runkel*, in: Ernst et al., Baugesetzbuch, § 1, Rn. 30.

427 BVerwG, Beschluss v. 11.5.1999, NVwZ 1999, S. 1338 (1339).

428 *Wilhelm Söfker/Peter Runkel*, in: Ernst et al., Baugesetzbuch, § 1, Rn. 32.

429 BVerwG, Urteil v. 27.3.2013, NVwZ 2013, S. 1157 (1158); *Wilhelm Söfker/Peter Runkel*, in: Ernst et al., Baugesetzbuch, § 1, Rn. 32a; OVG Lüneburg, Urteil v. 15.12.2016, ZfBR 2017, S. 278 (279).

Einflussnahme ist auch unter gesundheitlichen Aspekten für die Planung und das städtebauliche Gewicht relevant. Der Schutz vor EMF dient hierbei dem allgemeinen öffentlichen Interesse, da das Grundrecht aus Art. 2 Abs. 2 S. 1 GG – die körperliche Unversehrtheit und Gesundheit – gestärkt und geschützt wird.[430] EMF stelle keine irrelevante Immissionsbefürchtung dar, sondern müsse als vorsorgerelevantes Risikoniveau betrachtet werden.[431] § 1 Abs. 6 Nr. 1 BauGB normiert hierzu das gesunde Wohnverhältnis als relevanten Abwägungsbelang, welcher indiziell wirkt. Die Gemeinde verfolgt mit ihren Planungsabsichten der Steuerung von Standorten für Mobilfunkanlagen und somit der Herbeiführung einer Strahlungsminimierung einen Zweck, dem nach der Rechtsprechung des BVerwG städtebauliches Gewicht zugemessen wird.[432]

Die angestrebte Planung durch kommunale Mobilfunk(entwicklungs)konzepte ist daher für die städtebauliche Entwicklung und Ordnung erforderlich. Dies ist besonders unter einem historischen Aspekt interessant – so negierten Gerichte und Literatur vor einigen Jahren noch die Einordnung von EMF als vorsorgerelevantes Risikoniveau aufgrund der fehlenden Beweisbarkeit athermischer Effekte.[433] Die zunehmende Anzahl der Kinder und Jugendlichen, die täglich in Bus und Bahn vor ihren mobilen Endgeräten sitzen, veranlasste die Gerichte jedoch gerade vor dem Hintergrund der Ungewissheit von EMF-Wirkungen auf Heranwachsende ihre Meinungen zu überdenken.

Auch die Erhaltung und Entwicklung der Baukultur stellt einen Planungsbelang dar, der die Bauleitplanung aus Gründen der städtebaulichen Entwicklung und Ordnung erforderlich machen kann. Begründet eine Gemeinde den Ausschluss von Mobilfunkanlagen an einem bestimmten Ort mit dem Schutz des Ortsbilds, so stellt dies zunächst einen legitimen Zweck zur Planung dar, der es der Gemeinde ermöglicht, so ihre Städtebaupolitik umzusetzen.[434] Sowohl der Schutz der Baukultur, der historisch erhaltenswerten Ortsteile, Straßen und Plätze als auch die Gestaltung des Orts- und Landschaftsbildes stellen Gründe mit städtebaulichem Gewicht nach § 1 Abs. 5 und 6 Nr. 5 BauGB dar. Um die Erforderlichkeit tatsächlich nachvollziehbar und glaubwürdig begründen zu

---

430 So auch der BayVGH, der Gesundheitsrisiken durch EMF nicht ausschließt und daher vorsorgende Bauleitplanung als zulässig erachtet, BayVGH, Urteil v. 2.8.2007, BauR 2008, S. 627 (628 f.).

431 BVerwGE 144, 82 (87); BayVGH, Urteil v. 23.11.2010, DVBl 2011, S. 299 (300).

432 Siehe *Vierter Teil, C., II.*

433 *Uechtritz*, VerwArch 2010, S. 505 (516); BVerfG, Beschluss v. 28.2.2002, NJW 2002, S. 1638 ff.; BayVGH, Urteil v. 9.8.2007, ZfBR 2008, S. 501 ff.

434 BayVGH, Beschluss v. 16.7.2012, 1 CS 12.830, Rn. 16 – juris.

können, muss die Gemeinde jedoch in einem solchen Fall darlegen, dass sie durch das Plankonzept ein besonderes Ortsbild erhalten möchte, wobei sie hier die zukünftige Richtung der Ortsgestaltung selbständig beeinflussen und lenken kann.[435]

Abzugrenzen ist die planerische Erforderlichkeit zur späteren Abwägung nach § 1 Abs. 7 BauGB. So kann das Ziel der Strahlungsminimierung durch Verhinderung von Mobilfunkanlagen im Gemeindegebiet die Erforderlichkeit der Planung nach § 1 Abs. 3 S. 1 BauGB auslösen – jedoch muss die Gemeinde in ihrer Planung kumulativ in einem späteren Schritt der Abwägung u.a. die privaten wirtschaftlichen Belange der Mobilfunkbetreiber berücksichtigen. Die Frage nach der Erforderlichkeit ist somit nicht schon nach den Anforderungen des Abwägungsgebots nach § 1 Abs. 7 BauGB zu beurteilen.[436]

Die bauplanerische Erforderlichkeit würde einem gänzlichen Ausschluss aller Mobilfunkanlagen im gesamten Gemeindegebiet zwar nach § 1 Abs. 3 S. 1 BauGB zunächst nicht im Wege stehen, jedoch stößt eine solche Planung aufgrund der fehlenden Berücksichtigung anderer Belange u.a. der Versorgung oder Mobilfunkbetreiber in der späteren Abwägung an ihre Grenzen.

II. Verbot der Negativplanung

Nicht erforderlich ist die Planung ebenfalls, wenn es sich um eine reine Negativplanung handelt. Negativplanung liegt vor, wenn die Planung entgegen der wahren planerischen Konzeption der Gemeinde künstlich vorgeschoben wurde und allein dem Zweck dient, eine andere Nutzung der Fläche zu verhindern.[437] Entscheidend ist somit der wahre planerische Wille der Gemeinde. Wird dieser bei der Festsetzung gewahrt, liegt keine Negativplanung vor. Dieser positive planerische Wille muss jedoch nicht zwangsweise nur durch positive Festsetzungen erreicht werden. Negative Festsetzungen, wie etwa Gebietsabgrenzungen, können ebenfalls der Verwirklichung des planerisch Gewollten dienen und sind nicht verboten.[438] Hinter der negativen Festsetzung der Verhinderung von

---

435 BayVGH, Urteil v. 2.10.2014, BauR 2015, S. 627 ff.

436 *Wilhelm Söfker/Peter Runkel*, in: Ernst et al., Baugesetzbuch, § 1, Rn. 32.

437 BVerwG, Urteil v. 16.12.1988, NVwZ 1989, S. 655 (658); BVerfG, Beschluss v. 24.7.2000, NVwZ 2001, S. 424 (424); *Hans-Georg Gierke*, in: Brügelmann, Baugesetzbuch, § 1, Rn. 55 f.

438 BVerwG, Urteil v. 14.4.1989, NVwZ 1990, S. 257 (259); BVerwG, Urteil v. 16.10.1984, NVwZ 1985, S. 337 (338). Die BauNVO ermöglicht gerade den Ausschluss bestimmter Nutzungen nach § 1 Abs. 4-9 BauNVO, siehe hierzu später mehr unter *Vierter Teil, D., III.*

Mobilfunkanlagen steht immer ein positiver planerischer Wille der Gemeinde, sei es der Gesundheitsschutz durch Strahlungsminimierung oder die Erhaltung des Ortsbilds.

Da in der späteren Abwägung die privaten Belange der Mobilfunkbetreiber hinreichend berücksichtigt werden müssen, wird ein umfassender Ausschluss aller Mobilfunkanlagen im Gemeindegebiet nicht möglich oder realisierbar sein. Somit werden planende Gemeinden ein Planungsziel verfolgen, das zwar primär auf die Minimierung der Strahlung im Gemeindegebiet gerichtet ist, jedoch auch die Versorgung und Belange der Mobilfunkbetreiber berücksichtigt. Dies ist vor allem durch die Festlegung gut recherchierter Alternativstandorte möglich. Das Vorhandensein von Alternativstandorten stellt somit ebenfalls ein starkes Argument gegen das Vorliegen einer Verhinderungsplanung dar, da die Gemeinde dadurch verdeutlicht, dass es ihr nicht nur um das Vermeiden von Mobilfunkbauwünschen geht, sondern das Ziel der Strahlungsminimierung im Vordergrund steht und durch die Ausweisung von Alternativstandorten den genannten Bauwünschen lediglich andere Standorte zugewiesen werden. Das Bestehen von Alternativstandorten stärkt die Position der Gemeinde, da es die planerische Arbeit hervorhebt: es wird verdeutlicht, dass die Gemeinde sich unter Zuhilfenahme von Expertenmeinungen sowohl über die Vorsorge, als auch über die Versorgungssituation ihrer Bürger und die wirtschaftlichen Belange der Mobilfunkbetreiber, sowie ihrer technischen Standards hinreichend konkrete Gedanken gemacht hat.[439]

III. Notwendigkeit der Festlegung eines primären Planungsziels

Zwar reicht eine beliebige positive Zielfestsetzung mit städtebaulichem Belang grundsätzlich für die Bejahung der Erforderlichkeit aus, solange der planerische Wille der Gemeinde sichtbar wird – jedoch muss sich die Gemeinde bei der Festsetzung ihres Planungsziels darüber im Klaren sein, welchen Hauptbelang sie den u.U. entgegenstehenden wirtschaftlichen Interessen der Mobilfunkanbieter und dem öffentlichen Interesse an einer flächendeckenden angemessenen und

---

439 Der BayVGH erachtete bspw. den Beschluss eines Bauausschusses darüber, dass künftig die Mobilfunkimmissionen im Gemeindegebiet so gering wie möglich zu halten sind als unzureichend. Aufgrund der Komplexität des Themas muss die Gemeinde zumindest eine konkret positive Vorstellung davon haben, wie und wo Mobilfunkanlagen auszuschließen sind und inwieweit Alternativstandorte für Mobilfunkbetreiber im Gemeindegebiet zur Verfügung stehen, siehe BayVGH, Urteil v. 2.8.2007, 1 BV 05.2105, Rn. 29 – juris.

ausreichenden Versorgung der Bevölkerung mit Dienstleistungen des Mobilfunks entgegenstellen möchte. Wählt sie bspw. den Schutz des Ortsbilds als
Primärziel des planerischen Konzepts, so muss dieses den genannten entgegenstehenden privaten und öffentlichen Belangen standhalten. Nur Gemeinden, die
tatsächlich eine historisch erhaltenswerte Prägung besitzen und sich gegen den
Bau von Mobilfunkanlagen wenden möchten sei geraten, bereits die Erforderlichkeit unter Zuhilfenahme der Erhaltung des Ortsbilds zu rechtfertigen, da die
Festlegung des primären Planungsziels Auswirkungen auf die späteren Anforderungen in der Abwägung hat. Besitzt die Gemeinde keinen oder wenig objektiv
historisch erhaltenswerte Bauten, könnte ansonsten schnell der Eindruck einer
Negativplanung aufkommen, die unter dem Deckmantel der Ortserhaltung den
Bau von Mobilfunkanlagen zu verhindern versucht. Die planerische Konzeption
der Gemeinde muss somit hinreichend begründbar sein.

So wurde die Beschränkung der Höhe aller Mobilfunkanlagen im Bebauungsplan aus Gründen der Ortsbilderhaltung für rechtens erachtet, um die Über-
ragung der Turmspitze einer denkmalgeschützten evangelischen Kirche zu
verhindern.[440] Dieses Beispiel gilt freilich nur für Mobilfunkanlagen, die eine
gewisse Höhe besitzen. Das Argument einer Erhaltung des Ortsbildes wird ent-
kräftet, wenn sich die Mobilfunkanlage ins Ortsbild einfügt. So „verstecken"
manche Gemeinden gerade kleinere Mobilfunkanlagen in oder an Kirchtürmen
und tarnen sie mit einer Musterung, die der des Kirchturms entspricht.[441]

Die Gemeinde sollte somit, möchte sie städtebauliche Gründe geltend
machen, die keine gesundheitlichen Aspekte betreffen, starke örtliche Argumente zur Verfügung stehen haben, die den Einzelfall rechtfertigen, um nicht
dem Vorwand einer Negativplanung ausgesetzt zu sein und in der späteren
Abwägung als Gewinner hervorzugehen.

Ein städtebaulicher Belang, der tatsächlich von der örtlichen Beschaffenheit
des Gemeindegebiets weitestgehend unabhängig ist, ist der Belang des Gesundheitsschutzes durch Strahlungsminimierung. Da dieses Planungsziel bereits in
den letzten Jahren durch die Rechtsprechung städtebauliches Gewicht aufgrund
der mangelnden Forschungsergebnisse bei Kindern erlangt hat, sollte es von
einer planenden Gemeinde, welche Mobilfunkanlagen im Gemeindegebiet ausschließen möchte, als primäres Planungsziel geführt werden. Aufgrund seiner

---

440 So der BayVGH, Urteil v. 2.10.2014, BauR 2015, S. 627 ff.
441 So bspw. die St. Nikolai Kirche in Kappeln. *Wikimedia Commons* (Fabian Horst),
abrufbar unter: https://commons.wikimedia.org/wiki/File:St.Nikolai-Kappeln-
getarnte-Mobilfunksektoren.jpg.

universellen Bedeutung kann der Belang des Gesundheitsschutzes und der Strahlungsminimierung den übrigen entgegenstehenden Belangen Stand halten.

B. Das Bestimmtheitsgebot

Der Bebauungsplan muss zudem bestimmt genug sein. Dies ergibt sich bereits aus dem Rechtsstaatsprinzip und gilt universell für alle Rechtsnormen. Die Gemeinde muss somit hinreichend und klar formulieren, welche Gebiete von Mobilfunkbasisstationen freizuhalten sind. Textteil und zeichnerische Festsetzungen dürfen sich nicht widersprechen.[442] Die Planzeichnung muss eindeutig lesbar sein und muss als Planunterlage eine maßstabsgetreue Karte beinhalten.[443] Je konkreter die Ausführungen, je detaillierter die Zeichnungen, desto weniger Angriffsfläche bieten Gemeinden in späteren gerichtlichen Auseinandersetzungen. Die textlichen Planfestsetzungen erlauben jedoch die Verwendung unbestimmter Rechtsbegriffe, soweit diese der Auslegung zweifelsfrei zugänglich sind.[444]

C. Die Anpassungspflicht nach § 1 Abs. 4 BauGB

Weiterhin sind Bauleitpläne den Zielen der Raumordnung nach § 1 Abs. 4 BauGB anzupassen. Diese stellen Vorgaben dar, die eine einheitliche überregionale Landes- oder Bundesplanung gewährleisten. Die Anpassungspflicht gilt hierbei nur für Ziele, nicht für festgesetzte Grundsätze. Zudem stellt die Anpassung einen Planungsleitsatz dar, welcher durch die spätere Abwägung nicht überwunden werden kann.[445] Bei Zielen fand eine umfassende Abwägung bereits auf höherer Ebene statt, sodass nun auf kommunaler Ebene eine strikte Bindungswirkung besteht; Grundsätzen wird dafür auf konkret kommunaler Ebene in der bauplanerischen Abwägung erstmalig Gewicht beigemessen.[446] „Anpassen" bedeutet, dass sowohl negativ das Raumordnungsziel nicht vereitelt oder behindert werden darf, als auch positiv die Gemeinde im Rahmen ihrer Bauleitplanung

---

442 VGH Mannheim, Urteil v. 11.4.1997, 5 S 512/95, Rn. 20 – juris; für eine ausführliche Übersicht siehe *Reidt,* in: Bracher et al., Bauplanungsrecht, 8. Aufl. 2014, S. 90 ff.
443 *Reidt,* in: Bracher et al., Bauplanungsrecht, 8. Aufl. 2014, S. 90 ff.
444 *Reidt,* in: Bracher et al., Bauplanungsrecht, 8. Aufl. 2014, S. 90 ff.
445 Zu Planungsleitsätzen siehe später unter *Vierter Teil, E., II., 2.* und vertieft *Stüer, Der Bebauungsplan,* 5. Aufl. 2015, Rn. 837.
446 *Franz Dirnberger,* in: Spannowsky/Uechtritz, BeckOK, Baugesetzbuch, § 1, Rn. 67; *Kümper,* ZfBR 2018, S. 119 (122).

dem verbindlichen Ziel entgegenstreben muss.[447] Die Raumplanung schafft
dahingehend Rahmenbedingungen und ist grundsätzlich auf die weitere Konkretisierung auf kommunaler Ebene angewiesen.[448] Die Intensität und Reichweite dieser Konkretisierungen hängen davon ab, wie eng die Grenzen des Ziels
gesetzt worden sind. Lässt das Ziel Handlungsmöglichkeiten offen und der
Gemeinde Gestaltungsspielraum, entfaltet es schwächere Rechtsbindungen als
ein Ziel, das gemeindescharf formuliert ist und die Bauleitplanung durch konkrete Vorgaben einschränkt.[449] Da die Gemeinde bei planerischen Durchgriffen
auf ihr konkretes Gemeindegebiet in den Planungsprozess der Raumordnung
einbezogen wird, ist der Eingriff in die Planungsfreiheit gerechtfertigt.[450]

Es stellt sich somit im Vorfeld die Frage, welche Arten der Raumplanung für
die jeweilige Gemeinde von Bedeutung sind: gibt es bspw. Landesentwicklungspläne oder Regionalpläne, welche verbindliche Vorgaben zu Mobilfunkangelegenheiten treffen und somit die planerische Vorgehensweise der Gemeinde
beeinflussen könnten?[451]

So werden die flächendeckende Versorgung mit Telekommunikationsdiens-
ten und der Ausbau der telekommunikativen Infrastruktur gemäß dem Stand
der Technik im Landesentwicklungsprogramm Bayern lediglich als Grundsatz
dargelegt, der in der späteren bauplanerischen Abwägung nach § 1 Abs. 7 BauGB
Relevanz entfaltet.[452] In Mecklenburg-Vorpommern dagegen ist die flächendeckende Versorgung mit Telekommunikation ein verbindliches Ziel des Landesentwicklungsplans, sodass hier von vornherein die Planung mit dem Ziel der

---

447 BVerwG, Beschluss v. 20.8.1992, NVwZ 1993, S. 167 (168).
448 BVerwG, Beschluss v. 20.8.1992, NVwZ 1993, S. 167 (168).
449 Hierzu *Kümper*, ZfBR 2018, S. 119 (123).
450 BVerfG NVwZ 1988, S. 47 ff.; *Franz Dirnberger*, in: Spannowsky/Uechtritz, BeckOK,
     Baugesetzbuch, § 1, Rn. 60.1.
451 Siehe als Beispiel den Vorschlag des Regionalverbands Ostwürttemberg zur Fort-
     schreibung des Regionalplans, der die Gesundheitsbesorgnisse der Bürger aufgreift
     und anhand raumplanerischer Werkzeuge versucht, diesen Sorge zu tragen, abrufbar
     unter: http://www.ostwuerttemberg.org/uploads/tx_hwmeetings/top_2_mobilfunk.
     pdf.
452 Siehe Landesentwicklungsplan Bayern, Ziffer 1.4.1., abrufbar unter: https://www.
     landesentwicklung-bayern.de/fileadmin/user_upload/landesentwicklung/Doku-
     mente_und_Cover/Instrumente/LEP_Lesefassung_2018/LEP_Stand_2018.pdf;
     ebenfalls der Landesentwicklungsplan Baden-Württemberg, Ziffer 4.6.1, abrufbar
     unter: https://vm.baden-wuerttemberg.de/de/service/publikation/did/landesentwick-
     lungsplan/.

Versorgung übereinstimmen muss.[453] Das Planungsziel ist nicht im Wege der bauplanerischen Abwägung überwindbar.[454]

Es stellt sich daher die Frage, was die Gemeinde bei der Aufstellung der Bauleitpläne konkret in Sachen Mobilfunk beachten muss. Die Gemeinde hat keinen Versorgungsauftrag[455], das BVerwG betont jedoch das allgemeine hohe öffentliche Interesse an einer flächendeckenden Versorgung mit Mobilfunk.[456] Stellt ein flächendeckender Telekommunikationsausbau auf dem Stand der Technik eine Grundsatzvorgabe dar, ist dieser Belang lediglich in der bauplanerischen Abwägung als Belang zu berücksichtigen. Da das BVerwG der Mobilfunkversorgung bereits hohes Gewicht zugemessen hat, wird durch einen Raumordnungsgrundsatz diesem Belang lediglich weiter Nachdruck verliehen. Entschließt sich der Raumordnungsplaner jedoch dafür, den Telekommunikationsausbau als Raumordnungsziel zu gestalten, dürfen Bauleitpläne die Verwirklichung dieses Ziels nicht vereiteln und müssen mit diesem in Konformität stehen.[457] Verbindlichkeit bedeutet jedoch nicht, dass Abweichungen völlig unzulässig sind. Inwieweit die Gemeinde abweichen kann, hängt jedoch davon ab, wie konkret die inhaltliche Festsetzung im Raumordnungsplan ausgestaltet ist.[458] Es bleibt dem Raumordnungsplaner überlassen, wie viel Gestaltungsspielraum er den Gemeinden einräumen möchte.[459]

So ist die Zielvorgabe in Mecklenburg-Vorpommern bspw. wie folgt formuliert:

„Die digitale Kommunikationsinfrastruktur ist auf dem Stand der Technik flächendeckend auszubauen."

Hier werden den Gemeinden allgemein keine konkreten räumlichen Änderungen oder Vorgaben, wie die Zuweisung von Funktionen einzelner Baugebiete, aufgetragen oder gar spezifische Gemeindeflächen verplant. Auch sagt das Ziel nichts darüber aus, dass gerade oder speziell nur die Mobilfunktechnik auszubauen ist, sondern spricht von allgemeinen Kommunikationsmitteln. Die

---

453 Siehe Ziffer 5.2 des Landesentwicklungsplans Mecklenburg-Vorpommern, abrufbar unter: https://www.regierung-mv.de/serviceassistent/download?id=1576266.
454 BVerwG, Beschluss v. 20.8.1992, NVwZ 1993, S. 167 (168).
455 Siehe *Dritter Teil, B., II.*
456 BVerwGE 144, 82 (88).
457 *Kümper*, ZfBR 2018, S. 119 (123), m.w.N.
458 VGH Kassel, NVwZ-RR 2007, S. 298 ff.; OVG Koblenz, NVwZ-RR 2007, S. 303 ff.; OVG Lüneburg, NVwZ-RR 1997, S. 690 ff.
459 BVerwGE 90, 329 (334).

Gemeinde ist in der Wahl ihrer Mittel und planerischen Aktivität zur Umsetzung dieses Ziels frei.[460] Eine Unterminierung des Ziels wäre bspw. dann gegeben, wenn die Gemeinde das gesamte Gemeindegebiet von Mobilfunkanlagen freihalten wollen würde, da eine digitale Kommunikationsinfrastruktur auf dem Stand der Technik neben Breitband u.a. auch den Mobilfunk umfasst. Die Ausweisung von Alternativstandorten erweist sich in solchen Fällen als Handeln der goldenen Mitte: die raumplanerischen Vorgaben werden nicht untergraben, wenn die Gemeinde die Standortauswahl kontrolliert, da sie durch die Ausweisung verdeutlicht, dass genug „Raum" für Mobilfunksendeanlagen und eine dem Ziel des Raumordnungsplans angemessene Kommunikationsinfrastruktur besteht. Dennoch besitzt die Gemeinde trotzdem die Möglichkeit, ihre planerische Konzeption komplett durchzusetzen und die Strahlung im Gemeindegebiet zu minimieren.

Allgemein gilt, egal ob Ziel oder Grundsatz: das öffentliche Interesse an flächendeckendem Mobilfunk ist bedeutsam und muss im Rahmen der Anpassungspflicht je nach Grad der Verbindlichkeit und Konkretisierung berücksichtigt werden.

D. Die Beachtung des Planungsrahmens

Den Kern der baurechtlichen Planung bilden die Vorschriften der BauNVO i.V.m. § 9 BauGB. Diese geben den Planungsrahmen der Gemeinde vor und beschränken zulässigerweise ihre Planungshoheit.[461] Eine Gemeinde muss sich einen Überblick über die in Frage stehenden Aspekte und rechtlichen Möglichkeiten verschaffen, ehe sie konkret ihre Pläne zu Papier bringen kann. Im Fokus stehen sowohl die Möglichkeiten einer Flächenzuweisung im Gemeindegebiet und ihre Voraussetzungen als auch die wichtige positive Ausschlussmöglichkeit mit ihren gesetzlichen Besonderheiten.

I. Flächenzuweisung durch Versorgungsflächen

Die Gemeinde hat die Möglichkeit im Bebauungsplan verschiedene Festsetzungen zu treffen. So ist es der Gemeinde erlaubt, Versorgungsflächen nach § 9 Abs. 1 Nr. 12 BauGB festzusetzen. Sinn und Zweck der Ausweisung von Versorgungsflächen ist es, Versorgungsanlagen wie Wind- und Energieanlagen zu bündeln und flächenartig zu zentrieren, da deren Existenz in der Gemeinde für

---

460 BVerwG, Beschluss v. 20.8.1992, NVwZ 1993, S. 167 (168).
461 *Wilhelm Söfker*, in: Ernst et al., Baunutzungsverordnung, § 1, Rn. 4.

die städtebauliche Entwicklung zum einen erforderlich ist, zum anderen solche Anlagen punktuell in den einzelnen Baugebieten dem Zweck der Versorgung wohl nicht gerecht würden und größere Anlagen in den meisten Baugebieten nicht erlaubt wären.

Unabhängig davon, ob man unter „Versorgungsflächen" ebenfalls fernmeldetechnische Anlagen fassen kann, da hierunter primär Wasser, Gas, Heizwärme und mit der Klimaschutznovelle 2011 ebenfalls regenerative Energien fallen[462], fehlt es an der Notwendigkeit einer solchen Festsetzung. Hält man sich den Zweck der Versorgungsflächen vor Augen, sind Festsetzungen, die eine Versorgungsfläche mit Mobilfunkanlagen zum Inhalt haben nicht notwendig, da Mobilfunkbasisstationen zumindest als fernmeldetechnische Nebenanlagen i.S.v. § 14 Abs. 2 S. 2 BauNVO in der Regel ausnahmsweise zulässig sind.[463] Eine flächendeckende Versorgung durch Mobilfunk kann bereits punktuell durch Mobilfunkanlagen auf verschiedenen Gebäuden im Gemeindegebiet erreicht werden – es besteht daher kein Bedarf an der Ausweisung einer Mobilfunkfläche.[464] Ganz im Gegenteil sogar: aufgrund der Tatsache, dass Mobilfunkanlagen als Nebenanlagen grundsätzlich nahezu überall platziert werden können, würde es dem städtebaulichen Grund des Gesundheitsschutzes und der Strahlungsminimierung widersprechen, würde man zu der Möglichkeit innerorts einzelne Anlagen zu errichten zusätzlich eine Art „Mobilfunkanlagenpark" schaffen.

Auch aus technischer Hinsicht erscheinen Mobilfunkversorgungsflächen nicht sinnvoll. Anstelle einer zentralen Bündelung, die lediglich eine örtliche Verstärkung des Netzes bewirkt, müssen zur Erreichung des Ziels einer flächendeckenden Versorgung Mobilfunkanlagen punktuell an unterschiedlichen Orten der Gemeinde platziert werden. Erst hierdurch kommt die Weiträumigkeit zustande.

Zudem bewirkt allein die Festsetzung von Versorgungsflächen nicht, dass Mobilfunkanlagen von allen anderen Flächen ausgeschlossen sind.[465] Eine Festsetzung bewirkt nur, dass sonstige bauliche Vorhaben ihr in ihrem Geltungsbereich nicht widersprechen dürfen. Eine Ausweisung von Versorgungsflächen

---

462 Verneinend *Herkner*, BauR 2006, S. 1399 (1409), bejahend *Ulrich Battis*, in: ders. et al., Baugesetzbuch, § 9, Rn. 69; *Numberger/Thum*, BayVBl 2007, S. 353 (354); *Hans-Georg Gierke*, in: Brügelmann, Baugesetzbuch, § 9, Rn. 515.

463 Zum Anlagenbegriff siehe unter *Vierter Teil, D., III., 1.*

464 *Stephan Mitschang/Olaf Reidt*, in: Battis et al., Baugesetzbuch, § 9, Rn. 69; *Wilhelm Söfker*, in: Ernst et al., Baugesetzbuch, § 9, Rn. 110.

465 BayVGH, Urteil v. 2.8.2007, ZfBR 2008, S. 287 (290); *Wehr*, BayVBl 2006, S. 453 (459).

wäre einer Gemeinde, die eine Strahlungsreduzierung anstrebt, somit eher gegenläufig.

II. Ausweisung von Konzentrationsflächen im Außenbereich

Im Außenbereich steht der Gemeinde die Möglichkeit offen, nach § 35 Abs. 3 S. 3 BauGB im Interesse einer geordneten Entwicklung Konzentrationsflächen für privilegierte Vorhaben im Flächennutzungsplan auszuweisen und somit Alternativstandorte im Außenbereich festzulegen.[466] Rechtsfolge der Ausweisung ist eine Ausschlusswirkung, welche die Errichtung privilegierter Anlagen an einer anderen Stelle als der ausgewiesenen Fläche im Außenbereich verhindert.[467]

Mobilfunkanlagen sind nach § 35 Abs. 1 S. 3 BauGB Anlagen der öffentlichen Versorgung mit Telekommunikation und genießen damit einen privilegierten Status im Außenbereich. Diese gesetzgeberische Privilegierung führt zunächst zu einem Anstieg an Gewichtigkeit vor allem zugunsten der Mobilfunkbetreiber. Gemeinden besitzen durch die vorrangige Ausweisung bestimmter Standorte daher die Möglichkeit, die vom Gesetzgeber privilegierten Mobilfunkanlagen im übrigen Außenbereich auszuschließen.

Diese Ausschlusswirkung gilt zwar nur „in der Regel" – die Ausnahme stellt jedoch der Sonderfall einer unzumutbaren Belastung dar. An der Frage, wann eine solche konkret vorliegt scheiden sich die Geister.[468] Im Einzelfall kann eine Anlage trotz ausgewiesener Konzentrationsfläche zudem nur dann abweichend genehmigt werden, wenn die Errichtung und Position des Vorhabens nicht der Zielrichtung der Ausweisung und der planerischen Konzeption der Gemeinde widerspricht.[469] Weist die Gemeinde eine Mobilfunkkonzentrationsfläche zu dem Zweck der Verhinderung eines „Wildwuchses" aus, so braucht es einen gewichtigen atypischen Sonderfall, um eine einzelne Mobilfunkanlage als

---

466 BVerwG, Urteil v. 17.12.2002, NVwZ 2003, S. 733 (738).

467 *Wilhelm Söfker*, in: Ernst et al., Baugesetzbuch, § 35, Rn. 123; Deutscher Bundestag, Beschlussempfehlung und Bericht des Ausschusses für Raumordnung, Bauwesen und Städtebau, BT-Drs. 13/4978, S. 7.

468 Oder zumindest Rechtsprechung und Literatur, siehe BVerwG, Urteil v. 26.4.2007, ZUR 2007, S. 416 f.; OVG Magdeburg, Beschluss v. 9.8.2011, 2 L 11/10, Rn. 20 – juris; OVG Lüneburg, Urteil v. 13.6.2007, ZfBR 2007, S. 689 f.; *Wilhelm Söfker*, in: Ernst et al., Baugesetzbuch, § 35, Rn. 128a.

469 Ständige Rechtsprechung nach OVG Lüneburg in den Urteilen v. 13.6.2007, 12 LC 36/07, Rn. 41 – juris, und 12 LB 25/07, Rn. 43 – juris; OVG Lüneburg Urteil v. 15.5.2009, 12 LC 55/07, Rn. 32 – juris; BVerwG Urteil v. 17.12.2002, NVwZ 2003, S. 733 (737); *Stephan Mitschang/Olaf Reidt*, in: Battis et al., Baugesetzbuch, § 35, Rn. 118.

Ausnahme genehmigen zu können, da eine separate Aufstellung dem Planungsziel evident widerspricht.[470]
Entscheidet sich eine Gemeinde für die Darstellung einer Konzentrationsfläche im Außenbereich, sind dieser Entscheidung zwei weitere Entscheidungen
immanent: die Gemeinde entscheidet sich dadurch einerseits die Privilegierung
einer Anlage des Gesetzgebers auf einen bestimmten Bereich zu fokussieren, und
dadurch andererseits die restlichen Bereiche des Außengebiets von dieser Anlagenart zugunsten bestimmter Schutzgüter freizuhalten. Aus diesem Grund ist
ein schlüssiges Planungskonzept der Gemeinde über Standorte der betreffenden
Anlagen notwendig.[471] Bei der Festlegung von Konzentrationszonen im Außenbereich muss somit darauf geachtet werden, dass zum einen auf den ausgewiesenen Standortflächen Mobilfunkanlagen tatsächlich rechtlich zulässig sind und
diese zum anderen die Netzversorgung sichern können. Je geringer die Dichte
von Mobilfunkanlagen auf einer bestimmten Fläche ist, desto stärker muss die
individuelle Sendeleistung der einzelnen Anlage sein. Dementsprechend ist zu
prüfen, ob eine Bündelung der Fläche als Konzentrationszone im Einzelfall nicht
zu einer Verschlechterung der Gesamtnetzleistung führen wird.[472]
Die Möglichkeit der Gemeinde einen Bebauungsplan für die bestimmte
Fläche im Außenbereich aufzustellen und damit Festsetzungen für Mobilfunkanlagen an diesem Standort treffen zu können, um damit mehr planerische Kon-
trollmöglichkeiten und eine permanente Absicherung zu ermöglichen, bleibt
von § 35 Abs. 3 S. 3 unberührt.[473]

III. Ausschluss von Mobilfunkanlagen in Baugebieten der BauNVO

Das Instrument der Bauleitplanung stellt für die Gemeinde die sicherste Pla-
nungsmöglichkeit dar. Hiermit ist es ihr möglich, sowohl Innen- als auch
Außenbereich nach ihrem planerischen Ermessen und ihren Vorstellungen
zu gestalten. Ein Ausschluss von Mobilfunkanlagen ist i.V.m. § 9 Abs. 1 Nr. 1
BauGB unter verschiedenen Voraussetzungen möglich.

---

470 *Wilhelm Söfker*, in: Ernst et al., Baugesetzbuch, § 35, Rn. 128a.
471 *Wilhelm Söfker*, in: Ernst et al., Baugesetzbuch, § 35, Rn. 123a; *Stephan Mitschang/
Olaf Reidt*, in: Battis et al., Baugesetzbuch, § 35, Rn. 115.
472 *Holger Tobias Weiß*, in: Hoppenberg/ de Witt, Handbuch des öffentlichen Baurechts,
2019, Z VI., Rn. 110.
473 *Wilhelm Söfker*, in: Ernst et al., Baugesetzbuch, § 35, Rn. 123b.

1. Ausschluss nach § 1 Abs. 5 und Abs. 6 BauNVO

Nach § 1 Abs. 5 Nr. 1 BauNVO kann eine allgemeine zulässige Nutzung, die in den Baugebieten der §§ 2 bis 9 BauNVO vorgesehen ist, umfassend ausgeschlossen werden. Hierbei muss jedoch einschränkend die allgemeine Zweckbestimmung des Baugebiets gewahrt bleiben. Da die allgemeinen Nutzungen in den Baugebieten der §§ 2 bis 9 BauNVO das jeweilige Baugebiet prägen, ist diese Einschränkung bei einem gewünschten Ausschluss auch notwendig. Ein Ausschluss von prägenden allgemeinen Nutzungen ist in der Praxis an strenge Anforderungen geknüpft und somit oft problematisch. Hinsichtlich des Ausschlusses von Mobilfunkanlagen wäre ein Ausschluss potentiell für die Baugebiete der §§ 4a-9 BauNVO zumindest rechtlich möglich, da Mobilfunkanlagen als „sonstige Gewerbebetriebe" dort allgemein zulässig sind.

Nach § 1 Abs. 6 Nr. 1 BauNVO kann im Bebauungsplan festgesetzt werden, dass alle oder einzelne Ausnahmen, die in den Baugebieten der §§ 2-9 BauNVO vorgesehen sind, nicht Bestandteil des Bebauungsplans werden. Der Ausschluss von Ausnahmen ist im Vergleich zu Abs. 5 nicht an die Erhaltung des Gebietscharakters gebunden. Grund dafür ist die grundsätzlich fehlende Prägung einer Ausnahme für die Zweckbestimmung des Baugebiets. Die allgemein zulässigen Nutzungen prägen überwiegend die Zweckbestimmung des jeweiligen Baugebiets, welches in den Vorschriften der §§ 2-9 BauNVO jeweils in Abs. 1 zu finden ist. So lässt der Verordnungsgeber in § 1 Abs. 6 Nr. 1 BauNVO beim Ausschluss von Ausnahmen das Erfordernis der Erhaltung des Gebietscharakters zu Recht außen vor, während er in Nr. 2 – welcher die allgemeine Zulässigkeit einer Ausnahme ermöglicht – die Beschränkung der Zweckbestimmung ausdrücklich festlegt. Durch die Umwandlung einer Ausnahme zu einer allgemeinen Nutzung erlangt die Ausnahme eine stark prägende Wirkung und kann sich somit modifizierend auf den Gebietscharakter eines Baugebiets auswirken.[474]

Mobilfunkanlagen sind in allen Baugebieten mit Ausnahme des reinen Wohngebiets nach § 3 BauNVO als sonstige nicht störende Gewerbebetriebe regelhaft oder ausnahmsweise zulässig. Zusätzlich sind im reinen Wohngebiet, welches nicht störende Gewerbebetriebe weder regelhaft noch ausnahmsweise zulässt, Mobilfunkanlagen als fernmeldetechnische Nebenanlagen nach § 14 Abs. 2 S. 2 BauNVO als Ausnahme möglich.

Zwar erwähnt die Vorschrift des § 1 Abs. 6 BauNVO die Ausnahmenmodifizierung des § 14 BauNVO nicht, sondern beschränkt sich zunächst auf die

---

474 *Wilhelm Söfker*, in: Ernst et al., Baunutzungsverordnung, § 1, Rn. 80.

Ausnahmen der §§ 2-9 BauNVO, jedoch wurde höchstrichterlich entschieden, die Ausnahmen des § 14 BauNVO – im Urteil konkret Mobilfunkanlagen – ebenfalls zu berücksichtigen. § 14 BauNVO habe eine ergänzende Wirkung hinsichtlich der Baugebiete, sodass jene Ausnahmen nicht anders zu behandeln seien, als Ausnahmen nach §§ 2-9 BauNVO.[475] Ein Ausschluss von Mobilfunkanlagen als fernmeldetechnische Nebenanlagen nach § 14 Abs. 2 S. 2 BauNVO ist daher nach § 1 Abs. 6 Nr. 1 BauNVO möglich. Aufgrund des meist längeren Aufenthalts tags- und nachtsüber und des Lebensmittelpunkts der einzelnen Gemeindeeinwohner wird die Gemeinde vor allem ein Interesse daran haben, Mobilfunkanlagen aus reinen Wohngebieten nach § 3 BauNVO und allgemeinen Wohngebieten nach § 4 BauNVO auszuschließen.

Zwar regelt § 14 Abs. 2 S. 2 BauNVO, dass allgemein in allen Baugebieten Mobilfunkanlagen als fernmeldetechnische Nebenanlagen ausnahmsweise zulässig sind, jedoch ist hier auf das bereits angesprochene Konkurrenzverhältnis zwischen den Normen zu verweisen.[476] Sind Mobilfunkanlagen gemäß der jeweiligen Norm des Baugebiets regelhaft oder ausnahmsweise bereits als Hauptanlagen im Sinne (nicht störender) Gewerbebetriebe zulässig, so ist vorrangig ein Ausschluss hiernach zu prüfen. Lediglich wenn das Baugebiet weder regelhaft noch ausnahmsweise Mobilfunkanlagen als Hauptanlagen zulässt, modifiziert § 14 Abs. 2 S. 2 BauNVO die Norm dahingehend, dass sie Mobilfunkanlagen als fernmeldetechnische Nebenanlagen ausnahmsweise zulässt. Dies ist nur bei reinen Wohngebieten nach § 3 BauNVO der Fall.[477]

2. Besondere städtebauliche Gründe nach § 1 Abs. 9 BauNVO

Zu fernmeldetechnischen Nebenanlagen gehören nicht nur Mobilfunkanlagen. Hierunter fallen auch u.a. Breitbandverteilungsanlagen und Kabinen für Fernsehumsetzer.[478] Intendiert die Gemeinde einen Ausschluss von allein Mobilfunkanlagen aus einem konkreten Baugebiet, reichen § 1 Abs. 5 und 6 BauNVO für ihr Anliegen nicht aus. Nach § 1 Abs. 5 und 6 BauNVO können einzelne

---

475 BVerwGE 144, 82 (89).

476 Siehe *Zweiter Teil, B., II.*

477 An dieser Stelle ebenfalls nur ein kurzer Verweis auf die dadurch entstehende Aushebelung des Schutzniveaus, siehe *Zweiter Teil, B., II.*

478 Bundesrat, Verordnung des Bundesministers für Raumordnung, Bauwesen und Städtebau. Vierte Verordnung zur Änderung der Baunutzungsverordnung v. 30.6.1989, BR-Drs. 354/89, S. 57; *Jürgen Stock*, in: Ernst et al., Baunutzungsverordnung, § 14, Rn. 83.

Ausnahmen, nicht aber bestimmte Anlagenarten ausgeschlossen werden. So ist es möglich, alle „nicht störenden Gewerbebetriebe" oder „fernmeldetechnischen Nebenanlagen" auszuschließen, nicht jedoch nur die einzelne Anlagenart „Mobilfunkanlage".

§ 1 Abs. 9 BauNVO verschafft Abhilfe – und ermöglicht den Ausschluss einer bestimmten Anlagenart in einem Baugebiet. Der planenden Gemeinde wird eine detaillierte Steuerungsmöglichkeit gewährt und somit Abs. 5 und 6 erweitert.[479] Diese Erweiterung soll der Gemeinde jedoch nur zugutekommen, wenn besondere städtebauliche Gründe dies rechtfertigen. Besondere städtebauliche Gründe liegen dann vor, wenn die nach Abs. 9 geforderte noch feinere Differenzierung der Zulässigkeit bestimmter Anlagen erforderlich ist.[480]

Feinplanung innerhalb aller fernmeldetechnischen Anlagen ist bereits deshalb wünschenswert, da sich die einzelnen Arten stark unterscheiden. Mobilfunkanlagen sind im Vergleich zu bloßen Antennenträgern oder Kabinen für Fernsehumsetzer, die ebenfalls fernmeldetechnische Nebenanlagen darstellen und nur unterstützend wirken, jedoch keine Strahlung emittieren, gefährlicher.

Aufgrund der unterschiedlichen Anforderungen und Zielrichtungen der Baugebiete sind die besonderen städtebaulichen Gründe für jedes Baugebiet und jede auszuschließende Anlagenart separat zu ermitteln. Jedes Baugebiet verfolgt eine andere Funktion im Gesamtkonstrukt der Planung. So dienen reine Wohngebiete nur dem Wohnen nach § 3 Abs. 1 BauNVO, während Kerngebiete überwiegend der Unterbringung von Handelsbetrieben sowie den zentralen Einrichtungen der Wirtschaft, der Verwaltung und der Kultur dienen, siehe § 7 Abs. 1 BauNVO. Wählt die Gemeinde den Ausschluss einer konkreten Anlagenart, muss sie begründen, wieso jene Feindifferenzierung in konkretem Baugebiete erforderlich erscheint. Ansonsten könnte die Gemeinde pauschal das gesamte Gemeindegebiet von einer Anlagenart freihalten, ohne die spezifischen Ortsgegebenheiten näher betrachten zu müssen.

Da für die Anwendbarkeit des § 1 Abs. 5, 6 und 9 BauNVO die Festsetzung eines Baugebiets zwingende Voraussetzung ist, kann die Gemeinde darüber

---

479　*Wilhelm Söfker*, in: Ernst et al., Baunutzungsverordnung, § 1, Rn. 99. „Daran bestehen für Mobilfunkanlagen keine Zweifel." Das BVerwG nimmt sogar pauschal einen besonderen städtebaulichen Grund an, wenn Mobilfunkanlagen betroffen sind, siehe BVerwG, Urteil v. 30.8.2012, ZfBR 2013, S. 42 (44).

480　BVerwGE 77, 317 (320 f.); *Wilhelm Söfker*, in: Ernst et al., Baunutzungsverordnung, § 1, Rn. 104.

hinaus im unbeplanten Innenbereich keine Mobilfunkanlagen ausschließen, ohne eine konkrete Gebietsfestsetzung zu treffen.[481]

a. Allgemeines Wohngebiet nach § 4 BauNVO

Fall B: Der Bebauungsplan der Gemeinde Schönbach weist im Süden des Gemeindegebiets ein allgemeines Wohngebiet aus. Neben vielen Mehrfamilienhäusern, einem Supermarkt und einem Sportverein, befindet sich am Rande des Wohngebiets aufgrund der zahlreichen ansässigen Kinder zudem eine Kindertagesstätte.

Ein allgemeines Wohngebiet kennzeichnet sich dadurch, dass es überwiegend dem Wohnen dient, § 4 Abs. 1 BauNVO. Unmissverständlich stellen daher nach Überzeugung des Verordnungsgebers Wohngebäude die wichtigste Nutzungsart im allgemeinen Wohngebiet dar.[482] So wird der Gebietscharakter zwar gewichtig durch Wohngebäude geprägt – aufgrund der weiteren allgemeinen Zulassung von Anlagen und Betrieben zur örtlichen Versorgung kommt jedoch eine gemischte Prägung zustande. Des Weiteren erlaubt § 4 Abs. 3 BauNVO diverse Ausnahmen.

Im allgemeinen Wohngebiet sind Mobilfunkanlagen als „sonstige nicht störende Gewerbebetriebe" nach Abs. 3 Nr. 2 ausnahmsweise zulässig. Nach § 1 Abs. 6 Nr. 1 i.V.m. Abs. 9 BauNVO kann die Anlagenart „Mobilfunkanlagen" als vorgesehene Ausnahme somit in der Form der Hauptanlage ausgeschlossen werden.

Bei einem Ausschluss von Mobilfunkanlagen aus dem allgemeinen Wohngebiet muss – da sich die Gemeinde auf eine bestimmte Anlagenart beschränkt – die Beschränkung des § 1 Abs. 9 BauNVO berücksichtigt werden. Hiernach dürfen bestimmte Arten der zulässigen Ausnahmen ausgeschlossen werden, wenn besondere städtebauliche Gründe eine Rechtfertigung zulassen. Diese kommen in Betracht, wenn eine konkrete örtliche Problemsituation keine generelle Planung zulässt, sondern gerade besondere Gründe vorliegen, die eine Feinplanung erfordern.[483] Der Sinn der Feinsteuerung liegt in der Bewältigung einer konkreten planerischen Aufgabe, die nicht generell lösbar ist.[484] Es ist ein örtlicher Bezug nötig, um eine planerische Aufgabe annehmen zu können.

---

481 *Holger Tobias Weiß*, in: Hoppenberg/ de Witt, Handbuch des öffentlichen Baurechts, 2019, Z VI., Rn. 106.
482 *Jürgen Stock*, in: Ernst et al., Baunutzungsverordnung, § 4, Rn. 1.
483 *Thomas Roeser*, in: König et al., Baunutzungsverordnung, § 1, Rn. 98.
484 *Uechtritz*, VerwArch 2010, S. 505 (519).

Das Wohnen gehört zur wichtigsten Prägung des allgemeinen Wohngebiets. Die Wohnruhe fällt unter die Schutzbestimmung dieses Baugebiets. Aufgrund der gemischten Prägung stellt der Schutz des Wohnens zwar einen gewichtigen Belang, nicht jedoch (wie bspw. im reinen Wohngebiet) den einzig zu berücksichtigenden Belang im Baugebiet dar. Somit kann der Schutz der Wohnruhe allein nicht pauschal als besonderer städtebaulicher Grund herangezogen werden.

Die Suche nach dem besonderen städtebaulichen Grund führt vielmehr über eine differenzierte Betrachtungsweise im Lichte der planerischen Aufgabe der Gemeinde. Unter „Wohnruhe" fällt ebenfalls gesundes Wohnen.[485] Allgemeine Wohngebiete verfolgen somit den Zweck, ihre Anwohner von Störungen, insbesondere Immissionen, die ein gesundes Wohnen beeinträchtigen können, freizuhalten.[486] Aufgrund der Bindung der Gemeinde an die Gewährleistung des Schutzes der Rechtsgüter aus Art. 2 Abs. 2 S. 1 GG bei der Ausübung der Planungshoheit und der Einordnung von Mobilfunkstrahlung als vorsorgerelevantes Risikoniveau spielt der Aspekt des Gesundheitsschutzes durch Strahlungsminimierung eine wichtige Rolle. So hat die Gemeinde gerade hinsichtlich junger Menschen aufgrund potentiell erhöhter Elektrosensibilität und Schutzbedürftigkeit einen verfassungsrechtlichen Schutzauftrag, der eine Vorsorge bei der Planung umfasst und verlangt.[487] Feinplanung ist somit dann erforderlich, wenn die Schutzbedürftigkeit der Anwohner eine örtliche Schutzbedürftigkeit darstellt und eine generelle Planung ohne ein konkretes Eingehen auf den örtlichen Problembezug diese vorhandene Schutzbedürftigkeit nicht hinreichend berücksichtigt. Die feinplanerische Tätigkeit der Gemeinde nach § 1 Abs. 9 BauNVO – der Ausschluss von Mobilfunkanlagen – führt daher in Verbindung mit dem Schutzauftrag zu einer Anknüpfung an die Schutzbedürftigkeit des Standorts als besonderen städtebaulichen Grund.

Bei der Planung hat sich die Gemeinde nun die Frage zu stellen, ob eine generelle Schutzbedürftigkeit der Wohngebiete ausreicht, um einen feinplanerischen Eingriff zu rechtfertigen, um Mobilfunkanlagen „pauschal" in allgemeinen Wohngebieten ausschließen zu können, oder eine spezifische örtliche Schutzbedürftigkeit, wie beispielsweise die erhöhte Sensibilität des Wohngebiets aufgrund

485 *Gerhard Hornmann*, in: Spannowsky et al., BeckOK, Baunutzungsverordnung, § 4, Rn. 21.

486 *Gerhard Hornmann*, in: Spannowsky et al., BeckOK, Baunutzungsverordnung, § 4, Rn. 21.

487 Siehe hierzu im Detail: *Dritter Teil, A.*

eines dort liegenden Kindergartens notwendig ist, um eine Ausschlussplanung zu ermöglichen.

Im fiktiven Beispielsfall liegt im allgemeinen Wohngebiet der Gemeinde Schönbach eine Kindertagesstätte. Kindergärten, Kindertagesstätten und Schulen stellen aufgrund der gesteigerten Anzahl an Kindern und somit auch an Schutzbedürftigkeit sensible Einrichtungen dar, die in der Planung besonders berücksichtigt werden müssen. § 4 der 26. BImSchV erkennt diese als besonders empfindliche Orte an, ordnet jedoch nur hinsichtlich Niederfrequenzanlagen eine besondere Vorsorge an. Mobilfunkanlagen als hochfrequente Anlagen werden qua Gesetz nicht berücksichtigt, sodass die Angewiesenheit auf kommunale Vorsorgeplanung umso größer ist.[488] Die potentiell erhöhte Empfindlichkeit hinsichtlich EMF bei Kindern rechtfertigt eine Feinplanung und einen (Teil-)Ausschluss zugunsten des Schutzes der Kinder zumindest in der näheren Umgebung der Kindertagesstätte. Verlassen Kinder die sensiblen Einrichtungen, um nach Hause zu gehen, verlassen sie jedoch ebenfalls den geschaffenen „EMF-Schutzraum".

Es darf somit nicht ausschließlich darauf geachtet werden, ob sich im allgemeinen Wohngebiet sensible Einrichtungen hinsichtlich Kindern und Jugendlichen befinden und bei fehlendem Vorliegen der besondere städtebauliche Grund der Gesundheitsvorsorge aufgrund Schutzbedürftigkeit negiert wird: vielmehr stellen die Wohneinrichtungen, in denen sich die Kinder außerhalb der Kindergarten- oder Schulzeiten aufhalten, selbst „sensible Einrichtungen" dar.[489]

Es steht fest, dass die persönliche und gesundheitliche Entwicklung der Kinder nur zu einem Bruchteil in den Kindertagesstätten und Schulen stattfindet – die meiste Zeit, vor allem die Nächte, Wochenenden und Ferien verbringen Kinder im Elternhaus. Die spezifische örtliche Schutzbedürftigkeit einer sensiblen Einrichtung ist zwar anhand der Anzahl der dort anwesenden schutzbedürftigen Kinder zu messen, sodass diese in einem Kindergarten sehr hoch ist. Betrachtet man jedoch jedes schutzbedürftige Kind einzeln, stellt man fest, dass die Schutzbedürftigkeit dieses Individuums außerhalb der betreuten Zeiten aufgrund der

---

488 Siehe *Dritter Teil, A., II., 2.*

489 Sensible Einrichtungen befinden sich meist nicht nur in Wohngebietsnähe und beziehen sich nicht nur auf Kinder und Jugendliche. So ist bspw. ein Krankenhaus, als auch ein Altersheim ebenfalls eine sensible Einrichtung und sollten verstärkt vor elektromagnetischer Strahlung geschützt werden. Bei kranken und älteren Menschen besteht ähnlich wie bei Kindern Grund zur Annahme einer erhöhten Elektrosensibilität.

höheren Stundenanzahl, die nicht im Kindergarten und in der Schule verbracht wird, deutlich höher ist.

Im Vergleich zu anderen Gebietsfestsetzungen in einer Gemeinde stellt das allgemeine Wohngebiet ein Baugebiet dar, das aufgrund des Wohnschutzes eine hohe Schutzbedürftigkeit aufweist. Da Kinder ihren Lebensmittelpunkt in den vier Wänden des Elternhauses besitzen, ist die Exposition durch athermische Effekte, welche ein vorsorgerelevantes Risikoniveau bewirken, hoch.[490] Bereits eine Mobilfunkanlage in unmittelbarer Nähe mehrerer Wohnhäuser birgt ein starkes Expositionsrisiko. Zwar befinden sich im Stadtkern möglicherweise Anlagen, die eine stärkere Exposition bewirken – die Zeitspanne, in der sich Kinder und Jugendliche jedoch zuhause aufhalten, umfasst vor allem die tägliche Nachtzeit und ist somit deutlich länger als die Zeit, die außerhalb des Elternhauses verbracht wird. Eine geringe Exposition kann über einen langen Zeitraum hinweg eine stärkere Gefahr bewirken, als eine stärkere Exposition in kurzer Zeit.

Allgemeine Wohngebiete sind somit generell als schutzbedürftig anzusehen, da Wohnhäuser bereits sensible Einrichtungen darstellen. Diese generelle Schutzbedürftigkeit allgemeiner Wohngebiete stellt im Lichte der planerischen Aufgabe der Gemeinde einen besonderen städtebaulichen Grund i.S.d. § 1 Abs. 9 BauNVO dar, welcher einen feinplanerischen Eingriff in Form des Ausschlusses von Mobilfunkanlagen ermöglicht.[491] Eine Feinsteuerung durch Ausschluss von lediglich Mobilfunkanlagen in allen allgemeinen Wohngebieten der Gemeinde wäre daher zulässig.[492]

Der Aspekt der Wahrung des Orts- und Landschaftsbilds als besonderer städtebaulicher Grund bewirkt keine generelle Schutzbedürftigkeit eines allgemeinen Wohngebiets. Zwar heben sich Mobilfunkanlagen optisch wahrnehmbar von Wohngebäuden und anderen Anlagen im allgemeinen Wohngebiet ab, sodass der Eindruck eines gewerblich orientierten Gebiets entstehen kann. Eine solche Störung wiegt im Verhältnis zu o.g. Argumenten hinsichtlich des

---

490 BVerwGE 144, 82 (87).
491 A.A. *Uechtritz*, VerwArch 2010, S. 505 (519), der einen Ausschluss für jedes allgemeine Wohngebiet einer Gemeinde als konkrete planerische Aufgabe ablehnt und zu einer konkreten Schutzbedürftigkeit tendiert, die im Einzelfall aufgrund erhöhter Sensibilität angenommen wird, ohne jedoch eine differenzierte Betrachtungsweise im Lichte des Ziels der planerischen Feinsteuerung vorzunehmen.
492 Die Schutzbedürftigkeit des auszuschließenden Gebiets muss von der Gemeinde ausdrücklich dargetan werden, siehe OVG Koblenz, Urteil v. 7.8.2003, 1 A 10196/03, Rn. 44 – juris.

Gesundheitsschutzes jedoch weniger stark, da die Erscheinung einer Mobilfunkanlage oft durch das Verstecken in bspw. Kirchtürmen kaschiert werden kann. Es kommt somit immer auf konkrete örtliche Gegebenheiten an, die eine Feinplanung erforderlich machen. Zudem besitzt das allgemeine Wohngebiet qua Gesetz eine gemischte Prägung, sodass durchaus aufgrund der ausnahmsweisen Zulassung von gewerblichen Anlagen eine zumindest teilweise gewerbliche Prägung optisch zulässig ist, solange der Gebietscharakter des überwiegenden Wohnschutzes erhalten bleibt. Eine Mobilfunkanlage wird das Ortsbild hier nicht wesentlich störend verändern. Daher ist davon abzuraten diesem Argument zu viel Gewicht beizumessen.

b. Reines Wohngebiet nach § 3 BauNVO

Fall C: Im Norden der Gemeinde Schönbach liegt ein reines Wohngebiet. Hier stehen einige Reihen- und Einfamilienhäuser mit u.a. zehn darin wohnenden Familien.

Im reinen Wohngebiet nach § 3 Abs. 1 BauNVO steht die Wohnruhe im Vordergrund.[493] Reine Wohngebiete dienen ausschließlich dem Wohnen und besitzen im Vergleich zu anderen Baugebieten keinen Vorbehalt hinsichtlich anderer Nutzungsarten.[494] Sie akzentuieren den Wohnzweck nicht nur, sie dienen ausdrücklich einzig seiner Verwirklichung.

Die Problematik der Einordnung einer Mobilfunkanlage in das System der BauNVO entfaltet ihre Wirkung im reinen Wohngebiet. Sieht man eine Mobilfunkanlage als Hauptanlage an, so ist sie weder grundsätzlich noch ausnahmsweise im reinen Wohngebiet zugelassen, siehe Wortlaut des § 3 BauNVO. § 14 Abs. 2 S. 2 BauNVO trifft jedoch hierzu eine Ergänzung und lässt in reinen Wohngebieten ausnahmsweise fernmeldetechnische Nebenanlagen zu. Diese Norm kommt heutzutage nahezu immer zum Einsatz und behindert das Schutzregime des § 3 BauNVO, da eine Mobilfunkanlage in den weit ausgebauten Mobilfunknetzen immer einen Teil der Hauptanlagen darstellt, mithin laut Gerichten praktisch keine Differenzierung zwischen Hauptanlage und fernmeldetechnischer Nebenanlage möglich ist.

Möchte eine Gemeinde in allen reinen Wohngebieten ihres Gemeindegebiets Mobilfunkanlagen ausschließen, kann sie sich der Ausschlussmöglichkeit des § 1 Abs. 6 Nr. 1 BauNVO i.V.m. § 14 Abs. 2 S. 2 BauNVO bedienen. Nach Abs. 9 ist ein Ausschluss jedoch ebenfalls nur dann zulässig, wenn besondere

---

493 *Jürgen Stock*, in: Ernst et al., Baunutzungsverordnung, § 3, Rn. 1.
494 Siehe z.B. § 4 Abs. 1 BauNVO, welcher normiert, dass allgemeine Wohngebiete *vorwiegend* dem Wohnen dienen.

städtebauliche Gründe dies rechtfertigen. Die Gemeinde muss darlegen, warum es konkret des Ausschlusses von Mobilfunkanlagen im reinen Wohngebiet bedarf.

Angesichts des klaren Wortlauts des § 3 BauNVO führt der qua Gesetz angeordnete dominierende Schutzzweck des Wohnens zu einer Bevorzugung von und Prägung durch Wohngebäude, welche die Hauptanlagen des Baugebiets darstellen. Den Ausnahmen kommt daher eine schwächere Bedeutung zu.[495] Verdeutlicht wird dies durch die Existenz kompromisslos reiner Wohngebiete, die keinerlei Ausnahme zulassen. Das Gesetz fordert kein Mindestmaß an Ausnahmen.

Zwar ergibt sich die Prägung des Baugebiets grundsätzlich aus der Zulassung der Hauptanlagen, wohingegen Ausnahmen eine schwache oder auch gar keine prägende Wirkung zukommt. Ausgeschlossen ist eine prägende Wirkung, die sich auf den Gebietscharakter des jeweiligen Baugebiets auswirkt, jedoch nicht. Ein städtebaulicher Grund für eine Feindifferenzierung könnte daher dann bestehen, wenn innerhalb einer Gruppe von ausnahmsweise zulässigen Anlagen eine bestimmte Anlagenart (bspw. Mobilfunkanlagen) eine Gebietscharakterveränderung bewirken könnte. Dann wäre eine Feinplanung erforderlich, um dieser entgegenzuwirken.

Durch die Aufstellung einzelner weniger Mobilfunkanlagen kommt es zwar optisch nicht zu einer Veränderung des Gebietscharakters, da die Wohngebäude weiterhin quantitativ überwiegen und gerade keine Gefahr besteht, das reine Wohngebiet könne sich aufgrund übermäßiger Ausnahmen in ein allgemeines Wohngebiet nach § 4 BauNVO wandeln. Zum Gebietscharakter gehört jedoch nicht nur das äußere Erscheinungsbild, sondern vor allem der Sinn und Zweck des jeweiligen Baugebiets und die Intention des Verordnungsgebers. Im reinen Wohngebiet nach § 3 Abs. 1 BauNVO steht die Wohnruhe und somit ein umfassender Schutz vor Störungen im Vordergrund.[496]

Die Anlagen der §§ 12-14 BauNVO sind in reinen Wohngebieten ausnahmsweise zulässig, da sie die Erfüllung der Wohnbedürfnisse fördern. § 12 BauNVO regelt die Zulassung von Stellplätzen und Garagen, § 13 BauNVO die Zulassung von Räumen für freie Berufe und § 14 die Nebenanlagen, worunter nach § 14 Abs. 2 S. 2 ebenfalls Mobilfunkanlagen als fernmeldetechnische Nebenanlagen zu verstehen sind. Im reinen Wohngebiet führen diese Normen dazu, dass genannte Anlagen ausdrücklich als Ausnahme zugelassen sind, obwohl § 3 BauNVO sie

---

495 *Jürgen Stock*, in: Ernst et al., Baunutzungsverordnung, § 3, Rn. 17.
496 *Jürgen Stock*, in: Ernst et al., Baunutzungsverordnung, § 3, Rn. 1.

nicht aufführt. Der Verordnungsgeber regelte dies mit der Intention, die Wohn-bedürfnisse der Einwohner besser erfüllen zu können. Der Umfang der Wohn-bedürfnisse bemisst sich nach den heutigen objektiven Lebensgewohnheiten. So sind Mobilfunkanlagen aufgrund der steigenden Anzahl der Mobilfunknutzer heute sozialadäquater als vor 20 Jahren. Da die Anlagen nach §§ 12, 13 und 14 BauNVO regelmäßig störungsfrei seien und sich in das Wohnumfeld einbinden, seien sie zur Erfüllung der modernen Wohnbedürfnisse zusätzlich im reinen Wohngebiet zulässig, ohne den Gebietscharakter zu „stören".[497]

Problematisch ist jedoch, dass sich die Rechtsprechung heutzutage auf das Kriterium der „Sozialadäquanz" fokussiert, anstatt den primären Fokus auf die „Störungsfreiheit" zu legen. Die Frage nach der Beeinträchtigung des Gebiets-charakters ist keine subjektive Frage, sondern vielmehr eine, die nach objektiven Kriterien zu bemessen ist. Es geht nicht nur darum, ob Mobilfunkanlagen sozial-adäquat und aus diesem Grund im reinen Wohngebiet zuzulassen sind. Dies ist lediglich der erste Schritt der Prüfung. Ist die Sozialadäquanz festgestellt, muss hinterfragt werden, ob von ihnen eine Störung ausgeht, die eine Überformung des Gebietscharakters erkennen lässt und den Schutzzweck der Wohnruhe min-dert. Eine andere Lesart würde dem Schutzzweck der Wohnruhe widersprechen. Diese Störung kann sowohl optischer als auch gesundheitlicher Art sein. Recht-sprechung und Literatur lassen bereits geringfügige Beeinträchtigungen durch andere Nutzungen genügen, um den Gebietscharakter als verändert anzuse-hen.[498] Dies gilt besonders für Störungen der nächtlichen Ruhe, da man sich einer Exposition hier nicht entziehen kann.

Das erholsame Wohnen erfasst nicht nur den Schutz vor Lärm, sondern muss ebenfalls andere Emissionen einbeziehen, mithin auch Strahlungseinwir-kungen. Optisch wird wohl erst ein „Antennenwald" zu einer Beeinträchtigung des Gebietscharakters führen.[499] Die Wohnruhe als gesundheitlich relevantes und geschütztes Gut jedoch durch EMF-Strahlung zumindest für Kinder und Jugendliche gefährdet, sodass hier bei einer Verdichtung von Anlagen eine Gebietscharakterveränderung entstehen kann. Ob EMF-Immissionen Stö-rungen und Belästigungen darstellen, die sich aus dem Inbegriff des Wohnens ergeben, ist aufgrund der heutigen Lebensverhältnisse durchaus umstritten. Ein

---

497 *Gerhard Hornmann*, in: Spannowsky et al., BeckOK, Baunutzungsverordnung, § 3, Rn. 21.

498 OVG Münster, Urteil v. 9.7.1992, NVwZ 1993, S. 1003 f.; Urteil v. 19.3.1969, NJW 1969, S. 1639; *Jürgen Stock*, in: Ernst et al., Baunutzungsverordnung, § 3, Rn. 18.

499 BVerwG, Beschluss v. 3.1.2012, NVwZ 2012, S. 579 (580).

deutlicher Anstieg an Mobilfunkanlagen im reinen Wohngebiet jedoch führt zu einer stärkeren Exposition durch EMF und einer stärkeren gesundheitlichen Belastung, die dem Zweck der Wohnruhe entgegensteht. Einer Exposition durch Lärm oder Geruch kann man sich entziehen, da jene Emissionen greifbar und durch unsere Sinne wahrzunehmen sind. Der unsichtbaren ständigen Aussetzung elektromagnetischer Strahlung kann man sich aufgrund der fehlenden Sichtbarkeit nur schwer entziehen, weshalb die Gemeinde hier besonders zur Vorsorge angehalten wird.

Neben einer potentiellen Gebietscharakterveränderung, die jedoch immer individuell für das jeweilige Wohngebiet festgestellt werden muss, greift der besondere städtebauliche Grund des Gesundheitsschutzes und der generellen Schutzbedürftigkeit reiner Wohngebiete. Hierzu gelten die o.g. Argumente zum allgemeinen Wohngebiet aufgrund des ausschließlichen Wohnruhezwecks in reinen Wohngebieten erst Recht: da Kinder ihren Lebensmittelpunkt im Elternhauses besitzen und dort mit einem überwiegenden Aufenthalt zu rechnen ist, ist die Exposition durch athermische Effekte hoch.[500] Reine Wohngebiete dienen zudem ausschließlich der Wohnruhe und dem gesunden Wohnen und dürfen durch anderweitige Nutzungen nicht überformt werden. Nimmt man hier keine Änderung des Gebietscharakters an, so besteht zumindest ein besonderer städtebaulicher Grund für den Ausschluss von Mobilfunkanlagen in reinen Wohngebieten aus Gründen des Gesundheitsschutzes aufgrund der generellen Schutzbedürftigkeit reiner Wohngebiete.

Ein Ausschluss in reinen Wohngebieten ist somit aufgrund des Schutzes der Wohnruhe erleichtert möglich.

c. *Baugebiete nach §§ 4a-9 BauNVO*

Fall D: Der historische Stadtkern der Gemeinde Schönbach stellt ein Mischgebiet nach § 6 BauNVO dar. Es finden sich dort u.a. die katholische Pfarrei St. Nepomuk, das Schönbacher Rathaus und eine lange Einkaufspassage mit vielen kleinen und großen Läden und Bürogebäuden, sowie einige Wohnungen über den Geschäften der Verkaufsmeile. Der Stadtkern wird von angehörigen Gemeinden aufgrund seiner attraktiven Cafés und Geschäfte gerne und häufig befahren, sodass die Gemeinde letztes Jahr im Mischgebiet die Straßeninfrastruktur ausbauen musste.

Verglichen mit dem Ausschluss von Mobilfunkbasisanlagen in reinen und allgemeinen Wohngebieten, sind an den Ausschluss in den Gebieten nach §§ 4a-9 BauNVO strengere Anforderungen zu stellen. Dieses rühren daher, dass nicht

---

500 Siehe *Vierter Teil, D., III., 3., a.*

lediglich Ausnahmen, sondern gerade allgemeine Nutzungen nach § 1 Abs. 5 i.V.m. Abs. 9 BauNVO ausgeschlossen werden sollen. Die Baugebiete nach §§ 4a-9 BauNVO dienen vorwiegend der Unterbringung von Gewerbebetrieben und weisen somit einen stärkeren gewerblichen Charakter auf, als die vorangehenden Baugebiete, welche dem Wohnen dienlich sind. Da die allgemeinen Nutzungen im Vergleich zu Ausnahmen einen prägenden Charakter aufweisen, steht die Erhaltung des Gebietscharakters bei der Prüfung des Ausschlusses im Vordergrund.

Gerade vor dem Hintergrund der Erhaltung der Zweckbestimmung des jeweiligen Baugebiets erscheint es zunächst etwas unsinnig, eine zusätzliche Hürde des Erfordernisses besonderer städtebaulicher Gründe zu verlangen. So ist es für den konkreten Erhalt des Gebietscharakters doch weniger einschneidend nur einen bestimmten Anlagentyp der prägenden Nutzung auszuschließen anstelle der gesamten Nutzungsart. Jedoch bewirkt die Gemeinde mit dem Ausschluss einer konkreten Anlagenart eine detaillierte Feindifferenzierung der zulässigen bzw. nicht zulässigen Nutzungen. Dies bedarf einer besonderen Begründung, wenngleich diese vor dem Hintergrund des § 1 Abs. 5 BauNVO noch so verwirrend erscheint.

Nichtsdestotrotz verbirgt sich in dem Wunsch nach Ausschluss in bspw. einem Mischgebiet nach § 6 BauNVO eine doppelte Schwierigkeit: die Gemeinde muss zum einen besondere städtebaulichen Gründe für den Ausschluss einer bestimmten Anlagenart der allgemeinen Nutzung vorweisen, welche zudem nicht den Verlust des Gebietscharakters bewirken darf. Zum Erfordernis des Vorliegens besonderer städtebaulicher Gründe kommt somit das Erfordernis der Wahrung der Zweckbestimmung hinzu.

Der Ausschluss von Mobilfunkbasisanlagen bezweckt in den Baugebieten nach §§ 4a-9 BauNVO wohl keine wesentliche Veränderung des Gebietscharakters. Zwar gehören Mobilfunkanlagen als „Gewerbebetriebe" zu den allgemein prägenden Nutzungen des jeweiligen Baugebiets, haben jedoch verglichen zu den anderen prägenden Anlagenarten, wie bspw. Geschäftsgebäude, Tankstellen, Lagerhäuser, welche primär den gewerblichen Charakter des Baugebiets prägen, eher geringes Gewicht.

Ein Ausschluss von Mobilfunkbasisstationen scheitert somit nicht an der Umformung des Gebietscharakters, wohl aber am Vorliegen besonderer städtebaulicher Gründe. Der Zeitraum, in dem sich die meisten Kinder und Jugendliche in den Gebieten der §§ 4a-9 BauNVO aufhalten, ist verglichen mit dem Aufenthalt in allgemeinen und reinen Wohngebieten eher gering, sodass ein Schutzraum in genannten Gebieten nicht notwendig erscheint. Weiterhin stellt in den Gebieten der §§ 4a-9 BauNVO gerade der Schutz der Wohnruhe und

Gesundheit keinen besonders relevanten Belang dar. Zwar ist die Wohnnutzung häufig gegeben – sie stellt jedoch nicht den zentralen Nutzungszweck dieser Gebiete dar. Vielmehr sehen die Baugebiete der §§ 4a-9 BauNVO die Wirtschaftlichkeit der Gemeinde im Vordergrund und legen die zentralen Standorte der Gemeindebetriebe fest. Mit der Einordnung von Gewerbebetrieben als allgemein zulässige Nutzungen bindet der Verordnungsgeber die Gestaltung des jeweiligen Baugebiets an die Erfordernisse einer funktionierenden Wirtschaft. Es wird deutlich, dass Gemeindeeinwohner hier auch anderen Emissionen wie Lärm, Abfall und Abgasen ausgesetzt sind und zur Erreichung eines florierenden Arbeitsbetriebs auch in einem gewissen Maß ausgesetzt sein müssen.[501] Aus diesem Grund weist die Gemeinde solche Gebiete aus und verneint dort deshalb eine übermäßige Wohnnutzung. Weiterhin kommt hier zusätzlich das Argument einer flächendeckenden Versorgung mit Mobilfunk hinzu, die gerade in industriellen und gewerblichen Baugebieten im Arbeitsalltag unverzichtbar ist.

E. Die Abwägung nach § 1 Abs. 7 BauGB

Der letzte und wohl wichtigste Schritt der Bauleitplanung ist die Abwägung nach § 1 Abs. 7 BauGB. Alle öffentlichen und privaten Belange müssen abschließend gerecht gegeneinander und untereinander abgewogen werden. Fehlerquellen bestehen hier zuhauf, sodass eine planende Gemeinde sorgfältig und gewissenhaft abzuwägen hat.

Bauleitplanung ist Gesamtplanung – sie bezieht sich nicht auf den Bau einer konkreten Anlage oder der Ermöglichung eines bestimmten Projekts, sondern hat die Aufgabe, verschiedene überfachliche Interessen jeglicher Art im gesamten Planungsgebiet auszugleichen, um künftige Konflikte vermeiden und eine nachhaltige städtebauliche Entwicklung gewährleisten zu können.[502] Da bei der Aufstellung eines Bebauungsplans gemäß § 1 Abs. 6 Nr. 11 BauGB die Ergebnisse gemeindlicher Entwicklungskonzepte berücksichtigt werden müssen, sind bei der Abwägung die inhaltlichen Festsetzungen eines kommunalen Mobilfunkkonzepts zu beachten. Hierunter fallen sowohl die planerische Intention der Gemeinde, Immissionsreduzierungen herbeizuführen, als auch die Auswahl an Alternativstandorten, welche durch die Gemeinde im Mobilfunkkonzept

---

501 Auch fällt in Gemengelagen das Optimierungsgebot nach § 50 BImSchG aufgrund der immissionsträchtigen Vorbelastung dieses Gebiets nicht so stark ins Gewicht, siehe *Hoppe*, DVBl 1992, S. 853 (859).

502 *Hoppe*, DVBl 1964, S. 165 (169); *Kersten*, Jura 2013, S. 478 (478).

festgelegt wurden und den funktechnischen und wirtschaftlichen Anforderungen der Mobilfunkbetreiber genügen müssen.[503] Zur Vermeidung von Abwägungsfehlern ist es für die Gemeinde essenziell, umfangreich vorweg zu planen und ein detailliertes Mobilfunkkonzept zu erstellen. So kann die Gemeinde in der bauplanerischen Abwägung darlegen, sie habe anhand des Mobilfunkkonzepts alle relevanten Belange ermittelt, potentielle Konflikttherde berücksichtigt und garantiere anhand geeigneter Alternativstandorte die Durchsetzung privater Forderungen von Mobilfunkanbietern.

Die Planung setzt einen Gestaltungsfreiraum voraus, welcher jedoch ebenfalls zu Eingriffen in verfassungsrechtlich geschützte Rechtsgüter wie das private Eigentum führen kann.[504] Aufgrund dessen ist dieser Bewertungsspielraum gesetzlich umrahmt und findet in der Abwägung seine Legitimation.[505] Durch die Abwägung wird eine gerechte Bewertung der beteiligten Belange auch gegenüber künftigen Generationen gewährleistet.[506] Die Pflicht zur Abwägung wurzelt zudem in der Bindung an Recht und Gesetz nach Art. 20 Abs. 3 GG, welcher die Gemeinde als planerische Exekutive ebenfalls unterliegt.[507] Die Abwägung stellt somit einen Ausfluss des Rechtsstaatsprinzips dar[508] und steht der planerischen Selbstverwaltungshoheit der Gemeinde aus Art. 28 Abs. 2 S. 2 gegenüber.

Die Abwägung wird nach ständiger Rechtsprechung in Abwägungsvorgang und Abwägungsergebnis unterteilt.[509] Zunächst werden die Abwägungsschritte als solche erläutert, anschließend die potentiellen Belange und Fehlerquellen eruiert.

I. Der Abwägungsvorgang

Sowohl Abwägungsvorgang als auch Abwägungsergebnis müssen den Anforderungen einer gerechten Abwägung genügen.[510] Das Abwägungsgebot bezieht

---

503 BayVGH, Urteil v. 2.8.2017, BauR 2008, S. 627 (631); *Holger Tobias Weiß*, in: Hoppenberg/ de Witt, Handbuch des öffentlichen Baurechts, 2019, Z VI., Rn. 107.
504 *Stüer*, Der Bebauungsplan, 5. Aufl. 2015, Rn. 833.
505 *Kersten*, Jura 2013, S. 478 (478).
506 *Stüer*, Der Bebauungsplan, 5. Aufl. 2015, Rn. 836.
507 *Erbguth*, UPR 2010, S. 281 f.
508 BVerwGE 34, S. 301 (307); *Wilhelm Söfker/Peter Runkel*, in: Ernst et al., Baugesetzbuch, § 1, Rn. 179; *Erbguth*, UPR 2010, S. 281 (287).
509 Ständige Rechtsprechung seit BVerwGE 45, 309 (315). Zur Frage, wie eigentlich „Abwägung" zu definieren sei, umfangreich *Rubel*, Planungsermessen, 1982, S. 65 f.
510 BVerwGE 45, 309 (315).

sich sowohl auf Bebauungspläne als auch auf Flächennutzungspläne.[511] Die Abwägung wird in drei Arbeitsschritte unterteilt.[512] Zuerst muss die Gemeinde die (potentiell) betroffenen Belange ermitteln und einstellen, diese dann gewichten und zuletzt konkret abwägen.[513]

1. Ermittlung und Einstellung der Belange

In der ersten Phase ermittelt die Gemeinde die Abwägungsbelange. Gründlichkeit steht hier im Vordergrund: die Gemeinde muss nicht nur die Belange ermitteln, die für die Abwägung erheblich sind und konkret das planerische Vorhaben tangieren – sie hat ebenfalls die Aufgabe aktiv darüber zu entscheiden, welche Belange geringfügig von der Planung betroffen und daher bei der Abwägung zurückzustellen sind.[514] Weiterhin spielt die zeitliche Komponente eine beachtliche Rolle bei der Ermittlung: aufgrund der längerfristigen Bodenrelevanz des Vorhabens muss die Gemeinde neben gegenwärtigen Belangen ebenfalls eine Prognose hinsichtlich künftiger betroffener Belange stellen und diese miteinbeziehen.[515] Aufgrund dieser prognostischen Ermittlung der Abwägungsbelange ist die Gemeinde dazu angeregt, das Abwägungsmaterial zunächst eher weit als eng abzugrenzen.

Aus der Menge an ermittelten potentiellen Belangen entscheidet die Gemeinde anschließend darüber, welche Belange tatsächlich und konkret in die Abwägung einzustellen sind und welche nicht.[516] Der Einstellung der Belange kommt hierbei eine Scharnierfunktion zu – unter den ermittelten Belangen werden nur die Belange zur Gewichtung zugelassen, deren Betroffenheit im konkreten Fall erkennbar und eintrittswahrscheinlich ist.[517]

---

511 *Wilhelm Söfker/Peter Runkel*, in: Ernst et al., Baugesetzbuch, § 1, Rn. 182.

512 *Franz Dirnberger*, in: Spannowsky/Uechtritz, BeckOK, Baugesetzbuch, § 1, Rn. 132. Einige Stimmen der Literatur sehen die Einstellung der Belange als vierten Arbeitsschritt zwischen der Ermittlung und der Gewichtung, so u.a. Hoppe, DVBl 1992, S. 853 (856). Im Ergebnis unterscheiden sich die unterschiedlichen Meinungen nicht. Es liegt vielmehr ein juristisches Glasperlenspiel vor, da der Vorgang der Einstellung stets stattfindet. Vorliegend gehört die Einstellung der Belange zur Ermittlung des Abwägungsmaterials.

513 BVerwGE 34, 301 (308 f.).

514 *Ulrich Battis*, in: ders. et al., Baugesetzbuch, § 1, Rn. 96, 116.

515 *Ulrich Battis*, in: ders. et al., Baugesetzbuch, § 1, Rn. 117.

516 *Hoppe*, DVBl 1992, S. 853 (856).

517 *Brenner*, Öffentliches Baurecht, 4. Aufl. 2014, S. 108.

Der Begriff der „Belange" im Sinne des Gesetzes ist weit auszulegen – hierunter fallen alle zu berücksichtigenden öffentlichen und privaten Interessen. Öffentliche Belange sind jene, die mit der städtebaulichen Entwicklung und Ordnung in Zusammenhang stehen, private Belange u.a. sowohl Rechte aus der Verfassung als auch sonstige privatrechtlich begründete Rechte und Ansprüche.[518]

Die Abwägung ist stark mit dem Grundsatz der Öffentlichkeitsbeteiligung nach § 3 BauGB und dem Grundsatz der Behördenbeteiligung nach § 4 BauGB verflochten. Das Engagement der Bürger in der Bauleitplanung erzeugt nicht nur legitimierende Wirkung hinsichtlich der planerischen Absichten der Gemeinde; vielmehr wird die Gemeinde auf weitere betroffene Belange hingewiesen, die sie möglicherweise noch nicht in Betracht gezogen hatte.[519] Gleiches gilt für die Beteiligung potentiell tangierter Behörden. Hier gilt grundsätzlich: je konfliktträchtiger das Vorhaben ist, desto „weiter" sollte der Kreis der Beteiligten gezogen werden. Auch Nachbargemeinden und ihre Einrichtungen, sowie sonstige Träger öffentlicher Belange stehen im Blickfeld potentieller Beteiligung, um Konflikte schneller erkennen und besser lösen zu können. Die Öffentlichkeitsbeteiligung fördert so die Vollständigkeit des Abwägungsmaterials. Spätere Vorwürfe, die Gemeinde habe wichtige Belange außer Acht gelassen, können so umgangen werden.[520] Was die planende Stelle nicht sieht (was somit nicht evident erkennbar war) und (aufgrund fehlender Nennung während der Öffentlichkeitsbeteiligung) nicht sehen musste, braucht von ihr in der Abwägung nicht berücksichtigt zu werden.[521] Unterlässt ein Betroffener eine Stellungnahme während der Öffentlichkeitsbeteiligung, kann er sich später nicht auf die Nicht-Berücksichtigung seines Belangs der Gemeinde gegenüber berufen.[522] Die Möglichkeit seiner Stellungnahme ist dann nach § 4a Abs. 6 BauGB präkludiert. Nur so kann der Schutz der Effektivität und Planungshoheit sichergestellt werden. Nach § 3 Abs. 1 S. 3 Nr. 2 BauGB kann von einer vorgezogenen Öffentlichkeitsbeteiligung abgesehen werden, wenn die Unterrichtung und Erörterung bereits zuvor auf anderer Grundlage erfolgt sind. Hiermit sind überwiegend städtebauliche Entwicklungskonzepte gemeint. So sollte bereits im Rahmen der Erstellung

---

518 *Ulrich Battis*, in: ders. et al., Baugesetzbuch, § 1, Rn. 101.
519 Vergleiche hierzu Deutscher Bundestag, Gesetzesentwurf der Bundesregierung v. 17.12.2003, Entwurf eines Gesetzes zur Anpassung des Baugesetzbuchs an EU-Richtlinien, BT-Drs. 15/2250, S. 43; *Kersten*, Jura 2013, S. 478 (480).
520 *Ulrich Battis*, in: ders. et al., Baugesetzbuch, § 1, Rn. 116.
521 So ausdrücklich BVerwGE 59, 87 (102 f.).
522 BVerwGE 59, 87 (104).

des kommunalen Mobilfunkkonzepts eine öffentliche Eruierung der Belange erfolgen, um gezielt alle tangierten Belange ausfindig machen zu können und sich später keinen Vorwürfen auszusetzen.[523]

2. Gewichtung der Belange

Die ermittelten Belange müssen nun von der Gemeinde gewichtet werden. Alle Belange sind zunächst gleichrangig.[524] Die Belange des Abs. 6, welche einen öffentlich-rechtlichen Charakter aufweisen, besitzen keine vorrangige Wertigkeit gegenüber anderen öffentlichen oder gar privaten Belangen.[525] Die objektive Einzelgewichtung erfolgt erst durch die Gemeinde aufgrund der konkreten Planungsumstände. Die Gemeinde hat die Aufgabe, die konkrete Gewichtigkeit und Betroffenheit des einzelnen Belangs in der konkreten planerischen Situation zu erfassen.[526] Technische Regelwerke bieten den Gemeinden hierbei lediglich eine Orientierungshilfe.[527] Zwar genügen die Emissionswerte aller zu errichtenden Mobilfunkanlagen den offiziellen Grenzwerten der 26. BImSchV, jedoch stellen diese Regelwerke nur eine Hilfeleistung ohne verbindlichen rechtlichen Charakter dar, was dazu führt, dass die Gemeinde ihnen geringeres Gewicht zumessen kann.[528]

Die Art der Gewichtung hängt von verschiedenen Faktoren ab, die von Sachverhalt zu Sachverhalt unterschiedlich sind. Hierunter fallen u.a. die städtebaulichen Ziele der Gemeinde, die topografische Lage und die räumlichen Gegebenheiten des Planungsgebiets, die Art des Baugebiets, die aktuelle Strahlungssituation der Gemeinde, mögliche Investitionsabsichten, Eigentumsverhältnisse und Flächengrößen, Einwohnerzahlen, Anzahl und Höhe der in der Nähe befindlichen denkmalgeschützten Bauten.[529]

3. Unzulässige präjudiziale Wirkungen durch Vorentscheidungen

Eine umfassende Planung beinhaltet viele Meinungen und Entscheidungen. Der Start eines Planverfahrens enthält immer einen konkreten Plangedanken der

---

523 *Krautzberger,* in: Ernst et al., Baugesetzbuch, Vorbemerkungen zu den §§ 1 bis 13b, Rn. 45.

524 *Ulrich Battis,* in: ders. et al., Baugesetzbuch, § 1, Rn. 99.

525 BVerwG, Beschluss v. 5.4.1993, NVwZ 1994, S. 288 (291); BVerwGE 47, 144 (148).

526 *Franz Dirnberger,* in: Spannowsky/Uechtritz, BeckOK, Baugesetzbuch, § 1, Rn. 161.

527 *Franz Dirnberger,* in: Spannowsky/Uechtritz, BeckOK, Baugesetzbuch, § 1, Rn. 164.

528 BVerwG, Beschluss v. 13.12.2007, NVwZ 2008, S. 426 (427).

529 Eine detaillierte Auflistung gibt *Stüer,* Der Bebauungsplan, 5. Aufl. 2015, Rn. 1034 ff.

Gemeinde – so vorliegend das Ziel, Mobilfunkstrahlung durch Ausschluss von Basisstationen zu reduzieren. Hierzu müssen im Vorfeld Informationen über (potentielle) Mobilfunkanbieter gesammelt werden, um ein Mobilfunkkonzept in Auftrag geben und Alternativstandorte bestimmen zu können. Je umfangreicher und komplexer ein Vorhaben ist, desto stärker verlagert sich der Planungsprozess bereits in vorgeschaltete Entscheidungen. Um eine effektive Realisierung eines Planungsvorhabens erreichen zu können, sind verbindliche Entscheidungen wie Verträge oder in Auftrag gegebene Gutachten meist unerlässlich, führen dadurch jedoch oft zur Unrichtigkeit der Abwägung.[530] Es entsteht die Gefahr der Endgültigkeit einer Planung und der Verkürzung der sachgerechten Abwägung.[531] Die Rechtsprechung entscheidet daher bei einem Konflikt zwischen der Effektivität der Planung durch vorgeschaltete verbindliche Entscheidungen und der nach Abs. 7 geforderten ungebundenen Abwägung grundsätzlich zugunsten der Abwägung.[532] Sinn und Zweck der Abwägung – die Gestaltung der Bauleitplanung als Gesamtplanung im Ausgleich aller betroffenen Interessen – würde durch verbindliche Vorentscheidungen ausgehebelt werden. Eine Abwägung, welche durch verbindliche Entscheidungen bereits präjudiziert ist, leidet daher grundsätzlich an einem Abwägungsfehler.[533]

Ein kommunales Mobilfunkkonzept stellt ein städtebauliches Entwicklungskonzept nach § 1 Abs. 6 Nr. 11 BauGB dar.[534] Mit dem Planungsinstrument eines Entwicklungskonzepts geht für die Gemeinde eine gewisse Verbindlichkeit einher; planerische Konzepte werden von der Gemeinde beschlossen und sollen anschließend durch Bauleitpläne umgesetzt werden. Ein Entwicklungskonzept soll die Bauleitplanung nicht vorwegnehmen, sondern unterstützen.[535] Die Inhalte eines Entwicklungskonzepts sind daher in der Abwägung nach Abs. 7 zu berücksichtigen. Darunter fallen bei einem kommunalen Mobilfunkkonzept konkret sowohl Entwicklungsvorstellungen hinsichtlich der Strahlungsreduzierung als auch die angestrebte Freihaltung von bestimmten Baugebieten zur Erreichung dieses Ziels unter Berücksichtigung von gewünschten alternativen Anlagenstandorten.

---

530 BVerwGE 45, 309 (317).
531 *Ulrich Battis*, in: ders. et al., Baugesetzbuch, § 1, Rn. 113.
532 BVerwGE 45, 309 (318).
533 *Ulrich Battis*, in: ders. et al., Baugesetzbuch, § 1, Rn. 113. Zu den Voraussetzungen, unter denen eine Vorentscheidung ausnahmsweise keinen Abwägungsfehler nach sich zieht siehe BVerwGE 45, 309 (320).
534 Näheres zu städtebaulichen Entwicklungskonzepten, siehe unter *Vierter Teil, C., I.*
535 *Wilhelm Söfker/Peter Runkel*, in: Ernst et al., Baugesetzbuch, § 1, Rn. 175.

Zwar ist die Gemeinde im Lichte einer einheitlichen Planung angehalten, die Forderungen des Konzepts zu verwirklichen und den Belangen des Konzepts Relevanz und Gewicht beizumessen – eine strikte Bindung an Details der Planung besteht jedoch nicht und ist im Rahmen der Abwägung überwindbar.[536] So ist im Wege der Abwägung aufgrund rechtsstaatlicher Gedanken und einer gerechten Planung auf andere Belange situationsgemäß zu reagieren. Dies ist beispielswiese durch eine schrittweise oder teilweise Umsetzung des Konzepts möglich, ohne das Konzept komplett aufgeben zu müssen.[537] Problematisch gestaltet sich hier, dass durch die begrenzte Anzahl der Alternativstandorte und freizuhaltenden Baugebiete bei bereits einmaliger durch gewichtigere Abwägungsbelange induzierter Abweichung ein Mobilfunkkonzept schnell an Wirkung verlieren oder es zu erheblichen Verzögerungen bei der Umsetzung führen kann, welche wiederum dem Ziel der Verwirklichung entgegenwirken. Dieses planerische Risiko trägt jedoch im Zweifel die Gemeinde. Die Abwägung ist nach dem konkreten Einzelfall und der planerischen Situation zu tätigen. Die Verpflichtung zur Abwägung mit anderen Belangen nach § 1 Abs. 7 BauGB bleibt unberührt, sodass ein kommunales Mobilfunkkonzept aufgrund der fehlenden strikten Bindungswirkung keine verbindliche Vorentscheidung darstellt und nicht automatisch zu einem Abwägungsdefizit führt.[538]

II. Das Abwägungsergebnis

Das Abwägungsergebnis folgt dem Abwägungsvorgang. Die ermittelten Belange sind gerecht gegeneinander und untereinander abzuwägen. Gegeneinander meint hier die gegenseitige Gewichtung nach den konkreten Gegebenheiten, während eine Gewichtung untereinander auf die unterschiedlichen Gesichtspunkte innerhalb eines bestimmten Belanges eingeht. Die Gemeinde steht vor der Herausforderung, verschiedenste Belange – egal ob gegenläufig oder unterstützend – in Ausgleich zu bringen und bestenfalls zugunsten aller Belange eine gerechte Entscheidung bezüglich der Flächenverteilung zu treffen. Die Abwägung stellt daher unter diesem Aspekt ebenfalls eine Konkretisierung des Grundsatzes der Verhältnismäßigkeit dar.[539]

---

536 *Franz Dirnberger*, in Jäde/ders., Baugesetzbuch, 9. Aufl. 2018, § 1, Rn. 129; *Wilhelm Söfker/Peter Runkel*, in: Ernst et al., Baugesetzbuch, § 1, Rn. 173, 175.
537 *Wilhelm Söfker/Peter Runkel*, in: Ernst et al., Baugesetzbuch, § 1, Rn. 175.
538 *Wilhelm Söfker/Peter Runkel*, in: Ernst et al., Baugesetzbuch, § 1, Rn. 175.
539 *Kersten*, Jura 2013, S. 478 f., m.w.N.

1. Verhältnismäßigkeit, Konfliktbewältigung, Rücksichtnahme und Trennungsgrundsatz

Nachdem die Gemeinde den einzelnen betroffenen zunächst gleichwertigen Belangen ein individuelles, der Planungssituation und Gesetzeslage entsprechendes Gewicht zugemessen hat, muss sie nun zwischen diesen objektiven Gewichtungen der einzelnen Belange einen Ausgleich herstellen. Hierbei muss sie darauf achten, den Ausgleich nicht unverhältnismäßig zur einzelnen Gewichtung zu tätigen.[540] Stehen sich zwei objektiv gleichwertige Belange gegenüber, so hat die Gemeinde einen Entscheidungsspielraum, welchem Belang sie den Vortritt gewährt. Dies ist Ausdruck der planerischen Gestaltungsfreiheit.[541] Darüber hinaus erstreckt sich der Entscheidungsspielraum der Gemeinde auf einen weiteren wesentlichen Planungsaspekt: sie kann einen objektiv geringgewichtigen Belang einem objektiv höhergewichtigen Belang vorziehen.[542] Eine solche Zurückstellung muss jedoch im Einklang mit dem Verhältnismäßigkeitsgrundsatz geschehen, sodass ein solcher Ausgleich nicht außer Verhältnis zum objektiven Einzelgewicht des zurückgestellten Belangs stehen darf.[543] Zudem muss eine Zurückstellung hinreichend und präzise begründet werden.[544] Der Ausgleich muss daher zweierlei Seiten beachten: zum einen muss im Außenverhältnis eine sachgerechte Relation zwischen den objektiven Gewichten der betroffenen Belange hergestellt werden, zum anderen darf diese Relation im Hinblick auf das Innenverhältnis nicht außer Verhältnis zum objektiven Gewicht des einzelnen Belangs erfolgen.[545]

Alle ermittelten Belange sind im Lichte der Planungsgrundsätze der Konfliktbewältigung, der Rücksichtnahme und des Trennungsgrundsatzes abzuwägen. Sie dienen der Gemeinde als Werkzeuge im Abwägungsprozess.[546] Der Grundsatz der Konfliktbewältigung besagt, dass die Gemeinde anhand ihrer Planung die durch die Planung entstehenden Interessenskonflikte zu erkennen und lösen hat.[547] Der Grundsatz hat einen vorausschauenden und präventiven

---

540 *Hoppe*, DVBl 1992, S. 853 (857).

541 BayVGH, Urteil v. 6.2.2014, BayVBl 2014, S. 499 (500).

542 Ständige Rechtsprechung, vgl. BVerwGE 47, 144 (146).

543 *Ibler*, Die Schranken planerischer Gestaltungsfreiheit im Planfeststellungsrecht, 1988, S. 251.

544 BVerwGE 47, 144 (148).

545 *Hoppe*, DVBl 1992, S. 853 (857).

546 *Franz Dirnberger*, in: Spannowsky/Uechtritz, BeckOK, Baugesetzbuch, § 1, Rn. 180.

547 Hierzu *Stüer/Schröder*, BayVBl 2000, S. 257 (259).

Charakter.[548] Er zieht sich wie ein Muskel durch den gesamten Abwägungsvorgang und wirkt sich bereits auf das Abwägungsmaterial aus: je konfliktträchtiger ein Vorhaben ist, desto mehr Belange müssen in Betracht gezogen werden, um entstehende Konflikte vermeiden zu können. Konfliktbewältigung bedeutet jedoch nicht Konfliktfreiheit.[549] Es reicht, wenn eine Konfliktauseinandersetzung stattgefunden hat und die Gemeinde konkret ihre persönliche Lösung mit sachlichen Argumenten begründet und präsentiert. Die gerichtliche Kontrolle beschränkt sich hierbei auf eine sachgerechte Zusammenstellung des Abwägungsmaterials und der Abwägungsfehler im Vorgang und in der Entscheidung. In der Mobilfunkpraxis findet der Grundsatz der Konfliktbewältigung vor allem bei der Problematik des „Site Sharings" konkret Anwendung.[550]

Das baurechtliche Konkurrenzverhältnis zwischen Gesetz, Plan und Genehmigung spielt in diesem Zusammenhang ebenfalls eine große Rolle: besteht für die Gemeinde in der konkreten planerischen Situation die Sicherheit, dass ein potentieller Interessenskonflikt durch Landes- oder Bundesgesetz oder durch Einzelgenehmigung zu lösen ist, so kann sie auf diese Mechanismen ausweichen und braucht das konkrete Problem nicht in ihre Bauleitplanung einzubeziehen oder ihre Planung hiermit zu belasten (sog. planerische Zurückhaltung bzw. Konflikttransfer[551]).

Die Gemeinde hat zudem das Gebot der Rücksichtnahme und den Trennungsgrundsatz zu berücksichtigen. Das Gebot der Rücksichtnahme weist die Gemeinde an, Individualinteressen in der Bauleitplanung nach objektiven Kriterien besonders zu schützen.[552] Hierunter fallen u.a. Nachbarschutzinteressen, sodass das Gebot der Rücksichtnahme objektiv dem Grundsatz der Vorsorge aufgrund des Schutzes vor Mobilfunkstrahlung der umliegenden Nachbarschaft weiteres Gewicht zumessen kann. Der Trennungsgrundsatz besagt die Trennung von miteinander unvereinbaren Gebietstypen.[553] § 50 BImSchG enthält hierzu eine Konkretisierung im Hinblick auf Mobilfunkangelegenheiten.[554]

548 *Stüer/Schröder,* BayVBl 2000, S. 257 (261).
549 *Stüer/Schröder,* BayVBl 2000, S. 257 (257).
550 Hierzu später mehr unter *Vierter Teil, E., II., 3., b.*
551 Dies ist beispielsweise der Fall, wenn Fachplanung betroffen ist. Eine allzu feinplanerisch fachplanerische Auseinandersetzung würde die Gemeinde überfordern und sie Risiken der Falschbetrachtung aussetzen. Die Bauleitplanung hat nicht die Aufgabe, Konfliktlösungsinstrumente der Fachplanung (bspw. des BImSchG) zu ersetzen, siehe *Franz Dirnberger,* in: Spannowsky/Uechtritz, BeckOK, Baugesetzbuch, § 1, Rn. 181; *Kersten,* Jura 2013, S. 478 (488); *Stüer/Schröder,* BayVBl 2000, S. 257 (261).
552 *Kersten,* Jura 2013, S. 478 (488); *Stüer,* Der Bebauungsplan, 5. Aufl. 2015, Rn. 1096 ff.
553 BVerwGE 45, 309 (328); BVerwGE 128, 238 (240).
554 Hierzu später mehr unter *Vierter Teil, E., II., 2.*

2. Beschränkungen durch Berücksichtigungsgebote, Optimierungsgebote und Planungsleitsätze

Die planerische Gestaltungsfreiheit unterliegt weiterhin konkreten gesetzlichen Schranken. So hat die Gemeinde die vom Gesetzgeber entwickelten Berücksichtigungsgebote, Optimierungsgebote und Planungsleitsätze zu beachten.[555] Diese stellen im Wesentlichen eine Art Vorrangregelungen für bestimmte Belange dar.[556] Unter Berücksichtigungsgebote werden vor allem Planungsziele und Planungsleitlinien gezählt. Diese stellen unverbindliche Zielvorgaben für den Planer da, welche in der Abwägung zu berücksichtigen sind. Planungsziele finden sich in § 1 Abs. 5 BauGB wieder und sind durch die Abwägung überwindbar. So ist die Planung von Mobilfunkanlagen hiernach im Lichte einer nachhaltigen städtebaulichen Entwicklung der Gemeinde durchzuführen, welche sowohl die sozialen und umweltschützenden Anforderungen in Einklang bringen, als auch das Orts- und Landschaftsbild baukulturell erhalten soll.

Planungsziele werden durch Planungsleitlinien ergänzt und konkretisiert, welche ebenfalls durch die Abwägung überwindbar sind und zugunsten anderer Belange eingeschränkt werden können. Hierunter fällt bspw. der nicht abschließende Katalog des § 1 Abs. 6 BauGB. Die Bauleitplanung im Hinblick auf den Ausschluss von Mobilfunkanlagen hat mithin das Ziel, u.a. gesunde Wohn- und Arbeitsverhältnisse zu garantieren, den sozialen und kulturellen Bedürfnissen der Bevölkerung dienlich zu sein, sowie Belange des Umweltschutzes, der Wirtschaft und der Erhaltung des Ortsbilds zu berücksichtigen und zu fördern. Weiterhin normiert § 1 a Abs. 2 S. 1 BauGB den schonenden und sparsamen Umgang mit Grund und Boden als überwindbare Planungsleitlinie.[557]

Von unverbindlichen Berücksichtigungsgeboten abzugrenzen sind Planungsleitsätze mit strikter Bindungswirkung. Diese können anhand der Abwägung nach Abs. 7 nicht überwunden werden und eröffnen der planenden Gemeinde keinerlei Beurteilungsfreiraum.[558] Das BVerwG verbildlicht das Verhältnis zwischen Planungsleitsätzen und Berücksichtigungsgeboten mit der Unterscheidung zwischen Regel und Prinzip. Eine Regel gilt definitiv und gebietet die Herbeiführung oder Unterlassung einer konkreten Situation, während ein Prinzip eine relative Betrachtungsweise mit Handlungsspielraum anstrebt, welche durch das Gebot der Verhältnismäßigkeit und Optimierung geformt wird,

---

555 Hierzu vertieft *Stüer*, Der Bebauungsplan, 5. Aufl. 2015, Rn. 837.
556 Zu Vorrangregelungen allgemein siehe *Hoppe*, DVBl 1992, S. 853 (858).
557 *Stüer*, Der Bebauungsplan, 5. Aufl. 2015, Rn. 837.
558 *Stüer*, Der Bebauungsplan, 5. Aufl. 2015, Rn. 838.

jedoch keine Verbindlichkeit an ein konkretes Ziel verfolgt.[559] Die nach § 1 Abs. 4 BauGB geforderte Anpassung an die Ziele der Raumordnung stellt einen Planungsleitsatz dar. Grundsätze der Raumordnung sind von der strikten Bindung nicht betroffen. So ist in der Bauleitplanung von der Gemeinde zu eruieren, ob örtliche Raumordnungspläne bestehen und diese das Ziel der Stärkung einer flächendeckenden Versorgung mit Telekommunikationsdienstleistungen normieren.[560] Ist dies der Fall, stellt die Versorgung einen verbindlichen Belang dar, den es zu berücksichtigen gilt.[561] Umgekehrt gilt dies natürlich auch für Ziele, die einen verstärkten Gesundheits- und Umweltschutz vorsehen.

Zwischen den Planungsleitlinien und Planungsleitsätzen stehen Optimierungsgebote.[562] Optimierungsgebote finden sich in Vorschriften, die auf die Optimierung bestimmter öffentlicher Belange im Verhältnis zu anderen konfligierenden Belangen abzielen.[563] Optimierung bedeutet nicht zwingend die Erreichung des Optimums, sondern die Erreichung des maximal Möglichen in der konkreten planerischen Situation unter Berücksichtigung anderer widerstreitender gewichtiger Belange.[564] Optimierungsgebote sind nicht strikt verbindlich, fordern jedoch eine qualifizierte Berücksichtigung der planenden Gemeinde.[565] Sie unterscheiden sich von den anderen Berücksichtigungsgeboten dahingehend, dass sie zwar eine unverbindliche, aber prioritäre Stellung genießen.[566] Das Optimierungsgebot entwickelt seinen Einfluss erst im konkreten Vorgang der Abwägung. Bei der Gewichtung der ermittelten Belange führt das Optimierungsgebot nur zu einem externen „Hinweis auf die besondere Berücksichtigungsbedürftigkeit"[567] des Belangs. Erst im konkreten Abwägungsausgleich

---

559 Siehe hierzu vertieft *Hoppe*, DVBl 1992, S. 853 f., m.w.N.

560 Zur Problematik siehe *Vierter Teil, C.*

561 Die Landesentwicklungspläne der Länder, welche ein solches Ziel vorsehen, sprechen nahezu immer von „Telekommunikationsversorgung" und nicht von „Mobilfunkversorgung", sodass durch ausreichendes Festnetz, Breitband und Alternativstandorte dieser Belang dem Ausschluss von Mobilfunkanlagen selten im Wege steht.

562 Zu den verschiedenen von Rechtsprechung und Literatur diskutierten und anerkannten Optimierungsgeboten siehe vertieft *Hoppe*, DVBl 1992, S. 853 (855), m.w.N.

563 *Hoppe*, DVBl 1992, S. 853 (854).

564 *Hoppe*, DVBl 1992, S. 853 (858).

565 *Stüer*, Der Bebauungsplan, 5. Aufl. 2015, Rn. 839.

566 *Stüer*, Der Bebauungsplan, 5. Aufl. 2015, Rn. 839.

567 *Hoppe*, DVBl 1992, S. 853 (859) m.w.N.

führt das Optimierungsgebot dazu, dass das dem zu optimierenden Belang zugeteilte Gewicht möglichst maximal realisiert wird.[568]

Im Mobilfunkdiskurs ist für eine planende Gemeinde das Optimierungsgebot des § 50 BImSchG von höchster Bedeutung.[569] Hiernach sind bei raumbedeutsamen Planungen schädliche Umwelteinwirkungen auf u.a. ausschließlich oder überwiegend dem Wohnen dienenden Gebiete so weit wie möglich zu vermeiden. § 50 BImSchG bezieht sich auf die Trennung von konfligierenden Flächen. Er konkretisiert somit den Trennungsgrundsatz, bezieht sich jedoch nicht ausschließlich auf die Trennung von verschiedenen, nicht miteinander zu vereinbarenden Gebietstypen, sondern stellt den Schutz des Wohnens vor entgegenstehenden emissionsträchtigen Maßnahmen durch angemessene Abstände und ausreichende Trennung in den Vordergrund.[570] Der Gesetzgeber misst dem Belang der Vorsorge vor Emissionen in Wohngebieten eine relative Vorrangstellung zu, die sich Gemeinden innerhalb der Abwägung zunutze machen sollten. Das Optimierungsgebot des § 50 BImSchG richtet sich „an alle, die im Bereich des öffentlichen Rechts mit raumbedeutsamen Planungen und Maßnahmen befasst sind."[571] Die Gemeinde als Planerin kraft Selbstverwaltungshoheit fällt daher in den Kreis der Verpflichteten. Raumbedeutsame Planungen sind raumbezogene Programme, die die Erreichung bestimmter Ziele verfolgen und aufgrund der gegenwärtigen Planungslage und gewünschter langfristiger Entwicklungen entstehen.[572] Bauleitplanung zum Ausschluss von Mobilfunkanlagen in Wohngebieten verfolgt konkret das Ziel der künftigen Strahlungsreduzierung aufgrund der aktuellen technischen Entwicklung und Tendenz zu immer schnellerem Internet und immer größeren Datenmengen. Ein kommunales Mobilfunkkonzept stellt hierbei ein Entwicklungsprogramm dar, das langfristig eine Immissionsreduzierung bewirken möchte. Elektromagnetische Strahlung stellt weiterhin eine schädliche Umwelteinwirkung dar, vor welcher § 50 BImSchG Schutz anordnet.[573] Jede Gemeinde, die das Ziel verfolgt innerhalb ihrer Bauleitplanung dem

---

568 *Hoppe*, DVBl 1992, S. 853 (859); BVerwG, Urteil v. 16.3.2006, NVwZ-Beilage 2006, S. 1 (13); *Grüner*, UPR 2011, S. 50 (53 f.)   .

569 BVerwGE 71, 163 (165).

570 *Hans Jarass*, in: ders., BImSchG, 13. Aufl. 2020, § 50, Rn. 18.

571 Deutscher Bundestag, Gesetzesentwurf der Bundesregierung, Entwurf eines Gesetzes zum Schutz vor schädlichen Umwelteinwirkungen durch Luftverunreinigungen, Geräusche, Erschütterungen und ähnliche Vorgänge – Bundesimmissionsschutzgesetz v. 14.2.1973, BT-Drs.7/179, S. 46.

572 *Hans Jarass*, in: ders., BImSchG, 13. Aufl. 2020, § 50, Rn. 5.

573 *Hans Jarass*, in: ders., BImSchG, 13. Aufl. 2020, § 50, Rn. 16.

Belang der Vorsorge verstärkt Rechnung zu tragen, ist somit dazu angehalten, dem Optimierungsgebot nach § 50 BImSchG Beachtung beizumessen. „So weit wie möglich" suggeriert jedoch, dass das immissionsschutzrechtliche Optimierungsgebot keinen generellen Vorrang genießt. Vielmehr muss dem Gebot und den darin wurzelnden Belangen der Vorsorge nur erkennbar in der Abwägung besonderes Gewicht zugemessen werden.[574] Sie dürfen nicht einfach „weggewogen" werden; eine Zurückstellung bedarf einer qualifizierten Begründung.[575] Nach § 50 S. 2 BImSchG gilt die besondere Berücksichtigung der Luftqualität in der Abwägung auch, wenn festgelegte Immissionsgrenzwerte nicht überschritten werden. Hierdurch wird deutlich, dass der Gesetzgeber trotz Einhaltung gesetzlicher Grenzwerte, wie der Grenzwerte der 26. BImSchV – welche eigentlich zu einer Unschädlichkeit der Immissionsmenge führen sollten – Anlass zur besonderen Berücksichtigung der Erhaltung der Luftqualität und zur weiteren Vermeidung von Immissionen sieht. Hieraus kann gefolgert werden, dass der Gesetzgeber mit diesem Optimierungsgebot eher auf die faktische Unterschreitung gesetzlicher Grenzwerte durch planerische Maßnahmen abzielt.

3. Potentielle Abwägungsbelange

Im Mobilfunkdiskurs existieren verschiedene öffentliche als auch private Belange, die je nach Einzelfall unterschiedlich stark gewichtet und in die Abwägung einbezogen werden müssen. Vor allem die öffentlichen Belange der Vorsorge hinsichtlich Mobilfunkstrahlung, als auch der Versorgung mit Mobilfunkdienstleistungen und die privaten Belange der Mobilfunkbetreiber müssen durch die planende Gemeinde zum Ausgleich gebracht werden.

a. Öffentliche Belange

Als Teil der Staatsgewalt ist die Gemeinde zur Vorsorge verpflichtet. Die Resultate des DMF, die eine mögliche stärkere Empfindlichkeit von Kindern gegenüber EMF nicht ausschließen, rechtfertigen es laut Rechtsprechung des BayVGH und des BVerwG, Besorgnisse, die im Zusammenhang mit Mobilfunkstrahlung und deren Exposition stehen, als ein solches vorsorgerelevantes Risikoniveau einzustufen.[576] Im Lichte eines dynamischen Grundrechtsschutzes und der längerfristigen Problematik von EMF, stellt die Gesundheitsvorsorge einen

---

574 BVerwGE 71, 163 (165).
575 *Stüer*, Der Bebauungsplan, 5. Aufl. 2015, Rn. 841; *Hans Jarass*, in: ders., BImSchG, 13. Aufl. 2020, § 50, Rn. 20; *Hoppe*, DVBl 1992, S. 853 (861).
576 BayVGH, Urteil v. 23.11.2010, DVBl 2011, S. 299 (300); BVerwGE 144, 82 (87).

wichtigen öffentlichen Belang für den Ausschluss von Mobilfunkanlagen dar. Die Gemeinde hat somit die Aufgabe, bei der Bauleitplanung vor allem in allgemeinen und reinen Wohngebieten, in denen Kinder ihren Lebensmittelpunkt haben, den Gesundheitsschutz in den Vordergrund zu stellen und je nach Strahlungssituation entsprechend dem Vorsorgeprinzip zu handeln. Die Gemeinde darf nicht nur die Vorsorge primär berücksichtigen, sie ist aus Verfassungsgründen dazu verpflichtet. Planungsleitlinien zur Vorsorge finden sich in § 1 Abs. 6 Nr. 1 BauGB, wonach bei der Aufstellung der Bauleitpläne die allgemeinen Anforderungen an gesunde Wohn- und Arbeitsverhältnisse zu berücksichtigen sind, Nr. 7c, welcher umweltbezogene Auswirkungen auf den Menschen und seine Gesundheit in den Vordergrund stellt und Nr. 7e, welcher auf die Vermeidung von Emissionen abzielt. Des Weiteren enthält das Optimierungsgebot des § 50 BImSchG eine Ausprägung des Vorsorgegrundsatzes.[577]

Der Belang der Versorgung stellt ebenfalls einen zu berücksichtigenden öffentlichen Belang dar. Im direkten Vergleich zum ausdrücklichen Vorsorgeauftrag ist die kommunale Ebene nicht zu konkreten Versorgungsbestrebungen verpflichtet, da Dienstleistungen der Telekommunikation nicht zur kommunalen Daseinsvorsorge gehören.[578] Der Mobilfunk stellt derzeit auch keine Universaldienstleistung dar, und unterfällt somit nicht dem staatlichen Gewährleistungsauftrag aus Art. 87f GG. Sollte sich dies künftig aufgrund der steigenden Nachfrage nach besseren Mobilfunknetzen ändern, gehören Gemeinden jedoch ebenfalls nicht zum Kreise der Verpflichteten. Es besteht in Telekommunikationsangelegenheiten eine ausschließliche Kompetenz des Bundes, während Maßnahmen der Kommunalverwaltung gänzlich ausgeschlossen sind. Den Gemeinden bleibt zwar weiterhin die Möglichkeit in ihrer Planung die Versorgung in besonderem Maße berücksichtigen und den Ausbau finanziell zu unterstützen – sie sind jedoch nicht verfassungsrechtlich dazu verpflichtet.

Dennoch hat der öffentliche Belang der Versorgung in den letzten Jahren an Wertigkeit gewonnen. Die flächendeckende Versorgung mit Telekommunikation stellt einen öffentlichen Belang innerhalb der Abwägung dar, der von der Gemeinde zu berücksichtigen ist, siehe § 1 Abs. 6 Nr. 8d BauGB. Die Rechtsprechung misst sogar ausdrücklich der Telekommunikation durch Mobilfunk aufgrund der technischen Nachfrage und des durch die Wirtschaft angestrebten flächendeckenden Ausbaus ein hohes öffentliches Interesse bei.[579] Dieses muss

---

577 Hierzu siehe unter *Vierter Teil, E., II., 2.*
578 Siehe hierzu oben unter *Dritter Teil, B., II.*
579 BVerwGE 144, 82 (88).

in der Abwägung unbedingt hinreichend Berücksichtigung finden. Möchte eine Gemeinde Mobilfunkanlagen ausschließen und im Sinne der Vorsorge agieren, hängt die Einzelgewichtung des Belangs der Versorgung (und somit das Gegengewicht zur Vorsorge) stark von der Auswahl der Alternativstandorte durch die Gemeinde ab. Je mehr und je besser die ausgewiesenen Alternativstandorte der Gemeinde sind, desto weniger Individualgewicht wird der Versorgung beigemessen, da diese durch jene alternativen Standorte und eine ganzheitliche Planung der Gemeinde gewährleistet wird. So kann durch die Festsetzung alternativer Standorte das Spannungsfeld zwischen Vorsorge und Versorgung aufgelöst werden.

Die Erhaltung oder Schaffung eines besonderen Orts- und Landschaftsbilds stellt einen weiteren öffentlichen Belang und eine Planungsleitlinie nach § 1 Abs. 6 Nr. 4 und 5 BauGB dar. Je nach historischer und baulicher Prägung der Gemeinde oder Gebietstypus kann dieser Belang eine stärkere oder schwächere Gewichtung erlangen. Das Ortsbild muss, um schützenswert zu sein, eine gewisse Wertigkeit für die Allgemeinheit besitzen.[580] Eine historische Altstadt hat ein größeres Interesse an der Erhaltung des historischen Gesamteindrucks als eine moderne Innenstadt mit bereits vorhandenen „Bausünden"[581]. Der Fokus dieser Leitlinie liegt jedoch ausschließlich auf der optischen Wahrnehmung der Mobilfunkanlage, sodass sich mit dem Argument der Erhaltung des schönen Orts- und Landschaftsbilds nur optische Störungen vermeiden lassen. Installiert der Mobilfunkanbieter die Mobilfunkanlage in einem Kirchturm oder versteckt sie verkleidet an der Fassade des Rathauses, geht damit keine Reduzierung der Strahlung, welche gerade primär von Gemeinden erreicht werden möchte, einher.[582] Dennoch entfaltet dieser Belang gerade bei hohen Masten in historischen Städten seine Wirkung.

Die Erhaltung der Gebietsart wird von Gemeinden gerne gegen die Schaffung eines „Antennenwalds" herangezogen und stellt ebenfalls einen öffentlichen Belang dar.[583] Als Träger der Planungshoheit und aus Gründen des Drittschutzes sind sie zur Vermeidung von bodenrechtlichen Konflikten und zur Wahrung

---

580 BVerwG, Urteil v. 11.5.2000, NVwZ 2000, S. 1169 (1170); BayVGH, Urteil v. 6.2.2014, BayVBl 2014, S. 499 (501).
581 So auch *Herkner*, Mobilfunkanlagen. Rechte der Nachbarn und Kommunen, 2. Aufl. 2007, S. 189, der diese Begrifflichkeit treffend verwendet.
582 *Wehr*, BayVBl 2006, S. 453 (460).
583 Hierzu *Herkner*, Mobilfunkanlagen. Rechte der Nachbarn und Kommunen, 2. Aufl. 2007, S. 188.

der Gebietsarten verpflichtet. Zwar werden in den meisten Einzelfällen Mobil-funkanlagen in geringer Anzahl keine Veränderung der Gebietsart bewirken; beim Ausschluss aus einem reinen Wohngebiet oder auch allgemeinen Wohn-gebiet mit stark ausgeprägter Wohnnutzung kann dieser Belang jedoch durchaus Relevanz entfalten. In diesem Kontext steht zudem die Aufrechterhaltung des sozialen Friedens, die ebenfalls Berücksichtigung in der Abwägung finden kann. Wird der Gebietscharakter gestört und werden störende Nutzungen in Wohn-gebieten genehmigt, kann dies der Auslöser für sozialen Unfrieden in der kol-lektiven Wohnbevölkerung sein, bspw. durch Demonstrationen oder Proteste.[584] Nach dem allgemeinen Grundsatz der Konfliktbewältigung sollen Konflikte, die durch planerische Tätigkeiten der Gemeinde entstehen, vermieden oder zumin-dest minimiert werden. Ob eine Mobilfunkanlage den Wert eines angrenzenden Grundstücks mindert oder eine Mietminderung bei Errichtung einer Mobilfunk-antenne auf einem Wohngebäude in Betracht kommt ist umstritten.[585] Dennoch stellt diese Frage und die damit verbundenen zahlreichen gerichtlichen Ausein-andersetzungen ebenfalls eine potentielle Quelle der Unzufriedenheit dar.

Weiterhin sind die Belange des Naturschutzes und des Denkmalschutzes rele-vant. Diese sind nicht nur im Hinblick auf den räumlichen Geltungsbereich der Planungsfläche zu eruieren, sondern ebenfalls bei der Ausweisung von Alter-nativstandorten zu beachten.[586] Hier sind die betroffenen Behörden unbedingt zu informieren und genaue Angaben zu den Planungsabsichten zu tätigen. Plant eine Gemeinde einen potentiellen Alternativstandort auszuweisen, der denkmalschutzrechtliche oder naturschutzrechtliche Belange berührt, müssen die zuständigen Fachbehörden um Stellungnahme gebeten werden, um Abwä-gungsfehler zu vermeiden.[587]

---

584 *Herkner*, Mobilfunkanlagen. Rechte der Nachbarn und Kommunen, 2. Aufl. 2007, S. 191.

585 Für eine Wertminderung und Mietbeeinträchtigung siehe AG Hamburg-Harburg, Urteil v. 8.1.2007, WuM 2007, S. 621 f; AG München, Urteil v. 27.3.1998, GE 2000, S. 1692 f.; OLG Hamm, Beschluss v. 3.1.2002, NJW 2002, S. 1730 (1731); *Herkner*, Mobilfunkanlagen. Rechte der Nachbarn und Kommunen, 2. Aufl. 2007, S. 191. Gegen eine Wertminderung siehe BGH, Urteil v. 15.3.2006, NZM 2006, S. 504 (505); LG Karlsruhe, Urteil v. 3.9.2003, DWW 2004, S. 57 f.; AG Tiergarten, Urteil v. 4.12.2001, NZM 2002, S. 949 (950).

586 Siehe bspw. BayVGH, Urteil v. 6.2.2014, BayVBl 2014, S. 499 (500).

587 So das VG Bayreuth, Urteil v. 21.3.2013, B 2 K 10.1120, Rn. 41 – juris.

b. Private Belange

Neben den öffentlichen Belangen sind im Mobilfunkdiskurs ebenfalls zahlreiche private Belange betroffen, die ermittelt, gewichtet und abgewogen werden müssen. Die Interessen der Mobilfunkbetreiber müssen Berücksichtigung finden, siehe § 1 Abs. 6 Nr. 8a BauGB. Die Gemeinde muss darlegen, dass der Ausschluss von Mobilfunkanlagen die Netzversorgung nicht in Frage stellt und weiterhin prüfen, welche Alternativstandorte verfügbar sind und ob diese den funktechnischen und wirtschaftlichen Anforderungen der Mobilfunkbetreiber genügen.[588] Unter Zuhilfenahme des kommunalen Mobilfunkkonzepts kann sie auf bestimmte, dort vorgesehene Standortalternativen verweisen.[589] Da Mobilfunkanbieter meist keine konkreten technischen Daten preisgeben möchten, hat die Gemeinde die Pflicht, eigene Daten, wie Sendeleistung und durch den Anbieter verwendete Antennentypen, Antennenausrichtungen und Antennenhöhen zu erheben.[590] In der Verbändevereinbarung der kommunalen Spitzenverbände mit den Mobilfunknetzbetreibern über den Informationsaustausch und die Beteiligung der Kommunen beim Ausbau der Mobilfunknetze vom 9.7.2001 finden sich in den „Hinweisen und Informationen zur Mobilfunkvereinbarung"[591] Informationsquellen, denen die Gemeinde technische Daten entnehmen kann. Im Hinblick auf die wirtschaftliche Realisierbarkeit eines Alternativstandorts durch Mobilfunkbetreiber soll die Gemeinde bei der Festsetzung als Ersatz und Reaktion auf einen durch den Mobilfunkbetreiber gewählten Standort darauf achten, den Mobilfunkbetreiber nicht zu hohen Kosten auszusetzen. Sehr hohe Kosten seien u.a. dann gegeben, so das OVG Koblenz, wenn der Alternativstandort nur

---

588 BayVGH, Urteil v. 2.8.2017, BauR 2008, S. 627 (631); *Holger Tobias Weiß*, in: Hoppenberg/ de Witt, Handbuch des öffentlichen Baurechts, 2019, Z VI., Rn. 107.

589 Siehe *Vierter Teil, D.*

590 Diese Informationen findet man in der Standortbescheinigung der Bundesnetzagentur, siehe die Vorgehensweise des beauftragten Instituts des Zweckverbands Allgäuer Land zur Erstellung eines kommunalen Mobilfunkkonzepts, abrufbar unter: https://www.stadt-fuessen.de/5740.html.

591 Siehe die Hinweise und Informationen zur Vereinbarung über den Informationsaustausch und die Beteiligung der Kommunen beim Ausbau der Mobilfunknetze vom 5.7.2001 unter https://www.dstgb.de/dstgb/Homepage/Schwerpunkte/Mobilfunk/Mobilfunk%20Vereinbarung/Erg%C3%A4nzungen%20zur%20Mobilfunkvereinbarungen%20(PDF-Dokument).pdf. So haben Gemeinden Zugriff auf die betroffene Standortbescheinigung der Bundesnetzagentur. Siehe hierzu die Vorgehensweise des beauftragten Instituts des Zweckverbands Allgäuer Land zur Erstellung eines kommunalen Mobilfunkkonzepts, abrufbar unter: https://www.stadt-fuessen.de/5740.html.

besonders hohe Sendemasten erlaube.[592] Der ausgewiesene Alternativstandort muss hierbei jedoch nicht den gleichen Versorgungsstandard garantieren wie der ursprünglich durch den Mobilfunkbetreiber gewählte Standort. Eine geringere Versorgungsleistung ist möglich, solange sie innerhalb der vorhandenen Netzstruktur eine ausreichende Versorgung erzeugt. Eine andere Ansicht käme ansonsten einer Idealversorgung nahe, die zum einen verfassungsrechtlich nicht erwünscht, und zu der die Gemeinde zum anderen nicht verpflichtet wäre.[593]

Weiterhin hat die Gemeinde bei der Ausweisung mehrerer Alternativstandorte im Mobilfunkkonzept zukünftige Konflikte der Mobilfunkanbieter untereinander zu erwarten. Die Gemeinde kann nicht allen Anbietern gleichermaßen ein Zugriffsrecht auf die ausgewiesenen Standorte gewähren.[594] Die Gemeinde hat daher im Rahmen des Konfliktbewältigungsgrundsatzes darauf zu achten, dass die Erteilung der Standorte unter fairen Bedingungen geschieht. Nur so kann die Berücksichtigung privater Belange im Rahmen der Aufstellung des Bebauungsplans garantiert werden. In der Praxis wird hier von den Gemeinden oft auf das sog. „Site Sharing" zurückgegriffen.[595] Hierunter versteht man die gemeinsame Nutzung einer Mobilfunkbasisstation durch mehrere Mobilfunkbetreiber, sofern diese technisch möglich ist. Vorteile bringt dieses Prinzip insoweit, als dass ein einzelner ausgewiesener Standort durch Masten, Antennen und Kabeln von mehreren Mobilfunkbetreibern gemeinsam und gleichzeitig genutzt werden kann. Unter wirtschaftlichen Gesichtspunkten ist Site Sharing für Betreiber ebenfalls vorteilhaft: sie sparen sich zusätzliche Investitionen und Kosten, die sie sonst für Infrastrukturelemente ausgegeben hätten. Der Nachteil der gemeinsamen Nutzung einer Anlage besteht jedoch für den nachträglich hinzukommenden Nutzer dahingehend, dass die Anlagenhöhe und Anlagenausrichtung bereits auf die Mobilfunkkonditionen des Erstnutzers ausgerichtet sind. Der Zweitnutzer muss somit Kompromisse eingehen und erfährt möglicherweise wirtschaftliche Einbußen.

---

592 OVG Koblenz, Urteil v. 7.8.2003, 1 A 10196/03, Rn. 34 – juris.

593 A.A. OVG Koblenz, Urteil v. 7.8.2003, 1 A 10196/03, Rn. 35 – juris.

594 *Herkner*, Mobilfunkanlagen. Rechte der Nachbarn und Kommunen, 2. Aufl. 2007, S. 192.

595 Siehe hierzu das Thesenpapier der Bundesnetzagentur zum Thema „Gemeinsame Nutzung von Funknetzinfrastrukturen und Frequenzressourcen" vom 11.08.2010, S. 3, abrufbar unter: https://www.bundesnetzagentur.de/SharedDocs/Downloads/DE/Sachgebiete/Telekommunikation/Unternehmen_Institutionen/Frequenzen/Entscheidungen/InfrastructureSharing.pdf?__blob=publicationFile&v=2.

Weiterhin hat die Gemeinde im Zuge der Ermittlung der abwägungsrelevanten Belange die Eigentumsverhältnisse der Alternativstandorte zu ermitteln, um weitere potentielle private Belange der Standorteigentümer ausfindig machen zu können. Unverhältnismäßige Belastungen der Eigentümer sind zu vermeiden, die Privatnützigkeit des Eigentums hierbei zu schonen.[596] Auswirkungen auf den Verkehrswert des Grundstücks sind ebenfalls zu ermitteln und zu berücksichtigen.[597] Neben den Eigentümerinteressen, sind auch die Interessen der Mieter und Pächter in der Abwägung zu berücksichtigen.[598] Die Behörden- und Öffentlichkeitsbeteiligung spielt vor allem bei der Ermittlung privater Belange eine entscheidende Rolle und bringt viele potentiell konfligierende private Interessen ans Licht. Sowohl wirtschaftliche Interessen von Nachbargemeinden als auch Interessen der Nachbarschaft sind ebenfalls aus Gründen des Drittschutzes aus § 1 Abs. 7 BauGB aufgrund möglicher planbedingter Beeinträchtigungen nicht ausgeschlossen und müssen von der planenden Gemeinde eruiert werden.[599] Neben den verfassungsrechtlich geschützten Rechtsgütern wie dem Eigentum nach Art. 14 GG sind ebenfalls verfassungsrechtlich nicht geschützte Güter wie Gewinnchancen zu beachten.[600]

III. Abwägungsfehler

Das Thema Mobilfunk erzeugt Konflikte. Das Scheitern vieler Gemeinden vor Gericht basiert auf dem Vorliegen von Abwägungsfehlern.[601] Seit

---

596 *Franz Dirnberger,* in: Spannowsky/Uechtritz, BeckOK, Baugesetzbuch, § 1, Rn. 156.1.

597 *Franz Dirnberger,* in: Spannowsky/Uechtritz, BeckOK, Baugesetzbuch, § 1, Rn. 157; *Stüer,* Der Bebauungsplan, 5. Aufl. 2015, Rn. 1052.

598 BVerwG, Urteil v. 21.10.1999, NVwZ 2000, S. 807 (808).

599 *Franz Dirnberger,* in: Spannowsky/Uechtritz, BeckOK, Baugesetzbuch, § 1, Rn. 156; BVerfG, Beschluss v. 19.12.2002, NVwZ 2003, S. 727 f.

600 So ist es beispielsweise bei der Eröffnung eines Factory-Outlet-Centers in der Nähe einer größeren Gemeinde jene Gemeinde zu beteiligen, da die Wahrscheinlichkeit eines wirtschaftlichen Gewinneinbruchs ihres Einzelhandels besteht, siehe die Niederschrift über die 245. Sitzung des Planungsausschusses des Planungsverbandes Industrieregion Mittelfranken vom 17.6.2006, S. 22, abrufbar unter: http://docplayer.org/55784661-Niederschrift-ueber-die-sitzung-des-planungsausschusses-des-planungsverbandes-industrieregion-mittelfranken-vom-17.html. So auch *Stüer,* Der Bebauungsplan, 5. Aufl. 2015, Rn. 1051.

601 Hierzu nur exemplarisch VG München, Urteil v. 19.1.2006, M 11 K 05.1236, Rn. 30 – juris; BayVGH, Urteil v. 29.11.2006, 2 B 04.1860, Rn. 27 – juris; BayVGH, Urteil v. 6.2.2014, 2 BV 13.1039, Rn. 27 – juris. Zur Dogmatik der Abwägungsfehler siehe in ständiger Rechtsprechung seit BVerwGE 48, 63 f.

der Gesetzesänderung durch das EAG Bau[602] im Jahre 2004 besteht teilweise Unsicherheit hinsichtlich der Qualifizierung der einzelnen Fehler im Gefüge der Bauleitplanung.[603] So sind nach § 214 Abs. 3 S. 2 HS. 1 BauGB Mängel, die Gegenstände der Regelung in Abs. 1 S. 1 Nr. 1 sind, somit die Ermittlung, Einstellung und Bewertung des Abwägungsmaterials betreffen, nicht als Mängel der Abwägung zu qualifizieren, sondern als Verfahrensmängel bereits auf formell-rechtlicher Seite im Abwägungsvorgang ausschlaggebend, sofern sie offensichtlich sind und auf das Verfahrensergebnis Einfluss genommen haben. Der Einfluss auf das Verfahrensergebnis bestimmt sich danach, ob nach den Umständen des Einzelfalls die konkrete Möglichkeit bestand, dass die Abwägungsentscheidung bei Vermeidung des Fehlers anders ausgefallen wäre, mithin ein potentieller Einfluss im Raum steht. Die abstrakte Möglichkeit eines Einflusses reicht nicht aus; es müssen vielmehr Anhaltspunkte für eine konkrete Einflusssituation vorliegen.[604]

Die Gesetzesänderung diene der Stärkung der Verfahrensregeln aufgrund ihrer Auswirkungen auf die Richtig- und Rechtmäßigkeit der inhaltlichen Entscheidung und Entschlackung des Abwägungsvorgangs, prozeduralisiere die Abwägung jedoch nicht komplett.[605] Auch die Rechtsprechung geht weiterhin unverändert von einem materiell-rechtlichen Verständnis des Abwägungsgebots aus. Inhaltlich gäbe es zum klassischen Abwägungsgebot keine divergierenden Anforderungen an die Planer.[606] Aus diesem Grund ergeben sich in der Praxis für die Verhaltensschritte der Gemeinde keinerlei relevante Änderungen, sodass im Folgenden die einzelnen Fehlerquellen (seien sie in einer Rechtmäßigkeitsprüfung durch das Gericht nun im formellen Verfahren oder in der materiellen Abwägung zu prüfen) aufgearbeitet werden. Auch die Unterscheidung zwischen

---

602 Gesetz zur Anpassung des Baugesetzbuchs an EU-Richtlinien (Europarechtsanpassungsgesetz Bau – EAG Bau) v. 24.6.2004, BGBl. I Nr. 31, S. 1359.

603 Siehe hierzu u.a. *Bernhardt*, JA 2008, S. 166 f.; *Martini/Finkenzeller*, JuS 2012, S. 126 f.; *Kersten*, Jura 2013, S. 478 f.

604 *Jürgen Stock,* in: Ernst et al., Baugesetzbuch, § 214, Rn. 144.

605 So *Hoppe*, NVwZ 2004, S. 903 (905). Das Meinungsspektrum dieses Streitpunkts geht von dem Festhalten der traditionellen Einordnung hin zu neuen Mängeltypen und einer modifizierten Fehlerlehre, siehe umfassend dargestellt *Martini/Finkenzeller*, JuS 2012, S. 126 (128 f.)

606 BVerwGE 131, 100 (105). Siehe auch die Gesetzesbegründung, Deutscher Bundestag, Gesetzesentwurf der Bundesregierung – Entwurf eines Gesetzes zur Anpassung des Baugesetzbuchs an EU-Richtlinien (Europarechtsanpassungsgesetz Bau – EAG Bau) v. 17.12.2003, BT-Drs 15/2250, S. 42.

Abwägungsvorgang und Abwägungsergebnis bleibt bestehen. Lediglich der Prüfungsstandort der vormals materiell-rechtlichen Fehler des Ermittelns und Bewertens wird auf die formelle Seite verlagert.[607] Die inhaltliche Bedeutung der Fehler ändert sich nicht.[608]

1. Fehler im Abwägungsvorgang

a. Fehler bei der Ermittlung und Einstellung der Belange

Bereits bei der Ermittlung der für die Abwägung relevanten Belange kann die Gemeinde fehlerhaft arbeiten. Gängige Abwägungsfehler sind hier der Ermittlungsausfall, das Ermittlungsdefizit oder Prognosemängel. Ein Ermittlungsausfall liegt vor, wenn die abwägungsrelevanten Belange gar nicht, ein Ermittlungsdefizit, wenn sie nicht hinreichend ermittelt werden, mithin wichtige Belange außer Betracht gelassen oder für die Abwägung unerhebliche Belange unnötigerweise berücksichtigt werden.[609] Beruft sich die Gemeinde auf eine unzureichende Prognose, um Prognosedaten für die Ermittlung bestimmter Abwägungsbelange zu verwenden, liegt ein Prognosemangel vor. Eine unzureichende Prognose liegt u.a. bei unzureichender Ermittlung der Prognosedaten, bei mangelhafter Qualität der Prognosemethode oder fehlender Plausibilität des Prognoseschlusses vor.[610] Typischerweise hat die planende Gemeinde bei Ausschluss von Mobilfunkanlagen im Gemeindegebiet die alternativen Standorte zu ermitteln und im Hinblick auf zukünftige Mobilfunkbauanfragen Prognosen aufzustellen. Prognosemängel könnten hier entstehen, indem die Gemeinde ihre Prognosedaten unzureichend ermittelt, bspw. ihre Daten aus unvollkommenen Quellen bezieht. So wurde vor Gericht bereits ein Abwägungsfehler festgestellt, wenn die Gemeinde sich nur auf eine einzelne Fremdquelle beruft, ohne die Daten aus der Standortdatenbank der Verbändevereinbarung in ihrer Prognose heranzuziehen.[611]

Auch hinsichtlich denkmalschutzrechtlicher oder naturschutzrechtlicher Belange kann fehlerhaft prognostiziert werden und dadurch eine unzureichende Berücksichtigung der Belange der Mobilfunkbetreiber entstehen.[612] Die planende Gemeinde sei somit immer dazu angehalten, Alternativstandorte genau zu eruieren und im Hinblick auf Denkmalschutz und Naturschutz die betroffenen

---

607 *Martini/Finkenzeller*, JuS 2012, S. 126 (129 f.).
608 *Martini/Finkenzeller*, JuS 2012, S. 126 (130).
609 *Hoppe*, DVBl 1992, S. 853 (857).
610 *Hoppe*, DVBl 1992, S. 853 (857).
611 BayVGH, Urteil v. 29.11.2006, 2 B 04.1860, Rn. 28 – juris
612 BayVGH, Urteil v. 6.2.2014, BayVBl 2014, S. 499 (500).

Behörden zu kontaktieren, um genauere Informationen zur Realisierung der Ausweisungen der betroffenen Alternativstandorte zu erhalten. Gleiches gilt für die Eigentumslage der ausgewählten Alternativstandorte.[613] Fehler in der Einstellung sind ebenfalls praxisrelevant. Auch hier kann es zu Einstellungsausfällen oder Einstellungsdefiziten kommen. Fehler bei der Ermittlung und Einstellung der Belange sind seit der Gesetzesänderung durch das EAG Bau[614] im Jahre 2004 als Verfahrensfehler zu qualifizieren und somit auf der formellen Seite des Abwägungsvorgangs zu prüfen, siehe § 214 Abs. 3 S. 2 HS. 1 BauGB. Zwar nennt die Norm nicht ausdrücklich den Begriff der „Einstellung", jedoch sind Ermittlung, Einstellung und Gewichtung stark miteinander verflochten, da die Einstellung als Gelenk zwischen der Informationsgewinnung und der tatsächlichen Gewichtung fungiert.[615]

b. Fehler bei der Gewichtung

Die Gewichtung der Belange muss ebenfalls abwägungsfehlerfrei sein. Ein Gewichtungsausfall (auch Bewertungsausfall genannt[616]) liegt vor, wenn die Gewichtung eines Belangs gar nicht stattfindet. Eine Gewichtungsfehleinschätzung wiederum, wenn ein abwägungsrelevanter Belang im Widerspruch zur Gewichtung in der konkreten planerischen Situation gewichtet wird.[617]

Ein Fehler in der Gewichtung ist ebenfalls als Verfahrensfehler nach § 2 Abs. 3 BauGB einzustufen, da die Norm das Ermitteln dem Bewerten gleichsetzt. Der Vorgang des Bewertens (oder Gewichtens als Synonym) versteht eine Ranganalyse der einzelnen Belange nach konkreter Situation, um das Abwägungsmaterial für die weitere Verarbeitung, der Abwägung gegen andere Belange, aufzubereiten und gehört somit zur formellen Seite der Bauleitplanung.[618]

Fehler in der Ermittlung und Bewertung sind aufgrund ihrer Gewichtigkeit im Vorgang direkte Verfahrensfehler und somit grundsätzlich beachtlich. Sonstige Fehler im Abwägungsvorgang neben dem Vorgang des Ermittelns, Einstellens und Bewertens dürfen jedoch nicht außer Betracht gelassen werden und sind daher dann erheblich, wenn sie offensichtlich und auf das Abwägungsergebnis

---

613 *Uechtritz*, VerwArch 2010, S. 505 (520).

614 Gesetz zur Anpassung des Baugesetzbuchs an EU-Richtlinien (Europarechtsanpassungsgesetz Bau – EAG Bau) v. 24.6.2004, BGBl. I Nr. 31, S. 1359.

615 *Ibler*, JuS 1990, S. 7 (8).

616 *Stüer*, Der Bebauungsplan, 5. Aufl. 2015, Rn. 1046.

617 *Hoppe*, DVBl 1992, S. 853 (857).

618 Siehe oben, als auch *Martini/Finkenzeller*, JuS 2012, S. 126 (129).

von Einfluss gewesen sind, siehe § 214 Abs. 3 S. 2 HS. 2 BauGB. Liest man die beiden Halbsätze des § 214 Abs. 3 BauGB, merkt man, dass es an stringenter Gesetzesdogmatik fehlt. Dieser als „Angstklausel"[619] titulierte zweite Halbsatz führt daher oft zu Missverständnissen.[620] Entscheidend ist, ob nach den Umständen des Einzelfalls die konkrete Möglichkeit bestand, dass die Abwägungsentscheidung bei Vermeidung des Fehlers anders ausgefallen wäre, mithin ein potentieller Einfluss im Raum steht. Die abstrakte Möglichkeit eines Einflusses reicht auch hier nicht aus.[621] Hierunter fällt u.a. ein Abwägungsausfall aufgrund präjudizialer Wirkungen durch Vorentscheidungen.[622]

Ein gängiger Abwägungsfehler in der Gewichtung liegt vor, wenn die planende Gemeinde dem Belang der Versorgung zu geringes objektives Gewicht oder gar kein Gewicht zumisst. Nach der Rechtsprechung des BVerwG besteht ein hohes öffentliches Interesse an einer flächendeckenden angemessenen und ausreichenden Versorgung der Bevölkerung mit Dienstleistungen des Mobilfunks, sodass dieser auch hinreichend eruiertes Gewicht in der zweiten Phase beigemessen werden muss.[623] Selbstverständlich darf aufgrund des verfassungsrechtlichen Vorsorgeauftrags im Hinblick auf Strahlungsreduzierung dem Belang der Vorsorge weitaus mehr objektives Gewicht angetragen werden, sodass die Versorgung im Verhältnis zur Vorsorge ein wesentlich geringeres Gewicht aufweist. Jedoch muss die Gemeinde, um Abwägungsfehler in der Gewichtung zu vermeiden, sowohl ausdrücklich und detailliert auf die Bedeutung der Versorgung mit Mobilfunk als auch auf die privaten Belange der Mobilfunkbetreiber eingehen.

---

619 *Erbguth*, JZ 2006, S. 484 (490).

620 Diese Norm wurde im Zuge des EAG-Bau eingeführt. Es fehlt an Stringenz, da der erste Halbsatz des Abs. 3 sich von einer materiell-rechtlichen Einordnung der Abwägung distanziert und zumindest den Vorgang des Ermittelns und Bewertens einen verfahrensrechtlichen Rang zuweist, während der zweite Halbsatz unverändert auf einem materiell-rechtlichen Verständnis beruht. Der gesamte Abwägungsvorgang sollte aus europarechtlichen Gründen prozeduralisiert werden, jedoch wurde vom zuständigen Ausschuss auf Antrag des Bundesrats der zweite Halbsatz eingefügt. Aus diesem Grund wird die Klausel seither als „Angstklausel" bezeichnet und beruht auf einer politischen Meinungsverschiedenheit. Siehe hierzu *Schröer*, ÖffBauR 2005, S. 49 (51) und *Bernhardt*, JA 2008, S. 166 (167).

621 *Jürgen Stock*, in: Ernst et al., Baugesetzbuch, § 214, Rn. 144.

622 *Jürgen Stock*, in: Ernst et al., Baugesetzbuch § 214, Rn. 139 m. w. N.; zum kommunalen Mobilfunkkonzept als Vorentscheidung siehe unter *Vierter Teil, E., I., 3.*

623 BVerwGE 144, 82 (88).

2. Fehler im Abwägungsergebnis

Der Ausgleichsprozess als solcher stellt ebenfalls eine beliebte Fehlerquelle dar. Das Abwägungsergebnis kann trotz richtiger Ermittlung und Bewertung fehlerhaft sein. Ähnlich der Ermittlung und Gewichtung kann das Abwägungsergebnis fehlerhaft sein, wenn entweder nach der Ermittlung der Belange keinerlei Abwägung der Belange untereinander stattfand (Abwägungsausfall) oder das ermittelte Abwägungsmaterial nicht vollständig in der Abwägung berücksichtigt wurde (Abwägungsdefizit). Solche Szenarien sind in der Praxis selten anzutreffen, da die Gemeinde jene zeit- und kostenintensive Aufstellung der relevanten Belange gerade im Hinblick auf die Abwägung tätigt.[624] Das Abwägungsergebnis ist weiterhin fehlerhaft, wenn eine Ausgleichsdisproportionalität gegeben ist. Dieser Fehler stellt im Abwägungsergebnis den häufigsten Fehler dar. Eine Ausgleichsdisproportionalität liegt dann vor, wenn der Ausgleich zwischen den Belangen außer Verhältnis zur objektiven Gewichtung der einzelnen Belange steht.[625] Hierdurch sollen Vorrangregelungen und Abwägungsdirektiven besondere Berücksichtigung erfahren.[626] Die Rechtsprechung schützt somit sowohl die Verwirklichung der gesetzgeberischen Berücksichtigungsgebote, Planungsleitsätze als auch der Optimierungsgebote.[627] Die Gemeinde handelt daher fehlerfrei, wenn ihre Abwägungsentscheidung sachgerecht, somit an Vorrangregelungen orientiert ist. Der Gemeinde würde ein Abwägungsfehler unterlaufen, würde sie das Optimierungsgebot des § 50 BImSchG in seiner objektiven Wertigkeit einschränken und den Ausgleich zwischen den betroffenen Belangen hierzu außer Verhältnis setzen. Eine Ausgleichsdisproportionalität ist ebenfalls gegeben, wenn keine hinreichend gewichtigen Gründe das Zurücktreten des einen Belangs hinter den anderen rechtfertigen.[628]

Nach Einhaltung aller Vorrangregelungen und Vermeidung sämtlicher Fehler im Abwägungsprozess bleibt der Gemeinde zwischen den übrig gebliebenen Alternativen ein planerischer Gestaltungsspielraum, der vom Selbstverwaltungsrecht getragen wird.[629]

Zusammenfassend kann folgendes festgestellt werden: Abwägungsergebnisfehler sind immer beachtlich und führen zur Unwirksamkeit des Bauleitplans;

---

624 *Bernhardt*, JA 2008, S. 166 (170).
625 BVerwGE 34, 301 (309); *Hoppe*, DVBl 1992, S. 853 (857).
626 *Bernhardt*, JA 2008, S. 166 (170).
627 Hierzu oben. Siehe ebenfalls *Hoppe*, DVBl 1992, S. 853 (858).
628 BVerwGE 47, 144 (148); *Ulrich Battis*, in: ders. et al., Baugesetzbuch, § 1, Rn. 103.
629 *Bernhardt*, JA 2008, S. 166 (170).

Abwägungsvorgangsfehler sind nur dann beachtlich, wenn sie offensichtlich sind und das Abwägungsergebnis erheblich beeinflussen, mithin auf die materielle Seite „durchschlagen".[630]

IV. Die planerische Abwägung als Drahtseilakt

Die planerische Abwägung ist ein Drahtseilakt. Es gilt, die Balance zwischen den verschiedenen Belangen zu halten und Abwägungsfehler zu vermeiden, welche den Bebauungsplan zu Fall bringen könnten.

Entscheidende Hilfestellung bietet hier das kommunale Mobilfunkkonzept. Als städtebauliches Entwicklungskonzept verdeutlicht das kommunale Mobilfunkkonzept planerische Zusammenhänge zwischen den betroffenen Belangen.[631] Kann eine Gemeinde in ihrem Mobilfunkkonzept darlegen, welche Strahlungs- und Versorgungssituation sie für ihre Gemeinde beabsichtigt, kann ihr nicht vorgeworfen werden, ihr fehle eine planerische Intention. Belegt sie darüber hinaus alle potentiellen Konfliktherde jeglicher Art mit aussagekräftigen Argumenten und bietet sie vielversprechende Alternativstandorte mit geprüfter Eigentumslage, um die fehlende Versorgung im Ausschlussgebiet auszugleichen und dennoch eine flächendeckende angemessene Versorgung mit Mobilfunk zu garantieren, kann ihr nicht vorgeworfen werden, sie hätte Belange vergessen oder sich nicht genügend mit den Konfliktfeldern auseinander gesetzt. Gerade die durch das Mobilfunknetz eingeräumte räumliche und durch die Intention der Strahlenreduzierung erwirkte zeitliche Reichweite eines Mobilfunkkonzepts ermöglicht es der Gemeinde, das gesamte Gemeindegebiet in Betracht zu ziehen und dynamische Argumente für die Begründung des Bebauungsplans zu entwickeln. Das Entwicklungskonzept begründet ein gesamträumliches, konzeptmäßiges Vorgehen und sorgt somit für Stabilität und eine durchdachte Planung.[632]

V. Der Bebauungsplan der Gemeinde Schönbach – Beispielsabwägung

Die Argumente der Mobilfunkbetreiber bleiben immer gleich. Der Bebauungsplan der Gemeinde sei unwirksam, die Planung sei i.S.d. § 1 Abs. 3 BauGB nicht erforderlich, eine unzulässige Negativplanung sei gegeben oder sie rügen einen

---

630 *Kersten*, Jura 2013, S. 478 (491); *Martini/Finkenzeller*, JuS 2012, S. 126 (130); *Franz Dirnberger*, in Jäde/ders., Baugesetzbuch, 9. Aufl. 2018, § 1, Rn. 117.

631 *Wilhelm Söfker/Peter Runkel*, in: Ernst et al., Baugesetzbuch, § 1, Rn. 175.

632 *Wilhelm Söfker/Peter Runkel*, in: Ernst et al., Baugesetzbuch, § 1, Rn. 175.

Verstoß gegen das Abwägungsgebot, da die Wichtigkeit und Privilegierung der Telekommunikation nicht hinreichend berücksichtigt wurde. Eine weitere typische Einwendung seitens der Mobilfunkbetreiber ist die Behauptung, die wirtschaftlichen Auswirkungen einer Ausschlussplanung seien spürbar, die gesundheitlichen Auswirkungen nicht. Der folgende Beispielsfall soll in kurzer Ausführung aufzeigen, wie sich eine Gemeinde durch eine rechtlich korrekte Planungsweise vor jenen Angriffen ihrer Gegner schützen kann.

Fall E: Die Gemeinde Schönbach plant nach einer Bürgerdemonstration mit dem Titel „'Strahlende Zukunft' bis es knallt – weg mit dem Antennenwald!" die Änderung ihres Bebauungsplans. Sie möchte zukünftig in ihrem reinen und allgemeinen Wohngebiet, beide im Westen der Gemeinde angesiedelt, Mobilfunkanlagen gänzlich ausschließen und wenn möglich, im Außenbereich ansiedeln lassen. Der Planungsvorgang spielt sich wie folgt ab:

Nach der Fassung des Aufstellungsbeschlusses für die Änderung des Bebauungsplans werden zunächst alle potentiell betroffenen Behörden informiert, als auch die Öffentlichkeitsbeteiligung vollzogen, um die durch das Vorhaben tangierten Belange ausfindig zu machen. Hierunter fallen auf der Seite der öffentlichen Belange die Gesundheitsvorsorge, die Versorgung mit Telekommunikationsdienstleistungen, die Erhaltung des Ortsbilds, die Erhaltung der Gebietsart, sowie Belange des Naturschutzes. Private Interessen liegen hier vor allem in den wirtschaftlichen Interessen der Mobilfunkbetreiber.[633] Diese gewichtet die Gemeinde zunächst individuell. Aus Gründen ihrer Planungsabsicht räumt sie aufgrund geplanter Strahlungsreduzierung der Gesundheitsvorsorge Vorrang ein. Das vorsorgerelevante Risikoniveau, das von EMF besonders für Kinder und Jugendliche ausgehe, beschreibt sie detailliert und folgert daraus, dass die Gemeinde gerade in Wohngebieten, die aufgrund der zu schützenden Wohnruhe und dem ständigen Aufenthalt von Kindern und Jugendlichen „sensible Einrichtungen" darstellen, einen Schutz vor elektromagnetischer Strahlung gewährleisten muss. Diese Vorsorgeschutzaufgabe entspringt einem dynamischen Grundrechtsschutz. Zudem stelle das Optimierungsgebot des § 50 BImSchG ebenfalls auf den Schutz vor Immissionen ab. Die Gemeinde erkennt ferner das hohe öffentliche Interesse der Versorgung mit Mobilfunk im Gemeindegebiet und die dazugehörigen privaten Interessen an.

Die Öffentlichkeits- und Behördenbeteiligung stellt ein mächtiges Instrument zur Herbeiführung einer planerischen Exaktheit dar. Hierdurch kann die Gemeinde sowohl die Vollständigkeit der Ermittlung ihrer Belange plausibel machen als auch potentielle Konfliktherde frühzeitig entdecken. Weiterhin gewichtet die Gemeinde die Belange. Hier darf sie keine pauschalen Floskeln verwenden, sondern muss ihre Behauptungen mit sachlichen und ausführlichen Argumenten begründen. Ansonsten kann ihr die Gewichtung zugunsten

---

633 Siehe hierzu umfangreich unter *Vierter Teil, E., II., 3., b.*

eines bestimmten Belangs und zulasten eines anderen schnell als „Feigenblatt-Planung" ausgelegt werden.

Um den anderen Belangen, vor allem dem Belang der Telekommunikationsversorgung und den privaten Belangen der Mobilfunkbetreiber gerecht zu werden und eine umfassende Abwägung gewährleisten zu können, beschließt die Gemeinde parallel zum Planungsverfahren ein kommunales Mobilfunkkonzept als städtebauliches Entwicklungskonzept. Dadurch sichert sich die Gemeinde ein planvolles gesamträumliches Vorgehen. Hierfür wird im Vorfeld ein Gutachter engagiert, der die Strahlungssituation der Gemeinde überprüft und potentielle Standorte in der Gemeinde, die sowohl den Schutz der Vorsorge als auch eine flächendeckende angemessene Versorgung gewährleisten, eruiert. Hierfür benötigt der Gutachter Informationen über mögliche Vorhaben von Mobilfunkanbietern. Die Gemeinde fragt daher bei den Mobilfunkanbietern, die bereits mit einem Netzausbau in der Gemeinde Schönbach und in den umliegenden Gemeinden begonnen oder zumindest den Wunsch geäußert hatten, an. Zwei Mobilfunkanbieter äußerten sich zu künftigen Netzausbauplänen im Wohngebiet und erklärten sich bereit, bei funktechnischer und wirtschaftlicher Eignung die Alternativstandorte zu überprüfen und in Erwägung zu ziehen. Sie gaben einige ihrer funktechnischen Details preis und überließen der Gemeinde die Ausweisung der Standorte. Zudem beantragte die Gemeinde Schönbach bei der Bundesnetzagentur nach der „Verbändevereinbarung der kommunalen Spitzenverbände mit den Mobilfunknetzbetreibern über den Informationsaustausch und die Beteiligung der Kommunen beim Ausbau der Mobilfunknetze vom 9.7.2001" weitere Planungsdaten und technischen Informationen, wie bevorzugte Antennentypen aller in Betracht kommenden Mobilfunkanbieter für das Gemeindegebiet aus den bereits vorliegenden Standortbescheinigungen[634], um die Standortvorschläge auf Basis einer fundierten Recherche gestalten zu können.

Alternativstandorte stellen einen wichtigen Bestandteil des Abwägungsmaterials dar. Durch sie wird sowohl den Belangen der Mobilfunkbetreiber Rechnung getragen als auch eine umfassende Planung gewährleistet. Wichtig ist daher, dass die Gemeinde vollumfänglich recherchiert und keine potentielle Informationsquelle auslässt. Gerade die Verbändevereinbarung stellt eine wertvolle Quelle dar, aus der sich Gemeinden bedienen können. Sie hilft vor allem in der Situation, in der entweder keine technischen Daten vorliegen oder preisgegeben werden wollen, oder ein Mobilfunkbetreiber die fehlende funktechnische Eignung eines Standorts behauptet[635]. Die Gemeinde hat dadurch die Möglichkeit

---

634 Siehe die Hinweise und Informationen zur Vereinbarung über den Informationsaustausch und die Beteiligung der Kommunen beim Ausbau der Mobilfunknetze vom 5.7.2001 unter https://www.dstgb.de/dstgb/Homepage/Schwerpunkte/Mobilfunk/Mobilfunk%20Vereinbarung/Erg%C3%A4nzungen%20zur%20Mobilfunkvereinbarungen%20(PDF-Dokument).pdf.

635 So bei BayVGH, Urteil v. 29.11.2006, ZUR 2008, S. 383 f.

nachzuprüfen, ob die technischen Daten des Alternativstandorts tatsächlich nicht dem Standard des jeweiligen Mobilfunkanbieters genügen. Prognose- und weitere Abwägungsfehler können so verhindert werden.

Der Gutachter kommt zu dem Ergebnis, dass die beste Strahlungssituation in der Gemeinde Schönbach erreicht werden könne, wenn vier Alternativstandorte im Außenbereich anhand einer Festlegung von Konzentrationszonen im Flächennutzungsplan und zwei Alternativstandorte im Industriegebiet im Innenbereich durch Bebauungsplan ausgewiesen werden, wo es ebenfalls zahlreiche Emissionsausstöße gäbe und die Dichte der sich dort befindlichen Menschen verglichen mit den Wohngebieten nicht allzu hoch sei. Nur so könne sowohl die Strahlung, die von der Anlage selbst ausgeht, als auch die Strahlung, die vom Mobilfunkgerät ausgeht, minimal gehalten werden.

Die Gemeinde muss darlegen, dass ihre Planungsabsicht nicht nur Wunschdenken darstellt, sondern auf fundiert ermittelten und sachlich belegbaren Informationen basiert. So muss der Gutachter durch Messungen feststellen, dass durch die Planung tatsächlich das Planungsziel der Gemeinde – die Reduzierung der Strahlung im Gemeindegebiet – erreicht werden kann.

Die Unterscheidung zwischen den beiden Strahlungsquellen ist für den optimalen Gesundheitsschutz sehr wichtig, da nicht pauschal gesagt werden könne, dass eine höhere Strahlung bestünde, je engmaschiger das Mobilfunknetz sei. Tatsächlich muss zwischen der Strahlung, die vom jeweiligen Mobiltelefon und der Strahlung, die von der Mobilfunkantenne selbst ausgeht, unterschieden werden. Hier ist es der Gemeinde besonders wichtig, dass die Mobilfunkanlage selbst sich nicht in der Nähe eines Wohngebiets befindet, da der SAR-Grenzwert bereits bei 0,08 W/kg liegt, während der gemessene Teilkörper-SAR-Grenzwert eines Handys bei 2 W/kg liegt, da beim Telefonieren eine örtlich begrenzte Erwärmung an einem bestimmten Körperteil vorliegt und die Wärmeabfuhr durch das Blut reguliert werden kann. Je kleiner der SAR-Wert, desto geringer die Absorptionsrate und Möglichkeit der Regulierung durch das Blutsystem. Aufgrund des niedrigeren SAR-Wertes geht eine größere Gesundheitsgefahr von der Mobilfunkanlage selbst hervor, da die Absorption geringer ist und bereits kleine Mengen an Strahlung ausreichen, um gesundheitliche Schäden hervorzurufen. Die Strahlungsgefahr der Mobiltelefone darf zwar ebenfalls nicht übersehen werden, ist aber durch den Endnutzer leichter zu regulieren.

Die ausgewiesenen Alternativstandorte in der Gemeinde Schönbach sind auch aus sonstigen Gründen geeignet, künftig Mobilfunkstandorte darzustellen. Die Flächen stehen im Eigentum der Gemeinde. Es existieren weiterhin keine Regionalpläne oder sonstige Gründe des Raumordnungsrechts, die diesem Standort entgegenstehen und potentielle Konfliktherde darstellen würden. Auch stehen keine Gründe des Naturschutzrechts, Denkmalschutzrechts oder sonstigen Rechts entgegen, sodass künftig keine Konflikte ersichtlich sind.

Für künftige Streitigkeiten zwischen den Betreibern untereinander bestimmt die Gemeinde den Mechanismus des „Site-Sharings".[636]

Die Abwägung bildet das Herzstück jedes Planungsakts. Der dort verankerte Grundsatz der Konfliktbewältigung gebietet es, die bei einer Planung hervorgerufenen Konflikte entweder zu vermeiden oder zu lösen. Aus diesem Grund muss diese vollumfänglich eruiert und auf alle tangierten Belange Rücksicht genommen werden. Nur so können Konflikte, die aufgrund des Vorhabens erst entstehen, präventiv ermittelt und behandelt werden. Um den Belangen der Mobilfunkbetreiber hinreichend Berücksichtigung zu verleihen, dürfen die Alternativstandorte rechtlich nicht „vorbelastet" sein. Sowohl die Eigentumsverhältnisse als auch weitere rechtliche Regelungen dürfen diesem Alternativstandort zumindest nicht entgegenstehen.

Die Gemeinde Schönbach setzt außerdem im Bebauungsplan fest, dass auf den ausgewiesenen Alternativstandorten nur Anlagen bis zu einer Höhe von 10 m aufgestellt werden dürfen.

Diese Feinsteuerung ist der Gemeinde aufgrund ihres kommunalen Selbstverwaltungsrechts und ihrer Planungshoheit erlaubt.[637] So kann die Gemeinde feinplanerisch die Höhe der Anlagen als auch andere Gestaltungen wie die maximale Anzahl der Anlagen auf diesen ausgewiesenen Standorten bestimmen. Voraussetzung hierfür ist, dass die Versorgung trotz niedriger Anlagenhöhe genauso hinreichend verwirklicht werden kann, was im Beispielsfall aufgrund der sechs ausgewählten Standorte und des beschlossenen Site-Sharings realisierbar ist. Argumente der Mobilfunkbetreiber, kleinere Anlagen seien nicht rentabel, gehen fehl.

Durch eine solche Abwägung wird sowohl dem Ziel der Gemeinde (Gesundheitsvorsorge aufgrund EMF und öffentliches Interesse an angemessener Telekommunikationsversorgung), als auch den Anliegen der Mobilfunkbetreiber (privates und wirtschaftliches Interesse an Versorgung mit Mobilfunkdienstleistungen) Rechnung getragen. Machen nun Betreiber eine Befreiung nach § 31 Abs. 2 BauGB geltend und versuchen sie, den Bebauungsplan zu umgehen, so kann sich die Gemeinde wiederum auf den Erhalt der Grundzüge ihrer Planung berufen.[638]

---

636 Hierzu siehe unter *Vierter Teil, E., II., 3., b.*
637 BVerwG, Beschluss v. 25.11.2003, NVwZ 2004, S. 477 (478); BayVGH, Beschluss v. 19.1.2005, 14 ZB 04.2999, Rn. 13 – juris.
638 Siehe hierzu gleich unter *Vierter Teil, G.*

F. Bestandschutz bereits bestehender Mobilfunkanlagen

Wird der Bebauungsplan geändert oder gar neu erlassen, so gelten die Vorschriften zunächst nur für künftige Anlagen. Hierbei macht es keinen materiellen Unterschied, ob ein beplanter Innenbereich umgeplant oder ein unbeplanter Innenbereich neu geplant wird.

Schließt die Gemeinde rechtmäßig Mobilfunkstationen aus einem gewünschten Baugebiet aus, so sind die bereits in diesem Baugebiet befindlichen Mobilfunkanlagen hiervon nicht betroffen. Widerspricht eine bestehende Anlage aufgrund einer nachträglichen Änderung des Bebauungsplans nicht mehr dem geltenden Recht, so genießt diese Anlage passiven Bestandschutz – trotz der Tatsache, dass diese Anlage nun nach geändertem Recht nicht mehr zulässig wäre. Dies gilt ebenso für genehmigungsfreie bauliche Anlagen, nicht jedoch für Anlagen, die rechtswidrig gebaut worden sind.[639] So bleibt der Gemeinde hinsichtlich bereits bestehender Mobilfunkanlagen lediglich die Möglichkeit in Verhandlungsgespräche mit dem jeweiligen Mobilfunkanbieter zu treten und gegebenenfalls Alternativstandorte vorzuschlagen, um zum Zwecke der Strahlungsminimierung das Gebiet von Mobilfunkanlagen freizuhalten.

G. Exkurs: Beantragung einer Befreiung nach § 31 Abs. 2 BauGB

Trotz wirksamen Ausschlusses durch § 1 Abs. 5 oder 6 BauNVO hat der Antragsteller die Möglichkeit Abweichungen von den Festsetzungen des Bebauungsplans nach § 31 Abs. 2 BauGB zu beantragen. Hiernach kann befreit werden, wenn die Grundzüge der Planung nicht berührt werden und die weiteren Voraussetzungen der Nummern 1-3 gegeben sind. Beide Voraussetzungen müssen kumulativ vorliegen. Dadurch sichert der Gesetzgeber die planerische Gestaltungsfreiheit der Gemeinde und ermöglicht zudem eine Korrektur der Festsetzungen im Einzelfall.[640] Gleichzeitig entschärft er eine Konkurrenz zwischen Bauaufsichtsbehörde (welche für die Befreiung zuständig ist) und Gemeinde (welche ihre planerischen Absichten erhalten möchte), sofern diese nicht in einer juristischen Person liegen. Liegt bereits ein unzulässiger Eingriff in die planerischen Grundzüge der Gemeinde vor, scheitert die Befreiung. Die planerische Konzeption der Gemeinde bestimmt die Grundzüge der Planung.[641]

---

639 *Beckmann*, KommJur 2014, S. 401 (403).
640 Siehe hierzu ausführlich *Wilhelm Söfker*, in: Ernst et al., Baugesetzbuch, § 31, Rn. 29.
641 *Wilhelm Söfker*, in: Ernst et al., Baugesetzbuch, § 31, Rn. 36.

Die Ziele und Zwecke des Bebauungsplans dürfen durch die Erteilung einer Befreiung nicht erheblich eingeschränkt werden, sodass die Planungskonzeption geändert scheint.[642] Eine Änderung der Planung ist nur der Gemeinde im Wege der Planungshoheit vorbehalten. Ob die Grundzüge der Planung berührt werden, hängt von der jeweiligen planerischen Konzeption und der Intensität des Eingriffs ab. Fallen Festsetzungen, die grundsätzlich gegen die planerische Konzeption verstoßen, nicht ins Gewicht, kann gegebenenfalls eine Befreiung zulässig sein.[643]

Auch einzelne Festsetzungen können die Grundzüge der Planung maßgeblich bestimmen und beeinflussen. Dem Ausschluss einer Mobilfunkanlage liegt ein bestimmtes planerisches Konzept zugrunde, das meist durch ein kommunales Mobilfunkkonzept getragen wird.[644] Dieses Konzept wirkt aufgrund des Zusammenspiels verschiedener Mobilfunkanlagen im weiträumigen Mobilfunknetz über die Baugebietsgrenzen hinweg und bestimmt somit die Planung des gesamten Gemeindegebiets.[645] Auch die Ernennung von Alternativstandorten, die mit der Planung einer einzelnen Festsetzung einhergeht, macht die Reichweite dieser Festsetzung im Gemeindegebiet deutlich. Sowohl die positive als auch die negative Planung des Mobilfunknetzes bestimmt die planerischen Grundzüge. Die Gemeinde verfolgt mit dem Ausschluss einen Schutzauftrag zur Vorsorge. Das kommunale Mobilfunkkonzept trägt daher durch den darin ausgedrückten planerischen Willen, Strahlungsemissionen zu reduzieren und gezielt Mobilfunkanlagen aus bestimmten Baugebieten fernzuhalten, die gemeindliche Planung. Keine Festsetzung, die eine Mobilfunkanlage zum Gegenstand hat, kann aufgrund des weiträumigen zusammenhängenden Mobilfunknetzes getrennt betrachtet werden.

Die Gemeinde plant komplex, um eine Strahlungsreduzierung zu erwirken. Mithilfe von Expertengutachten, Mobilfunkkonzepten und Alternativstandorten versucht sie im Zweifel ein Netz zu schaffen, das in sensiblen Gebieten wie Wohngebieten eine reduzierte Strahlung erreicht, ohne die flächendeckende Versorgung zu gefährden. Der Ausschluss aller Mobilfunkanlagen aus bspw. einem reinen Wohngebiet nach § 3 BauNVO bestimmt daher die planerische Konzeption so deutlich, dass bereits die Befreiungszulassung einer einzelnen

---

642 BVerwG, Beschluss v. 5.3.1999, 4 B 5.99, Rn. 5 – juris.
643 BVerwG, Beschluss v. 19.5.2004, 4 B 35.04, Rn. 3 f. – juris.
644 BVerwG, Beschluss v. 5.3.1999, 4 B 5.99, Rn. 6 ff. – juris.
645 Ähnlich auch BayVGH, Urteil v. 6.2.2014 BayVBl 2014, S. 499 (502); a.A. *Spannowsky*, ZfBR 2008, S. 446 (450).

Mobilfunkanlage nach § 31 Abs. 2 BauGB die Grundzüge der Planung in unzulässiger Weise berühren würde. Mithin ist bei Vorliegen eines kommunalen Mobilfunkkonzepts und einer detailliert begründeten planerischen Konzeption der Gemeinde von § 31 Abs. 2 BauGB keine Bedrohung für die Planung zu erwarten.

H. Zwischenergebnis: Bauplanerische Umsetzung

Eine vorsorgeorientierte Gemeinde steht bei einem geplanten Ausschluss von Mobilfunkanlagen in ihrem Gemeindegebiet vor zahlreichen bauplanerischen Aufgaben. Ein kommunales Mobilfunkkonzept, das die planerische Konzeption der Gemeinde wiedergibt und Alternativstandorte festlegt, ermöglicht ihr, alle öffentlichen und privaten Belange im bauplanerischen Abwägungsprozess ausreichend zu berücksichtigen. Hierbei stehen vor allem die öffentlichen Belange der Vorsorge und Versorgung, als auch die privaten, wirtschaftlichen Belange der Mobilfunkbetreiber im Vordergrund. Der konkrete Ausschluss von Mobilfunkanlagen richtet sich nach dem jeweiligen Baugebiet. Da von Mobilfunkanlagen ein vorsorgerelevantes Risikoniveau ausgeht und es sich bei jener Strahlung nicht lediglich um unschädliche Immissionsbefürchtungen handelt, ist von einer erhöhten und notwendigen Vorsorgebereitschaft auszugehen. Sinn eines sowohl allgemeinen als auch reinen Wohngebiets ist die Erhaltung und der Schutz der Wohnruhe. Da Kinder die meiste Zeit im Elternhaus verbringen, weisen Wohngebiete eine erhöhte Schutzbedürftigkeit auf, welche gleichzeitig den besonderen städtebaulichen Grund für einen feinplanerischen Ausschluss darstellt. In den restlichen Baugebieten der BauNVO ist ein gezielter Ausschluss aufgrund der gemischten, teils stark industriellen Prägung schwierig, wenn nicht sogar nahezu unmöglich.

Fazit

5G-Mobilfunkanlagen werden in den Medien kritisch diskutiert und es sind auch weiterhin Debatten im politischen und juristischen Bereich absehbar.[646] Dies wird zu einer stärkeren Beteiligung der Kommunen am Mobilfunkgeschehen und einem größeren Kontrollbedürfnis der Gemeinden im Bereich der Strahlungsentwicklung im Gemeindegebiet führen, sodass die in dieser Arbeit aufgeworfenen und diskutierten Fragen eine besondere Relevanz entfalten werden.

Auch der Druck „von oben" wird Gemeinden künftig dazu motivieren, eigene Schutzmaßnahmen im Gemeindegebiet anzustreben. So wirbt Gerd Landsberg, geschäftsführendes Präsidialmitglied des Deutschen Städte- und Gemeindebundes, entgegen der Bestrebungen vieler Gemeinden die Strahlung zu reduzieren, in einem Interview mit FOCUS Online für „5G Mobilfunk an jeder Milchkanne", sowie für Mobilfunkanlagen auf Kindergärten und Schulen. Er schlägt zudem vor, den Naturschutz für den Netzausbau aufzuweichen, um schneller und unter einfacheren Bedingungen 5G-Mobilfunkanlagen bauen zu können.[647] Nicht nur Kinder und Jugendliche werden zudem künftig aufgrund ihrer potentiell stärkeren Elektrosensibilität betroffen sein; auch Menschen mit implantierten Herzschrittmachern könnten künftig gefährdet sein, da elektronische Implantate auf

---

646 *Jonas Jansen,* Vodafone bringt 5G auf die ersten Handys, Frankfurter Allgemeine Zeitung v. 17.7.2019, abrufbar unter: https://www.faz.net/aktuell/wirtschaft/diginomics/vodafone-bringt-5g-auf-die-ersten-handys-16287881.html; *Volker Wasmuth/ Patrick Zeilhofer,* 5G – Zwischen Datenspeed und Strahlenangst, Dokumentation im Zweiten Deutschen Fernsehen v. 28.7.2019, abrufbar unter: https://www.zdf.de/dokumentation/planet-e/planet-e-5g--zwischen-datenspeed-und-strahlenangst-100.html; *Armin Grunwald,* Leiter des Büros für Technikfolgen-Abschätzung beim Deutschen Bundestag (TAB), Wie gefährlich ist 5G für die Menschen? Podcast „Sag's Pauly" der Schwäbischen Zeitung v. 14.7.2019, abrufbar unter: https://www.schwaebische.de/sueden/baden-wuerttemberg_artikel,-podcast-sags-pauly-wie-gef%C3%A4hrlich-ist-5g-f%C3%BCr-die-menschen-_arid,11078528.html.
647 *Jürgen Klöckner,* Plädoyer für schnellen Netzausbau. Städtebund-Chef: 5G-Masten auf Schulen und Kindergärten nicht ausschließen. Interview mit Gerd Landsberg, FOCUS Online v. 24.6.2019, abrufbar unter: https://www.focus.de/digital/dldaily/5g/interview-mit-gerd-landsberg-staedtebund-chef-5g-masten-auf-schulen-und-kindergaerten-nicht-ausschliessen_id_10856298.html.

hochfrequente Strahlung empfindlicher reagieren als der menschliche Körper und somit eine Störung des Geräts ausgelöst werden kann.[648]

Um den Schutz ihrer Bürger vor Mobilfunkstrahlung gewährleisten zu können, wird sich die planende Gemeinde künftig noch intensiver mit Ausschlüssen von Mobilfunkanlagen beschäftigen müssen. Dieser Ausschluss steht und fällt mit einer ausführlichen Auseinandersetzung der Gemeinde und Prüfung der bauplanerischen Abwägung. Ein kommunales Mobilfunkkonzept stellt hierbei ein hilfreiches Standbein für die planende Gemeinde dar, da dadurch sowohl dem Belang der Gesundheitsvorsorge als auch der Versorgung mit ausreichender Telekommunikation durch Mobilfunkstationen anhand der Ausweisung passender Alternativstandorte Rechnung getragen werden kann. Das bestehende Spannungsfeld kann hierdurch gelöst werden.

Vorsorge ist besser als Nachsorge. Aus diesem Grund sollte eine Gemeinde, die eine Strahlungsminimierung in ihrem Gemeindegebiet verwirklichen möchte, weitreichend planen und anhand eines kommunalen Mobilfunkkonzepts die Strahlungs- und Versorgungssituation ihrer Gemeinde für die Zukunft hinreichend detailliert festlegen. Aufgrund der zahlreichen Belange, die es in der bauplanerischen Abwägung zu berücksichtigen gibt, stellt dies meist ein schwieriges und aufwendiges Unterfangen dar. Ermittelt die Gemeinde jedoch Schritt für Schritt alle wichtigen Belange, kontaktiert sie alle (potentiell) beteiligten Behörden und eruiert alle in Frage kommenden Alternativstandorte anhand der ihr zur Verfügung stehenden Quellen, ist sie in gerichtlichen Auseinandersetzungen geschützt. Je genauer die Vorbereitung ist, je umfassender sich die Gemeinde mit den Belangen der Vorsorge, der Versorgung als auch den baurechtlichen Möglichkeiten beschäftigt hat, desto mehr Strahlungsschutz kann eine Gemeinde für ihre Gemeindeeinwohner bewirken.

---

648 Bundesamt für Strahlenschutz, Empfehlungen des BfS zum Telefonieren mit dem Handy, abrufbar unter: https://www.bfs.de/DE/themen/emf/mobilfunk/schutz/vorsorge/empfehlungen-handy.html; hierzu auch *Florian Schumann*, Strahlendes Experiment, ZEIT Online v. 16.1.2019, abrufbar unter: https://www.zeit.de/2019/04/mobilfunknetz-5g-datenuebertragung-gesundheitsgefahr-strahlenbelastung.

Kernthesen der Arbeit

Zum ersten Teil: Technische Einleitung und Stand der Wissenschaft

1. Seit dem Ende der 50er Jahre wurden zahlreiche Mobilfunkstandards entwickelt. Hierunter finden sich u.a. GSM, UMTS, LTE und der neue, sehr umstrittene Standard 5G. Die Nachfrage nach schnellem Internet steigt stetig. Dies führt jedoch ebenfalls dazu, dass die Datenübertragungs- und Frequenzraten schneller ansteigen, ohne dass Technikfolgenabschätzungen in ausreichendem Maße getätigt werden.[649]

2. Mobilfunkanlagen erzeugen hochfrequente elektromagnetische Felder mit nichtionisierender Strahlung. Diese elektromagnetische Strahlung erzeugt zwei unterschiedliche Arten von Effekten, die thermischen und die athermischen Effekte.[650]

3. Thermische Effekte bezeichnen die Erhöhung der Körpertemperatur durch die Absorption der Strahlung durch den menschlichen Körper. Sie sind erwiesenermaßen bereits ab einer Körpererwärmung von einem Grad Celsius schädlich.[651]

4. Athermische Effekte sind die durch die Strahlung eintretenden Krafteinwirkungen auf menschliche Zellen und somit biologische Effekte. Die Schädlichkeit athermischer Effekte ist höchst umstritten – es besteht kein wissenschaftlicher Konsens dahingehend. Seit einigen Jahren werden athermische Wirkungen von den Verwaltungsgerichten jedoch nicht lediglich den Immissionsbefürchtungen zugeordnet, sondern rechtfertigen aufgrund der potentiell erhöhten Elektrosensibilität von Kindern und Jugendlichen ein vorsorgerelevantes Risikoniveau. Aus diesem Grund kann von einem erhöhten Gesundheitsrisiko durch athermische Wirkungen der Mobilfunkstrahlung zumindest für gefährdete Personengruppen, wie Kinder und Jugendliche, als auch ältere Menschen ausgegangen werden.[652]

---

649 Siehe *Erster Teil, A., II. und III.*
650 Siehe *Erster Teil, B.*
651 Siehe *Erster Teil, B., I.*
652 Siehe *Erster Teil, B., II.*

Zum zweiten Teil: Mobilfunkanlagen im Baurecht

5. Eine Mobilfunkanlage wird von der Rechtsprechung sowohl als Hauptanlage als auch fälschlicherweise als fernmeldetechnische Nebenanlage qualifiziert. Eine fernmeldetechnische Nebenanlage nach § 14 Abs. 2 S. 2 BauNVO
    darf in allen Baugebieten ausnahmsweise zugelassen werden. Dies führt zu
    kollidierenden Normzwecken und der privilegierten Zulassung einer Hauptanlage unter dem Deckmantel einer fernmeldetechnischen Nebenanlage. Es
    entsteht die Gefahr der Aufweichung des Schutzsystems der BauNVO.[653]

**Zum dritten Teil: Die Gemeinde im Spannungsfeld zwischen Vorsorge und
Versorgung**

Zur Vorsorge

6. Der Vorsorgegedanke findet sich im Verfassungsrecht in Art. 2 Abs. 2 GG
    wieder und gehört zudem zu den fundamentalen Rechtsprinzipien des
    nationalen und internationalen Umweltrechts. Unsicherheiten im naturwissenschaftlichen Bereich wird durch die Annahme einer Risikovorsorge
    begegnet, welche einen Unterfall des klassischen Vorsorgebegriffs darstellt.
    Die Gesundheitsvorsorge hinsichtlich athermischer Wirkungen ist der Risikovorsorge unterzuordnen, da eine Ungewissheit der Schäden durch athermische Wirkungen elektromagnetischer Strahlung besteht, diesen jedoch
    aufgrund des vorsorgerelevanten Risikoniveaus ebenfalls durch Vorsorgemaßnahmen begegnet werden muss.[654]
7. Die Grenzwerte der 26. BImSchV dienen der Erfüllung der zentralstaatlichen Schutzpflicht aus Art. 2 Abs. 2 S. 1 GG. Da jedoch lediglich thermische
    Effekte als Grundlage für diese Grenzwerte herangezogen wurden, besteht
    im Hinblick auf athermische Effekte eine verfassungsrechtlich zu beanstandende Schutzlücke.[655]
8. Im Bereich der Mobilfunktechnik sowie im Bereich des Atomrechts ist aufgrund des stetigen technischen Wandels ein dynamischer Grundrechtsschutz unerlässlich. Dieser verpflichtet den Verordnungsgeber zu stetiger
    Beobachtung, Forschung und Anpassung der Grenzwerte. Dieser Beobachtungspflicht ist die Bundesregierung in den letzten Jahren nicht ausreichend
    nachgekommen. Die fehlende Berücksichtigung athermischer Wirkungen

---

653 Siehe *Vierter Teil, D., III., 1.*
654 Siehe *Dritter Teil, A., I.*
655 Siehe *Dritter Teil, A., II., 3.*

trotz vorsorgerelevanten Risikoniveaus in den Grenzwerten der 26. BImSchV führt somit zu einer evidenten Verletzung der staatlichen Schutzpflicht und bedarf einer Anpassung durch den Verordnungsgeber.[656]

9. Die unzureichende Vorsorge auf zentralstaatlicher Ebene rechtfertigt eine verstärkte Vorsorge auf kommunaler Ebene. Als Teil der Exekutive ist die Gemeinde nach Art. 1 Abs. 3 GG zur Wahrung der Grundrechte verpflichtet. Hierunter fällt ebenfalls das Grundrecht auf Schutz der körperlichen Unversehrtheit und Gesundheit nach Art. 2 Abs. 2 S. 1 GG in seiner objektiv-rechtlichen Ausprägung. Diese verfassungsrechtliche Schutzaufgabe kommt mit einer Kompetenz aus der genuinen Selbstverwaltungshoheit in Verbindung mit den dazugehörigen bundesimmissionsschutzrechtlichen Vorschriften einher. § 22 Abs. 1 S. 1 BImSchG enthält dahingehend sowohl im Lichte des Vorsorgeprinzips als auch einer Auslegung nach Wortlaut und Entstehungsgeschichte einen eigenen Vorsorgegehalt, der auf Gemeinden Anwendung findet und kommunale Vorsorgemaßnahmen gegen Mobilfunkstrahlung ermöglicht.[657]

Zur Versorgung

10. Der Bund ist nach Art. 87f GG dazu verpflichtet, den Erfolg einer flächendeckend angemessenen und ausreichenden Telekommunikation zu gewährleisten. Diese darf aufgrund der Privatisierung nicht in staatlicher Eigenerfüllung angeboten werden. Zur Erfüllung des Gewährleistungsauftrags bedient sich der Gesetzgeber des Modells der Universaldienstleistung, welche lediglich eine Grundversorgung an Telekommunikationsdienstleistungen anstrebt.[658]

11. Der Mobilfunk erfüllt zwar grundsätzlich die Voraussetzungen einer Universaldienstleistung, da er sowohl die kommunikative Komponente als auch die informative Komponente verwirklicht und eine zunehmend dominante Stellung im Bereich der Telekommunikation einnimmt. Jedoch würde ein Universaldienst in Form eines Mobilfunkstandards allein in der Ausführung eines GSM-Standards möglich sein, da ansonsten eine Idealversorgung angestrebt würde. Da Mobilfunk jedoch grundsätzlich auf den Ausbau von Hochgeschwindigkeitsnetzen ausgelegt ist, wird der GSM-Standard in den kommenden Jahren zunehmend durch LTE verdrängt. Dies spricht gegen

---

656 Siehe *Dritter Teil, A., II., 3., d.*
657 Siehe *Dritter Teil, A., III.*
658 Siehe *Dritter Teil, B., I.*

eine Aufnahme des Mobilfunks in den Katalog der Universaldienstleistung. Der europäische Telekommunikations-Kodex spricht sich ebenfalls gegen die Einordnung des Mobilfunks als Universaldienstleistung aus.[659]

12. Da der Breitbandausbau laut europäischem Telekommunikations-Kodex bald zu den Universaldienstleistungen gehören soll, unterliegt auch der Begriff der Universaldienstleistung einem dynamischen Wandel. Aus diesem Grund kann aufgrund des rasanten Fortschritts nicht ausgeschlossen werden, dass der Mobilfunk in Zukunft ebenfalls unter den Katalog der Universaldienstleistungen zu fassen sein wird.[660]

32. Sollte der Mobilfunk künftig als Universaldienstleistung deklariert werden, stellt sich die Frage nach der Rolle der Kommunen im Gefüge der Dienstleistungsanbieter. Telekommunikationsdienstleistungen stellen keinen Bestandteil der kommunalen Daseinsvorsorge dar, da der Bund nach Art. 87f GG hinsichtlich des Gewährleistungsauftrags Alleingewährleister ist und die Privatisierung im Bereich der Telekommunikation zudem die Entstaatlichung zum Ziel hat.[661]

14. Die Privatisierung im Bereich der Telekommunikation stellt eine Aufgabenprivatisierung dar. Primäres Ziel ist somit die Privatwirtschaftlichkeit und Gewinnerzielung auf dem Markt. Öffentlichen Unternehmen ist eine Tätigkeit grundsätzlich erlaubt, wobei kommunale Unternehmen den strengen gesetzlichen Schranken ihrer Gemeindeordnungen unterliegen. So bestimmen einige Gemeindeordnungen, so auch die BayGO, ein Verbot der Gewinnerzielung und stellen sich einer kommunalen Tätigkeit im telekommunikativen Wettbewerb entgegen. Für diese Gemeinden besteht lediglich die Möglichkeit, Telekommunikationsunternehmen finanziell oder durch Dienstleistungen, wie der Verlegung von Rohren und Leitungen zu unterstützen oder Anteilsinhaber eines Telekommunikationsunternehmens zu werden, da Art. 87f GG keiner Kapitalprivatisierung unterliegt.[662]

Zum vierten Teil: Kommunale Mobilfunkkonzepte

15. Sowohl auf Landes- als auch Bundesebene bestehen zahlreiche Kooperationsversuche zwischen Gemeinden und Mobilfunkbetreibern, die einen Informationsaustausch und eine verbesserte Kommunikation zwischen

---

659 Siehe *Dritter Teil, B., I., 3.-5.*
660 Siehe *Dritter Teil, B., I., 5.*
661 Siehe *Dritter Teil, B., II., 1.*
662 Siehe *Dritter Teil, B., II., 2.-4.*

beiden Parteien zu erreichen versuchen. Aufgrund der Unverbindlichkeit jener Abkommen kommt es in vielen praktischen Fällen jedoch zu einer unzureichenden Beteiligung der Kommunen hinsichtlich des Mobilfunkausbaus in ihrem Gemeindegebiet. Gemeinden greifen bei ihrer bauplanerischen Umsetzung strahlungsminimierender Maßnahmen daher immer häufiger zu kommunalen Mobilfunkkonzepten.[663]

16. Kommunale Mobilfunkkonzepte sind Gutachten mit konkreten Standortvorschlägen für künftige Mobilfunkanlagen. Hierzu verschafft sich die Gemeinde einen umfassenden Gesamtüberblick über die Standortlage und Strahlungswerte im Gemeindegebiet, um herauszufinden, welche alternativen Standorte eine geringere elektromagnetische Gesamtbelastung aufweisen und dennoch eine ausreichende Mobilfunkversorgung gewährleisten.[664]

17. Ein kommunales Mobilfunkkonzept fokussiert sich auf die langfristige, kontrollierte Entwicklung der Strahlungsminimierung im Gemeindegebiet und stellt daher ein städtebauliches Entwicklungskonzept i.S.d. § 1 Abs. 6 Nr. 11 BauGB dar.[665]

18. Für Alternativstandorte, welche in einem Mobilfunkkonzept festgesetzt werden, besteht keine festgesetzte Definition. Wie präzise ein Alternativstandort festgesetzt wird, hängt von der planerischen Konzeption der Gemeinde und den vorhandenen Standortvorschlägen der Mobilfunkbetreiber ab.[666]

19. Eine Gemeinde, die ihre Gesamtstrahlung im Gemeindegebiet langfristig geringhalten möchte, sollte im Vorfeld agieren und unter Berücksichtigung ihrer planerischen Konzeption bestimmte Baugebiete von Mobilfunkanlagen ausschließen, um diese künftig vor Mobilfunkstrahlung zu schützen. Hierbei ist sie nicht auf bereits konkrete Standortvorschläge seitens der Mobilfunkbetreiber angewiesen, sondern kann selbst anhand der ihr zur Verfügung stehenden technischen Informationen und eigener Datenerhebungen alternative Standorte außerhalb der auszuschließenden Baugebiete für künftige Anfragen bestimmen.[667]

Zum fünften Teil: Bauplanerische Umsetzung

---

663 Siehe *Vierter Teil, A.*
664 Siehe *Vierter Teil, B.*
665 Siehe *Vierter Teil, C.*
666 Siehe *Vierter Teil, D.*
667 Siehe *Vierter Teil, E.*

20. Der Ausschluss von Mobilfunkanlagen in bestimmten Gemeindegebieten bedarf viel Arbeit und Vorbereitung seitens der Gemeinde. Dank einer ausführlichen planerischen Konzeption, die aufgrund der Gesundheitsvorsorge auf eine Strahlungsminimierung gerichtet ist, als auch des bestehenden vorsorgerelevanten Risikoniveaus hinsichtlich athermischer Wirkungen von Mobilfunkstrahlung ist die bauplanerische Erforderlichkeit nach § 1 Abs. 3 BauGB zu bejahen. Andere Planungszwecke, wie etwa die Erhaltung der Baukultur oder des Ortsbildes, sollte eine Gemeinde nur dann primär anführen, wenn sie tatsächlich ein berechtigtes Interesse an diesem planerischen Konzept besitzt.[668]

21. Der Ausschluss von Mobilfunkanlagen stellt keine Verhinderungsplanung dar, da auch negative Festsetzungen ein positives Planungsziel anstreben können. Ein umfassender Ausschluss aller Mobilfunkanlagen ist allerdings nicht möglich, da in der späteren bauplanerischen Abwägung der öffentliche Belang der Versorgung und die privaten Belange der Mobilfunkbetreiber hinreichend berücksichtigt werden müssen.[669]

22. Aufgrund der Anpassungspflicht nach § 1 Abs. 4 BauGB muss die planende Gemeinde die für sie einschlägigen Raumordnungspläne eruieren, um gegebenenfalls Ziele oder Grundsätze, die sich auf den Telekommunikationsausbau beziehen, umfassend berücksichtigen zu können.[670]

23. Die Gemeinde hat die Möglichkeit, Konzentrationsflächen als Alternativstandorte im Flächennutzungsplan ausweisen und somit den restlichen Außenbereich von Mobilfunkanlagen freihalten.[671]

24. Je nachdem, in welchem Baugebiet die Gemeinde Mobilfunkanlagen ausschließen möchte, richtet sich der Ausschluss entweder nach § 1 Abs. 5 Nr. 1 BauNVO oder nach § 1 Abs. 6 Nr. 1 BauNVO. Der Ausschluss der konkreten Anlagenart „Mobilfunkanlagen" richtet sich zudem nach § 1 Abs. 9 BauNVO, welcher besondere städtebauliche Gründe für einen feinplanerischen Eingriff verlangt. Diese sind für die reinen und allgemeinen Wohngebiete nach §§ 3 und 4 BauNVO gegeben, da Wohngebiete aufgrund des häufigen Aufenthalts von Kindern und Jugendlichen vor allem nachts und in den Ferienzeiten eine erhöhte Schutzbedürftigkeit aufweisen und

---

668 Siehe *Fünfter Teil, A., I.*
669 Siehe *Fünfter Teil, A., II.*
670 Siehe *Fünfter Teil, C.*
671 Siehe *Fünfter Teil, D., II.*

eine Feinplanung dahingehend rechtfertigen. In den restlichen Gebieten der BauNVO ist ein gezielter Ausschluss aufgrund der gemischten, teils stark industriellen Prägung nahezu unmöglich.[672]

25. Beim bauplanerischen Abwägungsvorgang ist darauf zu achten, dass alle potentiellen Belange ermittelt und richtig gewichtet werden. Hierzu muss die planende Gemeinde die Öffentlichkeit, als auch andere potentiell tangierten Behörden beteiligen, um sich dem Vorwurf der Unvollständigkeit entziehen und Konflikte vermeiden zu können.[673]

26. Das Mobilfunkkonzept stellt keine unzulässige verbindliche Vorentscheidung dar, sondern unterstützt als Entwicklungskonzept lediglich die Bauleitplanung ohne strikte Bindung an Details der Planung.[674]

27. Im Abwägungsergebnis werden die ermittelten Belange gerecht gegeneinander und untereinander abgewogen. Hierbei hat die Gemeinde sowohl die öffentlichen Belange der Vorsorge und der Versorgung als auch die privaten Belange der Mobilfunkbetreiber zu berücksichtigen. Aufgrund der Tatsache, dass die Gemeinde einem Schutzauftrag nach Art. 2 Abs. 2 S. 1 GG i.V.m. § 22 Abs. 1 S. 1 Nr. 1 BImSchG unterliegt, ist sie aus Verfassungsgründen dazu verpflichtet, die Vorsorge als abwägungsrelevanten Belang primär zu berücksichtigen. Der Belang der Versorgung stellt aufgrund der fehlenden Verpflichtung der Gemeinde zu konkreten Versorgungsbestrebungen einen geringer gewichtigen Belang dar, der jedoch aufgrund des steigenden öffentlichen Interesses an der flächendeckenden Versorgung mit Mobilfunk ebenfalls hinreichend Berücksichtigung finden muss. Die Alternativstandorte, welche in einem Mobilfunkkonzept festgesetzt werden, dienen dazu, das Spannungsfeld zwischen Vorsorge und Versorgung, in welchem sich die Gemeinde befindet, aufzulösen und den privaten wirtschaftlichen Belangen der Mobilfunkbetreiber ausreichend Berücksichtigung zu verschaffen. Weiterhin müssen die Belange des Denkmalschutzes und Naturschutzes hinreichend gewürdigt werden.[675]

28. Abwägungsfehler ergeben sich vor allem bei der Ermittlung der Belange, so z.B. bei unzureichender Ermittlung von Prognosedaten, sowie in Form einer Abwägungsdisproportionalität. Zur Vermeidung weiterer Fehler sollte bei der Festsetzung von Alternativstandorten nebst ausführlicher

---

672 Siehe *Fünfter Teil, D., III., 2.*
673 Siehe *Fünfter Teil, E., I., 1. und 2.*
674 Siehe *Fünfter Teil, E., I., 3.*
675 Siehe *Fünfter Teil, E., II.*

Berücksichtigung privater Belange der Mobilfunkbetreiber im Rahmen des Konfliktbewältigungsgrundsatzes auf das Konstrukt des Site-Sharings zurückgegriffen und das Optimierungsgebot nach § 50 BImSchG beachtet werden.[676]

29. Einer Befreiung nach § 31 Abs. 2 BauGB von den Festsetzungen des Bebauungsplans kann aufgrund des Schutzauftrags zur Vorsorge und der komplexen planerischen Konzeption der Gemeinde eine Berührung der Grundzüge der Planung entgegengehalten werden.[677]

---

676 Siehe *Fünfter Teil, E., III.*
677 Siehe *Fünfter Teil, G.*

Literaturverzeichnis

APPEL, IVO/WAHL, RAINER, Prävention und Vorsorge: Von der Staatsaufgabe zur rechtlichen Ausgestaltung, in: Rainer Wahl (Hrsg.), Prävention und Vorsorge. Von der Staatsaufgabe zu den verwaltungsrechtlichen Instrumenten, 1995, S. 1-216

BECKMANN, KLAUS, Der baurechtliche Bestandsschutz – eine systematische Darstellung über das Wesen und die Reichweite desselben, in: KommJur 2014, S. 401-409.

BECKMANN, MARTIN ET AL. (HRSG.), Landmann/Rohmer, Umweltrecht. Kommentar, Stand: Februar 2020.

BELYAEV, IGOR ET AL., EUROPAEM EMF Guideline 2016 for the prevention, diagnosis and treatment of EMF-related health problems and illnesses, in: Rev Environ Health 2016, 31(3), S. 363-397.

BERNHARD, DIRK, Das baurechtliche Abwägungsgebot zwischen richterlicher Rechtsfortbildung und gesetzlicher Regelung, in: JA 2008, S. 166-174.

BRACHER, CHRISTIAN-DIETRICH ET AL., Bauplanungsrecht, 8. Aufl. 2014.

BRENNER, MICHAEL, Öffentliches Baurecht, 4. Aufl. 2014.

BREUER, RÜDIGER, Anlagensicherheit und Störfälle. Vergleichende Risikobewertung im Atom- und Immissionsschutzrecht, in: NVwZ 1990, S. 211–222.

BRÜCKNER, VOLKMAR, Das globale Netz. Wirkungsweise und Grenzen der Datenübertragung im globalen Netz, 2015.

BRÜGELMANN, HERMANN (HRSG.), Baugesetzbuch. Kommentar, Stand: April 2020.

BRÜNING, CHRISTOPH, Zur Reanimation der Staatsaufsicht über die Kommunalwirtschaft, in: DÖV 2010, S. 553-560.

BUDZINSKI, BERND IRMFRID, Von der Versorgung ohne Auftrag zur Bestrahlung ohne Gesetz – Warten auf die „lex Mobilfunk", in: NVwZ 2011, S. 1165-1171.

BUNCH, KATHRYN J. ET AL., Epidemiological study of power lines and childhood cancer in the UK: further analyses, in: J Radiol Prot 2016, 36 (3), S. 437-455.

CREMER, WOLFRAM, Gewinnstreben als öffentliche Unternehmen legitimierender Zweck: Die Antwort des Grundgesetzes, in: DÖV 2003, S. 921-932.

DEMBOWSKI, KLAUS, Lokale Netze – Handbuch der kompletten Netzwerktechnik, 2007.

DI FABIO, UDO, Rechtsfragen zu unerkannten Gesundheitsrisiken elektromagnetischer Felder, in: DÖV 1995, S. 1-9

- Privatisierung und Staatsvorbehalt, in: JZ 1999, S. 585-592.

DIRNBERGER, FRANK ET AL. (HRSG.), Praxis der Kommunalverwaltung, Landesausgabe Bayern, Verfassung des Freistaats Bayern, 4. Aufl. 2017.

- Praxis der Kommunalverwaltung, Landesausgabe Bayern, Gemeindeordnung
für den Freistaat Bayern, 8. Aufl. 2018.

EDELING, THOMAS ET AL., Öffentliche Unternehmen zwischen Privatwirtschaft
und öffentlicher Verwaltung. Eine empirische Studie im Feld kommunaler
Versorgungsunternehmen, 2004.

EHLERS, DIRK, Rechtsprobleme der Kommunalwirtschaft, in: DVBl 1998,
S. 479-508.

ERBGUTH, WILFRIED, Abwägung als Wesensmerkmal rechtsstaatlicher Planung –
die Anforderungen des Rechtsstaatsprinzips, in: UPR 2010, S. 281-287.

- Abwägung auf Abwegen? Allgemeines und Aktuelles, in: JZ 2006, S. 484-492.

FETZER, THOMAS, Staat und Wettbewerb in dynamischen Märkten. Eine
juristisch-ökonomische Untersuchung unter besonderer Berücksichtigung
der sektorspezifischen Telekommunikationsregulierung in Deutschland und
den USA, 2013.

FORSTHOFF, ERNST, Die Daseinsvorsorge und die Kommunen. Ein Vortrag, 1958.

FRANZ, THORSTEN, Gewinnerzielung durch kommunale Daseinsvorsorge, 2005.

GEHRKEN, JAN ET AL., Mobilfunkanlagen im öffentlichen Immissionsschutz-
und Baurecht, in: ZUR 2006, S. 72-78.

GEPPERT, MARTIN/SCHÜTZ RAINMUND (HRSG.), Telekommunikationsgesetz.
Beck'scher Online-Kommentar, 4. Aufl. 2013.

GERSDORF, HUBERTUS, Privatisierung öffentlicher Aufgaben – Gestaltungsmög-
lichkeiten, Grenzen, Regelungsbedarf, in: JZ 2008, S. 831-840.

GERUM, ELMAR ET AL., Der Mobilfunkmarkt im Umbruch. Eine innovations-
ökonomische und unternehmensstrategische Analyse, 2003.

GLANZ, AXEL/BÜSGEN, MARC, Machine-to-Machine-Kommunikation, 2010.

GRANDOLFO, MARTINO, Worldwide standards on exposure to electromagnetic
fields: an overview, in: The Environmentalist 2009, 29 (2), S. 109-117.

GRIGORIEV, YURI ET AL., Confirmation studies of Soviet research on immuno-
logical effects of microwaves: Russian immunology results, in: Bioelectromagnetics 2010, 31 (8) S. 589-602.

GRÜNER, JOHANNES, Die Einschränkung der planerischen Gestaltungsfreiheit
durch Optimierungsgebote und Abwägungsdirektiven. Eine Untersuchung
der Rechtsprechung des Bundesverwaltungsgerichts zur Wirkung von § 50
S. 1 BImSchG auf die Abwägung, in: UPR 2011, S. 50-56.

HAACK, STEFAN, Kommunales W-LAN als Daseinsvorsorge, in: VerwArch 2008, S. 197-218.

HANSMANN, KLAUS, Vorsorgepflichten bei nicht genehmigungsbedürftigen Anlagen, in: NVwZ 1991, S. 829–834.

HARDELL, LENNART ET AL., Mobiltelefone und Hirntumorrisiko: Frühe Warnungen, frühe Maßnahmen?, in: Europäische Umweltagentur (Hrsg.), Späte Lehren aus frühen Warnungen: Wissenschaft, Vorsorge, Innovation, EUA-Bericht 1 (2013), S. 32.

HEFFTER, HEINRICH, Die deutsche Selbstverwaltung im 19. Jahrhundert, 1950.

HENSINGER, PETER/WILKE, ISABEL, Mobilfunk: Neue Studienergebnisse bestätigen Risiken der nicht-ionisierenden Strahlung, in: umwelt-medizin-gesellschaft 3 (2016), S. 15-25.

HERDEGEN, MATTHIAS ET AL. (HRSG.), Maunz/Dürig, Grundgesetz. Kommentar, Stand: Januar 2019.

HERKNER, WOLF R., Mobilfunk in der Bauleitplanung, in: BauR 2006, S. 1399-1409.

- Mobilfunkanlagen. Rechte der Nachbarn und Kommunen, 2. Aufl. 2007.

- Vorsorge in kommunaler Hand. Anmerkung zum Mobilfunk-Urteil des Bundesverwaltungsgerichts vom 30.8.2012. Tagungsband der 7. EMV-Tagung des Berufsverbands deutscher Baubiologen, 12.-13. April 2013 in München, S. 179-193.

HERMES, GEORG, Das Grundrecht auf Schutz von Leben und Gesundheit: Schutzpflicht und Schutzanspruch aus Art. 2 Abs. 2 Satz 1 GG, 1987.

HOLZNAGEL, BERND/DECKERS, SEBASTIAN, Breites Band im weiten Land, in: DVBl 2009, S. 482-489.

HOPPE, WERNER, Bauleitplanung und Eigentumsgarantie, in: DVBl 1964, S. 165-173.

- Die Bedeutung von Optimierungsgeboten im Planungsrecht, in: DVBl 1992, S. 853-862.

- Die Abwägung im EAG Bau nach Maßgabe des § 1 VII BauGB 2004 unter Berücksichtigung von § 2 III, IV BauGB 2004, in: NVwZ 2004, S. 903-910.

HOPPENBERG, MICHAEL/DE WITT, SIEGFRIED (HRSG.), Handbuch des öffentlichen Baurechts. Stand: November 2019.

HOUSTON, BRANDAN ET AL., The effects of radiofrequency electromagnetic radiation on sperm function, in: Reproduction 2016, 152 (6), S. 263-267.

HUBER, ANDREA, Europäischer TK-Kodex: Stabübergabe an die Mitgliedstaaten, in: MMR 2019, S. 1-2.

HUMMEL, KONRAD, Konzessionsverträge für Energie als Instrumente gemeindlicher Politik, in: Götz Frank/Heinrich-Wilhelm Langrehr (Hrsg.), Die Gemeinde: Verfassung, Planung, Wirtschaft und das kommunale Selbstverwaltungsrecht. Festschrift für Heiko Faber zum 70. Geburtstag, 2007, S. 301-318.

IBLER, MARTIN, Die Schranken planerischer Gestaltungsfreiheit im Planfeststellungsrecht, 1988.

- Die behördlichen Abwägungsspielräume bei Bauleitplanung und Planfeststellung, in: JuS 1990, S. 7-16.

IMAI, NORIO ET AL., Effects on rat testis of 1.95-GHz W-CDMA for IMT-2000 cellular phones, in: Syst Biol Reprod Med 2011, 57 (4), S. 204-209.

ISENSEE, JOSEF, Staatsaufgaben, in: ders./ Paul Kirchhof (Hrsg.), Handbuch des Staatsrechts, Band IV: Aufgaben des Staates, 2006, S. 117-160.

- Das Grundrecht als Abwehrrecht und als staatliche Schutzpflicht, in: ders./ Paul Kirchhof (Hrsg.), Handbuch des Staatsrechts, Band IX: Allgemeine Grundrechtslehren, 2011, S. 413-568.

JÄDE, HENNING/DIRNBERGER, FRANZ (HRSG.), Baugesetzbuch, Baunutzungsverordnung. Kommentar, 9. Aufl. 2018.

JARASS, HANS (HRSG.), Bundesimmissionsschutzgesetz. Kommentar, 13. Aufl. 2020.

JARASS, HANS, Schädliche Umwelteinwirkungen, in: DVBl 1983, S. 725-732.

- Grundrechte als Wertentscheidungen bzw. objektivrechtliche Prinzipien in der Rechtsprechung des Bundesverfassungsgerichts, in: AöR 1985, S. 363-397.

- Die verfassungsrechtliche Stellung der Post- und TK-Unternehmen, in: MMR 2009, S. 223-228.

JONAS, HANS, Das Prinzip der Verantwortung: Versuch einer Ethik für die technologische Zivilisation, 1979.

JUNG, SILKE, Die baurechtliche Beurteilung von Mobilfunkbasisstationen, in: ZfBR 2001, S. 24-29.

KÄSTNER, KARL-HERMANN, Kompetenzfragen der Erledigung grundrechtlicher Schutzaufgaben durch Gemeinden, in: NVwZ 1992, S. 9-14.

KERSTEN, JENS, Die Abwägung im Bauplanungsrecht, in: Jura 2013, S. 478-491.

KLEIN, ECKHARDT, Grundrechtliche Schutzpflicht des Staates, in: NJW 1989, S. 1633-1640.

KLOEPFER, MICHAEL, Umweltrecht, 4. Aufl. 2016.

KNAUFF, MATTHIAS, Die Kommunen als Träger der Daseinsvorsorge, in: WiVerw 2011, S. 80-93.

- Öffentliches Wirtschaftsrecht, 2015.

- Zurück zur kommunalen Daseinsvorsorge in der Energieversorgung? in: EnWZ 2015, S. 51-57.

- Die wirtschaftliche Betätigung der öffentlichen Hand, in: Reiner Schmidt/ Ferdinand Wollenschläger (Hrsg.), Kompendium Öffentliches Wirtschaftsrecht, 4. Aufl. 2016, S. 233-272.

KÖCK, WOLFGANG/DILLING, OLAF, Was bleibt? Deutsches Umweltrecht in vergleichender Perspektive, in: DÖV 2018, S. 594-605.

KOLB, ANGELA, Aktuelle Entwicklungen der europarechtlichen Vorgaben für die kommunale Daseinsvorsorge. Wettbewerb contra oder für das Gemeinwohl? in: LKV 2006, S. 97-102.

KÖNIG, HELMUT ET AL. (HRSG.), Baunutzungsverordnung. Kommentar 4. Aufl. 2019.

KRAJEWSKI, MARKUS, Rechtsbegriff Daseinsvorsorge? in: VerwArch 2008, S. 174-196.

KRÖGER, CHRISTIAN, Kommunale Sonderfinanzierungsformen. Möglichkeiten und Grenzen einer Börseneinführung von Versorgungsunternehmen, 2001.

KUGELMANN, DIETER, Zugang zu Netzen und Dienstleistungen der (Tele-)Kommunikation, in: VerwArch 2004, S. 515-543.

KÜHLING, JÜRGEN, Möglichkeiten und Grenzen effizienter Daseinsvorsorge durch externe Auftragsvergabe im Gemeinschaftsrecht, in: WiVerw 2008, S. 239-246.

KÜHLING, JÜRGEN/NEUMANN, KARL-HEINZ, Privatwirtschaftliche Finanzierungsansätze und öffentlich gestützte Finanzierung von Hochleistungsnetzen außerhalb von Ballungsgebieten, in: Roman Inderst et al. (Hrsg.), Der Ausbau neuer Netze in der Telekommunikation - Institutionelle, ökonomische und juristische Betrachtungen, 2012, S. 229-292.

KÜMPER, BOAS, Raumordnung und Bauleitplanung – Regelungsbefugnisse der Raumordnung und Bindungswirkungen raumordnerischer Festlegungen für die Bauleitplanung, in: ZfBR 2018, S. 119-127.

KUTSCHEIDT, ERNST, Immissionsschutz bei nicht genehmigungsbedürftigen Anlagen, in: NVwZ 1983, S. 65-72.

- Die Verordnung über elektromagnetische Felder, in: NJW 1997, S. 2481-2487.

LAUBINGER, HANS-WERNER, Grundrechtsschutz durch Gestaltung des Verwaltungsverfahrens, in: VerwArch 1982, S. 60-85.

LEITGEB, NORBERT/SCHRÖTTNER JÖRG, Electrosensibility and electromagnetic hypersensitivity, in: Bioelectromagnetics 2003, 24(6), S. 387-394.

LISSACK, GERNOT, Bayerisches Kommunalrecht, 4. Aufl., 2019.

LOBENSOMMER, HANS, Dienste für die Mobilkommunikation, in: Volker Jung/ Hans-Jürgen Warnecke (Hrsg.), Handbuch für die Telekommunikation, 2. Aufl. 2002, S. 132-152.

LUCH, ANIKA D./SCHULZ, SÖNKE E., eDaseinsvorsorge – Neuorientierung des überkommenen (Rechts-)Begriffs „Daseinsvorsorge" im Zuge technischer Entwicklungen? in: MMR 2009, S. 19-24.

MANTA, ARETI ET AL., Reactive oxygen species elevation and recovery in Drosophila bodies and ovaries following short-term and long-term exposure to DECT base EMF, in: Electromagn Biol Med 2014, 33 (2), S. 118-131.

MARTINI, MARIO/FINKENZELLER, XAVER, Die Abwägungsfehlerlehre, in: JuS 2012, S. 126-131.

MEYER, ERWIN/NEUMANN, ERNST-GEORG, Physikalische und Technische Akustik – Eine Einführung mit zahlreichen Versuchsbeschreibungen, 2. Aufl. 1974.

MÖSTL, MARKUS, Zur Zulässigkeit kommunaler Telekommunikationsdienstleistungen, in: BayVBl 1999, S. 547-553.

MÜLLER, ALEXANDER, Zur verfassungsrechtlichen Problematik kommunaler Unternehmen auf dem Telekommunikationsmarkt, in: DVBl 1998, S. 1256-1263.

MURSWIEK, DIETRICH, Die staatliche Verantwortung für die Risiken der Technik – Verfassungsrechtliche Grundlagen und immissionsschutzrechtliche Ausformung, 1985.

- Zur Bedeutung der grundrechtlichen Schutzpflichten für den Umweltschutz, in: WiVerw 1986, S. 179-204.

NEUMANN, ANDREAS, Kommunale Daseinsvorsorge im Bereich der Telekommunikation: Das Beispiel öffentlicher Münz- und Kartentelefone, in: KommJur 2012, S. 161-170.

NUMBERGER, ULRICH/THUM, LEOPOLD M., Die Steuerung von innerörtlichen Mobilfunknetzen durch die kommunale Bauleitplanung, in: BayVBl 2007, S. 353-356.

OSSENBÜHL, FRITZ, Vorsorge als Rechtsprinzip im Gesundheits-, Arbeits- und Umweltschutz, in: NVwZ 1986, S. 161-171.

ÖZGUNER, FEHMI ET AL., Mobile phone-induced myocardial oxidative stress: protection by a novel antioxidant agent caffeic acid phenethyl ester, in: Toxicology and Industrial Health 2005, 21 (9), S. 223-230.

PEINE, FRANZ-JOSEPH, Grenzen der Privatisierung – verwaltungsrechtliche Aspekte, in: DÖV 1997, S. 353-365.

PIETRZAK, ALEXANDRA, Die Schutzpflicht im verfassungsrechtlichen Kontext – Überblick und neue Aspekte, in: JuS 1994, S. 748-753.

PÜNDER, HERMANN, Die kommunale Betätigung auf dem Telekommunikationssektor, in: DVBl 1997, S. 1353-1360.

REENTS, REENT RICKLEF, Ausbau und Finanzierung einer flächendeckenden Breitbandversorgung in Deutschland, 2016.

REHBINDER, ECKARD, Ziele, Grundsätze, Strategien und Instrumente, in: ders./ Alexander Schink (Hrsg.), Grundzüge des Umweltrechts, 5. Aufl. 2018, S. 145-308.

ROSSNAGEL, ALEXANDER, Wie dynamisch ist der "dynamische Grundrechtsschutz" des Atomrechts? in: NVwZ 1984, S. 137-142.

RUBEL, RÜDIGER, Planungsermessen: Norm- und Begründungsstruktur, 1982.

RUF, DIETMAR, Änderung der 26. BImSchV - Anhörung der Gemeinden bei der Festlegung von Mobilfunkstandorten, in: BWGZ 2013, S. 644-645.

RUTHIG, JOSEF/STORR, STEFAN, Öffentliches Wirtschaftsrecht, 4. Aufl. 2015.

SACHS, MICHAEL (HRSG.), Grundgesetz. Kommentar, 8. Aufl. 2018.

SALZWEDEL, JÜRGEN, Rechtsgebote der Umweltvorsorge, in: Fritz Nicklisch (Hrsg.), Prävention im Umweltrecht, Risikovorsorge, Grenzwerte, Haftung. Heidelberger Kolloquium Technologie und Recht, 1988, S. 13-28.

SCHELER, KLAUS, Mobilfunkstrahlung und ihre Auswirkungen. Hohes Gesundheitsrisiko für Kinder und Jugendliche, in: ÖkologiePolitik 2014, S. 24-27.

SCHERER, JOACHIM/HEINICKEL, CAROLINE, Ein Kodex für den digitalen Binnenmarkt. Vorschlag der EU-Kommission für eine Reform des Rechts der elektronischen Kommunikation, in: MMR 2017, S. 71-77.

SCHINK, ALEXANDER, Wirtschaftliche Betätigung kommunaler Unternehmen, in: NVwZ 2002, S. 129-140.

- Vier Jahrzehnte Immissionsschutzrecht, in: NVwZ 2017, S. 337-346.

SCHÖBER, PETER, Kommunale Selbstverwaltung. Die Idee der modernen Gemeinde, 1991.

SCHOCH, FRIEDRICH ET AL. (HRSG.), Verwaltungsgerichtsordnung. Kommentar, Stand: Juli 2020.

SCHÖPFER, EDUARD CHRISTIAN, Mobilfunk: Späte Lehren aus frühen Warnungen? in: Natur und Recht 2010, 32(1), S. 27-34.

SCHRÖDER, CHRISTOPH, Vorsorge als Prinzip des Immissionsschutzrechts dargestellt am Beispiel des § 5 Abs. 1 Nr. 2 BImSchG, 1987.

SCHRÖER, THOMAS, Das Abwägungsgebot im Wandel der Zeit, in: ÖffBauR 2005, S. 49-51.

SCHUMACHER, PASCAL, Breitband-Universaldienst: Möglichkeiten und Grenzen deutscher Politik. Funktionales Internet endlich für alle? in: MMR 2011, S. 711-715.

SEEWALD, OTFRIED, Zum Verfassungsrecht auf Gesundheit, 1981.

SIEDENTOPF, HEINRICH, Gemeindliche Selbstverwaltungsgarantie im Verhältnis zur Raumordnung und Landesplanung, Schriftenreihe des Deutschen Städte- und Gemeindebundes, Heft 29, 1977.

SIMON, ALFONS/BUSSE, JÜRGEN (HRSG.), Bayerische Bauordnung. Kommentar, Stand: September 2020.

SJURTS, INSA, Gabler Kompakt-Lexikon: Medien, 2006.

SMITH, ADAM, Der Wohlstand der Nationen, 5. Aufl. 1974.

SPANNOWSKY, WILLY, Möglichkeiten zur bauleitplanerischen Steuerung von Standortentscheidungen bezüglich der Errichtung von Mobilfunkanlagen, in: ZfBR 2008, S. 446-453.

SPANNOWSKY, WILLY/UECHTRITZ, MICHAEL (HRSG.), Baugesetzbuch. Beck'scher Online-Kommentar, Stand: August 2020.

SPANNOWSKY, WILLY ET AL. (HRSG.), Baunutzungsverordnung. Beck'scher Online-Kommentar, Stand: September 2020.

STEINBERG, RUDOLF, Verfassungsrechtlicher Umweltschutz durch Grundrechte und Staatszielbestimmung, in: NJW 1996, S. 1985-1994.

STEPHAN, ALEXANDER, Die wirtschaftliche Betätigung der Gemeinden auf dem privatisierten Telekommunikationsmarkt, 2009.

STERN, KLAUS, Das Staatsrecht der Bundesrepublik Deutschland, Band 1: Grundbegriffe und Grundlagen des Staatsrechts, Strukturprinzipien der Verfassung, 1984.

STORR, STEFAN, Der Staat als Unternehmer, 2001.

STÜER, BERNHARD, Der Bebauungsplan. Städtebaurecht in der Praxis, 5. Aufl. 2015.

STÜER, BERNHARD/SCHRÖDER, JAN, Konfliktbewältigung in der Bauleitplanung, in: BayVBl 2000, S. 257-267.

SUHR, DIETER, Entfaltung der Menschen durch die Menschen. Zur Grundrechtsdogmatik der Persönlichkeitsentfaltung, der Ausübungsgemeinschaften und des Eigentums, 1976.

TETTINGER, PETER J., Die Verfassungsgarantie der kommunalen Selbstverwaltung, in: Thomas Mann/Günter Püttner (Hrsg.), Handbuch der kommunalen Wissenschaft und Praxis (HKWP) – Grundlagen und Kommunalverfassung, Band 1, 3. Aufl. 2007, S. 187-215.

TRUTE, HANS-HEINREICH ET AL., Telekommunikationsgesetz mit FTEG. Kommentar, 2011.

TUROWSKI, KLAUS/POUSTTCHI, KEY, Mobile Commerce – Grundlagen und Techniken, 2004.

TYSPER, STEFAN, Der Mobilfunkanlagenbegriff im öffentlichen Bauplanungs-recht, in: BauR 2008, S. 614-623.

UECHTRITZ, MICHAEL, Kommunale Vorsorgeplanung in Bezug auf Mobilfunk-anlagen – Voraussetzungen, Möglichkeiten und Grenzen, in: VerwArch 2010, S. 505-528.

VIRNICH, MARTIN H., Einflussfaktoren auf die Ausbreitung von Mobilfunkwel-len, in: Berufsverband Deutscher Baubiologen-VDB e.V. (Hrsg.), Energiever-sorgung und Mobilfunk. 2. EMV-Tagung des VDB, 2003, S. 107-126.

VON UNRUH, GEORG-CHRISTOPH, Kommunale Selbstverwaltung im frühkons-titutionellen Zeitalter, in: Thomas Mann/Günter Püttner (Hrsg.), Handbuch der kommunalen Wissenschaft und Praxis (HKWP) – Grundlagen und Kom-munalverfassung, Band 1, 3. Aufl. 2007, S. 57-71.

WARNKE, ULRICH/HENSINGER, PETER, Steigende "Burn-out"-Inzidenz durch technisch erzeugte magnetische und elektromagnetische Felder des Mobil- und Kommunikationsfunks, in: umwelt-medizin-gesellschaft 26 (2013), S. 31-38.

WIDTMANN, JULIUS ET AL. (HRSG.), Bayerische Gemeindeordnung. Kommentar, Stand: Mai 2018.

WIMMER, NORBERT, Telekommunikationsleistungen durch Kommunen?, in: Jörg Ipsen (Hrsg.), Rekommunalisierung von Versorgungsleistungen? 22. Bad Iburger Gespräche, 2012, S. 130-156.

YAN, JI-GENG ET AL., Effects of cellular phone emissions on sperm motility in rats, in: Fertility and Sterility 2007, 88 (4), S. 957-964

ZHAO, LONGYU ET AL., Magnetic fields exposure and childhood leukemia risk: a meta-analysis based on 11,699 cases and 13,194 controls, in: Leuk Res 2014, 38 (3), S. 269-274.

ZIPPELIUS, REINHOLD, Grundbegriffe der Rechts- und Staatssoziologie, 3. Aufl. 2012.

Erlanger Schriften zum Öffentlichen Recht

Herausgegeben von Max-Emanuel Geis, Heinrich de Wall, Markus Krajewski, Bernhard W. Wegener, Andreas Funke und Jan-Reinard Sieckmann

www.peterlang.com

Printed by
CPI books GmbH, Leck